Danuta Gwizdalank
Der Verführer

Deutsches Polen-Institut

Polnische Profile

Herausgegeben von
Dieter Bingen und Peter Oliver Loew

Band 4

2017
Harrassowitz Verlag · Wiesbaden

Danuta Gwizdalanka

Der Verführer

Karol Szymanowski und seine Musik

Aus dem Polnischen übersetzt
von Peter Oliver Loew

2017

Harrassowitz Verlag · Wiesbaden

Gefördert aus den Mitteln des Polnischen Instituts Düsseldorf und des
Ministeriums für Auswärtige Angelegenheiten der Republik Polen

 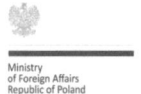

Ministry
of Foreign Affairs
Republic of Poland

Redaktion: Saskia Metan, Dresden
Übersetzung aus dem polnischen Manuskript: Peter Oliver Loew, Darmstadt

Umschlagsabbildung: Karol Szymanowski kurz vor dem Ersten Weltkrieg.
© Ruch Muzyczny.

Bibliografische Information der Deutschen Nationalbibliothek
Die Deutsche Nationalbibliothek verzeichnet diese Publikation in der Deutschen
Nationalbibliografie; detaillierte bibliografische Daten sind im Internet
über http://dnb.dnb.de abrufbar.

Bibliographic information published by the Deutsche Nationalbibliothek
The Deutsche Nationalbibliothek lists this publication in the Deutsche
Nationalbibliografie; detailed bibliographic data are available on the internet
at http://dnb.dnb.de.

Informationen zum Verlagsprogramm finden Sie unter
http://www.harrassowitz-verlag.de
© Otto Harrassowitz GmbH & Co. KG, Wiesbaden 2017
Kreuzberger Ring 7c-d, D-65205 Wiesbaden
produktsicherheit.verlag@harrassowitz.de
Das Werk einschließlich aller seiner Teile ist urheberrechtlich geschützt. Jede
Verwertung außerhalb der engen Grenzen des Urheberrechtsgesetzes ist ohne
Zustimmung des Verlages unzulässig und strafbar. Das gilt insbesondere für
Vervielfältigungen jeder Art, Übersetzungen, Mikroverfilmungen und für die
Einspeicherung in elektronische Systeme.
Gedruckt auf alterungsbeständigem Papier.
Umschlag: Tatjana Beimler
Printed in Germany
ISSN 2197-6066
ISBN 978-3-447-10888-1

Inhalt

Leben mit der Familie 1
37 Jahre in Tymoszówka | 2
17 Jahre in Warschau | 14
Mit der Familie auf den Bühnen | 20
Ersatz für eine eigene Familie | 23

Unter Freunden 28
Musiker | 31
Vertraute und Retter | 49
Musikwissenschaftler: Apologeten und Anreger | 54

In Europa 60
Berlin | 61
Wien | 66
Der Süden und der Orient | 71
London | 76
Sankt Petersburg | 78
Paris | 82
Deuschland | 84

In Polen 90
Warschau | 91
Zakopane | 96

Werke und Meisterwerke 104
König Roger | 104
Harnasie | 116

„Der Debussy der Geige" | 120
Die Violinkonzerte | 128
Die Streichquartette | 131
„Das Lied von der Nacht" | 133
Der verführerische Glanz des Orchesters | 137
Stabat Mater | 139
Die Lieder | 143

Der Komponist und Pianist 153
Stimmungsvolle und emphatische Jugendwerke | 153
Vor der Öffentlichkeit | 156
Die *Metopen* und die *Masken* | 158
Die *Etüden* und die letzte Sonate | 164
Pianist aus Notwendigkeit | 165
Die *Symphonie Concertante* | 168

Die Musik 175
Der verschlungene schöpferische Weg | 175
Der „modernistische" Anfang | 176
Die erste Wende: Nach Süden und in den Orient | 177
Die zweite Wendung: Nach Lechistan | 180
Eine eigene Stimme | 182
Resonanz | 184
Das Leben nach dem Leben | 188

Der Künstler 191
Der Komponist bei der Arbeit | 192
Der Künstler als Komponist | 199
Der Mensch der Feder | 209
Der Nationalkünstler | 215

Die magnetische Persönlichkeit 222
Die Religion der Liebe | 228

Frauen | 236
Idol der Jugend | 239

Die neurotische Persönlichkeit des Künstlers 243
Der Narziss und die Mimose | 247
The Rake's Progress | 255
Der Patient | 261

Chronik von Leben und Werk 269
Bildnachweis 277
Literaturverzeichnis 279
Personenregister 285

Leben mit der Familie

Mama ist meine erste und meine letzte Liebe

„Wann werden wir auf Ihrer Hochzeit schmausen?", wurde Karol Szymanowski im Sommer 1909 bei der Hochzeitsfeier seiner jüngeren Schwester Stanisława in Lemberg gefragt.

„Wahrscheinlich nie, denn Mama ist meine erste und meine letzte Liebe", lautete die Antwort des 27-jährigen Komponisten. (Chylińska 2008, Bd. 1, 179)

Wie grenzenlos die Bewunderung des Sohnes war, demonstrierte Karol Szymanowski ein wenig später gegenüber Arthur Rubinstein, der ihn, nachdem sie sich längere Zeit nicht gesehen hatten, nach Grzegorz Fitelberg fragte. „Sprich nur nicht den Namen dieser schamlosen Kreatur aus!", vernahm er als Antwort, und dann:

> Karol rümpfte die Nase und zischte aufs äußerste entrüstet: „Stell dir vor, Arthur, dieses Biest bringt in meiner Abwesenheit ein Frauenzimmer in die Wohnung und schläft mit ihr auf meinem Bett – unter dem Bild meiner Mutter! Verstehst du, Arthur? Unter dem Bild meiner eigenen Mutter!! Umbringen hätte ich ihn sollen – wahrhaftig!'" (Rubinstein, 479)

Ein Vierteljahrhundert später wurde Szymanowskis Nichte zur unfreiwilligen Zeugin folgender Szene:

> Auf einem kleinen Sofa, das neben Omis Sessel stand, saß Wujcio [Onkelchen], und beide lachten über etwas. Da wurde Omi plötzlich ernst und sprach: „Weißt du, Katocina [eine

Koseform von Karol], irgendwie fühle ich mich letzterdings nicht gut und würde gerne mit dir über gewisse Dinge sprechen. Nun, wenn ich schon meinem Staś [ihr verstorbener Mann] folgen müsste..." Mein Herz krampfte sich mir zusammen und ich blickte Wujcio an. Und Wujcio? Er wurde bleich, stürzte sich auf Omis Hände und fragte mit wirklich bebender Stimme: „Was ist mit Ihnen, Mutter?! Fühlen Sie sich schlechter?! Gleich werde ich Goldberg anrufen (den Arzt, der fast unsere ganze Familie in Warschau behandelte). Gleich legen wir Sie hin..." – „Aber beruhige dich, ich fühle mich jetzt nicht besonders schlecht, sondern wollte nur ganz allgemein reden, damit..." – „Ach was, damit... Sie wissen nicht, wie schrecklich ich mich darüber aufrege. Ich habe gedacht, dass Sie sich schlechter fühlen. Man kann mich so nicht erschrecken." – „Oj, Katocina, wie kindisch du bist, doch irgendwann werde ich sterben müssen." Wujcio entgegnete darauf dumpf: „Nein, das würde ich nicht überstehen." (Dąbrowska, 132–134)

Die größte Liebe seines Lebens blieb seine Mutter. Die einzigen, denen gegenüber er bedingungslos treu blieb, waren seine Geschwister. Bis an sein Lebensende war die Familie für Szymanowski die einzige Umgebung, in der er sich sicher, wenn auch nicht immer wohl fühlte.

37 Jahre in Tymoszówka

Am Ende Europas, etwa 1600 km südöstlich von Berlin, liegt das Dorf Tymoszówka, wo Karol Szymanowski geboren wurde und wo er seine Jugend verbrachte. Die Gegend gehörte damals zum Zarenreich und Familie Szymanowski lebte hier bereits seit etwa einem Jahrhundert. Sie stammte aus Masowien; der Familienname leitet sich von der Ortschaft Szymany ab und in den Urkunden lassen sich die Ahnen des künftigen Komponisten bis zum Beginn des 16. Jahrhunderts zurückverfolgen.

37 Jahre in Tymoszówka

Szymanowski behauptete viele Jahre lang, dass er 1883 auf die Welt gekommen sei. Auf diesem Datum beharrte er, als sein 50. Geburtstag gefeiert wurde, und das Jahr 1883 stand auch auf seiner Sterbeurkunde. Teresa Chylińska, die unermüdliche Sammlerin von Dokumenten und Erinnerungen an Szymanowski, hat jedoch eine Geburtsurkunde und ein Schulzeugnis entdeckt, aus denen eindeutig hervorgeht, dass Karol Maciej, der Sohn von Stanisław und Anna Szymanowski, am 3. Oktober (21. September nach altem Stil) 1882 geboren wurde (die beiden kleineren Schwestern des Komponisten machten sich auch jünger, und zwar um ganze fünf Jahre).

Stanisław Szymanowski war damals 40 Jahre alt. Altadlige Traditionsliebe verband er mit modernen Interessen und Bestrebungen. Er war fasziniert von Mathematik, Astronomie und Meteorologie, hatte aber auch weite literarische Horizonte. Ihm war zu verdanken, dass man in Tymoszówka auf Deutsch, Französisch, Englisch und Italienisch las und eine regelmäßig ergänzte Hausbibliothek nutzen konnte, die mehr als tausend Bände zählte. Der Vater brachte seinem Sohn die Grundlagen des Klavierspiels, der Musiktheorie und der Harmonielehre bei, später war er in der engsten Familie der größte Unterstützer seiner künstlerischen Bestrebungen und hier auch der einzige, der seine Begeisterung für die damals völlig neue Musik Richard Wagners und sogar Richard Strauss' teilte. Es muss ihm Freude bereitet haben, an der Entstehung von Karols Werken einen gewissen Anteil gehabt zu haben, da er sie nach den Handschriften des Sohnes und später des Jugendlichen ins Reine schrieb.

Dem Vater widmete Szymanowski sein erstes Orchesterstück – die *Konzertouvertüre* –, gerade noch rechtzeitig, da Stanisław Szymanowski kurz darauf starb. Grund seines unerwarteten Todes im Jahre 1905 war eine Lungenentzündung. Der 23-jährige Karol verlor an der Schwelle zu seiner künstlerischen Reife die ihm damals am nächsten stehende Person.

Von nun an wurde die Mutter zum wichtigsten Menschen in seinem Leben. Und auch für sie war er ab sofort der wichtigste. Der Mutter widmete er sein Lied *Łabędź* (Der Schwan) und später die *3. Symphonie*, obwohl kaum anzunehmen ist, dass sie den Inhalt dieser Werke völlig begriff. Anders als für ihren Mann war ihre große Leidenschaft das gesellige Leben.

Anna Szymanowska stammte aus der Familie der Barone von Taube, die Anfang des 13. Jahrhunderts aus Westfalen nach Kurland gekommen war, im Laufe der Zeit teilweise die polnische Sprache übernahm und vom Protestantismus zum Katholizismus wechselte. Gutaussehend und weltgewandt, wurde sie von ihrer Umgebung als bezaubernde Dame wahrgenommen. Die Familie nannte sie „Madame la Marquise" und hatte über ihre Anmut eine etwas andere Meinung, sie galt hier als herrisch, despotisch und arrogant. Von der Besonderheit ihrer Kinder überzeugt, blickte sie auf die Nachkommen ihrer Cousinen herab und gab ihnen dies nicht selten zu verstehen, so etwa als sie sich gönnerhaft der Mutter der eigentlich hervorragenden Pianisten Tala und Harry Neuhaus anvertraute: „Meine Marcia, wie glücklich du bist, dass du gewöhnliche Kinder hast!" (Iwaszkiewicz 2010a, 44)

Stanisław und Anna Szymanowski bekamen fünf „ungewöhnliche" Kinder, drei Töchter und zwei Söhne. Nach den landadligen Gepflogenheiten sollte der älteste Sohn Feliks Tymoszówka übernehmen. Der jüngere, Katot genannt, da er als Kind nicht mit dem schwer auszusprechenden polnischen „r" in seinem Vornamen Karol zurechtkam, wurde mit dem Privileg geboren, sich seinen Lebensweg frei aussuchen zu können. Von den Töchtern erwartete man, dass sie standesgemäße Männer heiraten würden.

Als erste kam 1875 Anna auf die Welt, die zur Unterscheidung von der Mutter und später auch in der umfangreichen Literatur über den Bruder Nula genannt wurde. Angeblich verlobte sie sich im Alter von 25 Jahren, doch der Verlobte soll vor einer Heirat mit dem exzentrischen Fräulein einen Rückzieher gemacht haben. Vier Jahre später ging sie, überzeugt von einem in ihr schlummernden künstlerischen Talent, an die neugeschaffene Akademie der Schönen Künste in Warschau. Der 1879 geborene Feliks machte von den Privilegien seiner gesellschaftlichen Stellung Gebrauch, liebte Zechgelage, züchtete Rennpferde und suchte unverbindliche Flirts. Er spielte gar nicht schlecht Klavier und komponierte gelegentlich kleine Unterhaltungsstücke, die der Familie sehr gefielen. Als dritter kam Karol und zwei Jahre darauf folgte Stanisława. Seit ihren jüngsten Jahren liebte sie den Gesang, und da sie ihre Stimme gekonnt und konsequent schulte, feierte sie bedeutende Bühnenerfolge als lyrischer Koloratursopran. Von einer Gesangskarriere träumte auch die jüngste, 1893 geborene Schwester Zofia. Ihre Lust am Lernen verließ sie jedoch rasch, so dass sie nur in Liebhabertheatern auftrat. Später entdeckte sie ihre literarischen Ambitionen und schließlich – heiratete sie.

Tymoszówka war ein Gut mittlerer Größe (ca. 630 ha), dessen Einkünfte es den Besitzern ermöglichten, ein bequemes Leben zu führen sowie ihre Bedürfnisse und Launen zu befriedigen. Man verbrachte hier die Sommermonate, nutzte mit Freude die Annehmlichkeiten des Landlebens und der vielen freien Zeit. Es wurde geritten, geschwommen, man spielte Crocket und Tennis. Gemeinsam musizierte man, spielte Theater und empfing stets gerne Gäste. Für Szymanowski, der in der Jugend ebenso gerne reiste wie die Mutter, hatte Tymoszówka einen unschätzbaren Vorteil: Nur hier konnte er sich zu regelmäßiger Arbeit aufraffen. Im Elternhaus entstanden somit bis 1917 die meisten Werke. „Abseits, zwischen den Bäumen, unsichtbar für das Auge des Laien, erhob sich seine ‚Kompositionsstube', in der er, wenn das Wetter es erlaubte, mindestens fünf oder sechs Stunden zubrachte", erinnerte sich einer der Gäste.

> Im Herbst arbeitete er im Haus in der Stille des großen Salons, den man dann nicht betreten durfte. Ich erinnere mich, dass man selbst auf dem an Karols Arbeitszimmer angrenzenden Flur mit Vorsicht ging, auf Zehenspitzen ... Das ganze Haus von Tymoszówka und alle seine Gäste richteten sich ohne Murren nach diesen unausgesprochenen Verboten. Man spürte, dass sie ausnahmslos die Bedeutung dieser morgendlichen Arbeiten Karols verstanden. (Burkath, 75)

Einen anderen Lebenswandel pflegte man in Herbst und Winter in dem etwa 70 km entfernten Jelisawetgrad (heute Kropywnyzkyj).

Leben mit der Familie

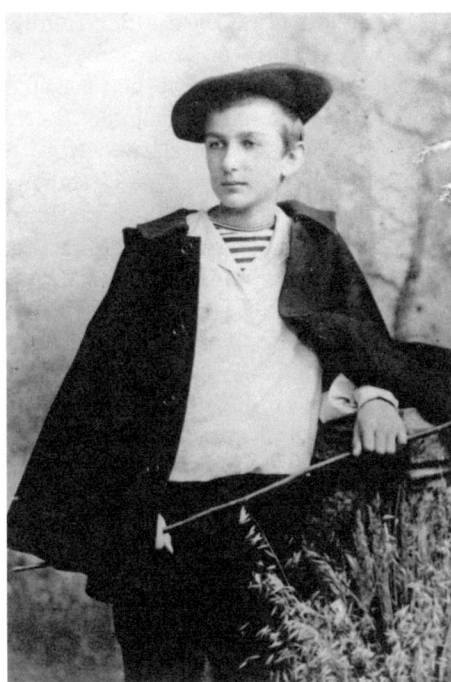

Abb. 1:
Karol Szymanowski
1897 bei einem Aufenthalt im Badeort Nałęczów.

In der Stadt lebten rund 90 000 Russen, Ukrainer und Juden sowie etwa 1 000 Polen. Im Theater wurden Schauspiele und Opern gezeigt, mehrere Zeitungen erschienen hier. Jelisawetgrad lag an der Bahnstrecke von Kiew auf die Krim oder nach Odessa, weshalb es oft besucht wurde, auch von Künstlern.[1] Die Szymanowskis besaßen dort zwei Häuser; in einem wohnten sie, das andere war vermietet. Hier kam der jüngere Sohn erstmals in Kontakt mit anderen Menschen als seinen Verwandten, als er in die fünfte Klasse des Gymnasiums geschickt wurde. Zuvor hatte er so wie viele

---

1 Dreimal trat hier Franz Liszt auf. Hier gab er 1847 auch sein letztes Konzert, für das er eine Gage erhielt; hier lernte er Caroline zu Sayn-Wittgenstein kennen.

Landadelssöhne Hausunterricht erhalten und in der Schule nur die Prüfungen abgelegt. Nach gerade einmal einem halben Jahr verließ er aber die Schule und die Gesellschaft „fremder" Gleichaltriger und besuchte erst die sechste Klasse wieder ganz normal (bei der Abschlussprüfung musste er ausgewählte Märchen Wilhelm Hauffs aus dem Deutschen ins Russische übersetzen). Das Abitur bestand er 1901. Er war ein mittelmäßiger Schüler, seine besten Noten hatte er in Mathematik. In erster Linie liebte er das Leben, und so genossen Karol und Feliks Szymanowski sowie ihre beiden Vettern Zbyszewski in Jelisawetgrad zweideutigen Ruhm als die leichtlebigsten Jungs der Stadt.

Die viele Generationen umfassenden, kinderreichen und miteinander verschwägerten Familien bildeten ein umfassendes Netz gesellschaftlicher Kontakte. Für die musikalische Erziehung Szymanowskis sowie den Beginn seiner Karriere waren die Onkel und Vettern Blumenfeld und Neuhaus die wichtigsten, zwei in Jelisawetgrad ansässige Musikerfamilien.

Der aus Tirol stammende Architekt Franz Blumenfeld war Ende des 18. Jahrhunderts in die Ukraine gekommen. Sein Sohn Michał lernte hier ein Fräulein Szymanowska kennen, die Schwester von Karols Großvater, sie heirateten und ließen sich in Jelisawetgrad nieder, wo Michał schließlich Direktor des Gymnasiums wurde, der wichtigsten Bildungsanstalt der Gegend. In seinem Haus hielt sich 1879 Modest Mussorgsky auf, der später an Stassow schrieb, es habe den Petersburger Salons in nichts nachgestanden. Die sechs Kinder der Blumenfelds, darunter der jüngste Sohn Feliks (1863–1932), erhielten bei einem anderen Zuwanderer mit deutschem Namen Musikunterricht – Gustav Neuhaus (1847–1932). Er stammte aus dem Rheinland, wo seine Familie in Kalkar bei Kleve die Klavierfabrik „W. Neuhaus Söhne" besaß. Gustav hatte das Kölner Konservatorium in der Klavierklasse Ferdinand Hillers besucht und war dann so wie viele deutsche Musiker nach Russland gegangen, in der Hoffnung auf eine Anstellung als Musiklehrer bei reichen Familien. Er wollte nach Deutschland zurückkehren, verliebte sich aber in Jelisawetgrad und heiratete Olga, die ältere Schwester seines begabtesten Schülers Feliks.

Leben mit der Familie

> „Manchmal habe ich aus Karols eigenem Mund gehört, dass Neuhaus einen ungemein wichtigen Einfluss auf den Geschmack, die Lektüre, die Vorlieben seiner Jugendzeit gehabt habe", erinnerte sich Szymanowskis Lieblingscousin Jarosław Iwaszkiewicz an diese Beziehung.
>
> Der alte Neuhaus, ein Rheinländer, der mit seiner Frau und der ganzen Familie Französisch sprach, war ein verschrobener, doch höchst begabter und gebildeter Mensch. Die ganze deutsche Literatur und Philosophie hatten in ihm einen eifrigen Kenner und Verfechter. Ihm am nächsten in der Familie, Menschen, die alle seine Ideale verstehen konnten, waren Onkel Stanisław Szymanowski sowie der damals junge und aufnahmefähige Karol. Die Gespräche mit Gustav Neuhaus waren stets höchst interessant. Seine Lieblingsschriftsteller waren Schopenhauer und Nietzsche, und diese Neigungen gab er an Karol weiter. Wenn Szymanowski in seinen ersten Schaffensjahren von deutscher Denkweise durchdrungen war, wenn er mir 1912 einmal sagte, dass Eckermanns *Gespräche mit Goethe* und Nietzsches *Die Geburt der Tragödie* die schönsten Bücher der Welt seien – so verdankt er diese Denkrichtung sicherlich Neuhaus. (Iwaszkiewicz 2010a, 48)

Neuhaus impfte dem jungen Szymanowski Begeisterung für moderne Kunst ein und sorgte dafür, dass er die deutsche Musik gut kennenlernte. Allem Russischen stand er hingegen geringschätzig, ja verächtlich gegenüber. Ähnlich bildete er seine beiden eigenen Kinder aus, Natalia und Harry. Die Ironie des Schicksals wollte es, dass sein Sohn im späteren Leben zu einem Mitbegründer der russischen Pianistenschule werden sollte.

Ehe es jedoch soweit war, machte Feliks Blumenfeld Karriere im russischen Musikleben. Der einstige Schüler und nunmehrige Schwager wurde nach seinem Studium im Petersburger Konservatorium bei Nikolai Rimski-Korsakow 1895 Dirigent des Marinskij-Theaters. Begeistert von Wagner, führte er 1899 erstmals in Russland *Tristan und Isolde* auf. 1903 schickte ihn die Direktion

37 Jahre in Tymoszówka

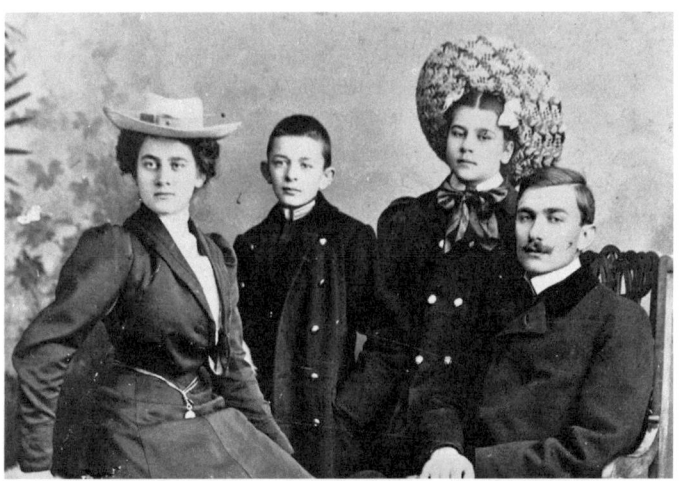

Abb. 2: Die Schwestern Anna (genannt „Nula", links) und Zofia Szymanowska, zwischen ihnen ihr Cousin Michał Kruszyński, rechts Karol Szymanowski. Um 1910, wahrscheinlich in Jelisawetgrad.

der zarischen Theater nach Bayreuth, damit er an der Quelle weitere Werke kennenlernen konnte, die er bald darauf in Petersburg dirigieren sollte; er nahm damals Karol mit, der gerade von Wagner fasziniert war. In Frankreich wurde er dann kurze Zeit später zu einem Botschafter russischer Musik. 1907 dirigierte er die ersten von Sergei Djagilew in Paris organisierten Konzerte und im Mai 1908 *Boris Godunow* mit Fjodor Schaljapin in der Hauptrolle – es war die erste Aufführung dieser Oper außerhalb Russlands.

Über Olga war die Familie Neuhaus mit den Szymanowskis verschwägert. Die Cousins teilten ihre Liebe zur Musik, weshalb sie sich in Jelisawetgrad jeden Samstag abwechselnd bei den Szymanowskis oder bei den Neuhaus' trafen, um zu musizieren, zu singen und dann über Werke und Interpretationen zu diskutieren. Zu einem dieser Hauskonzerte lud Szymanowski den jungen Geiger Bronisław Gromadzki ein, der diesen Besuch viele Jahre später so beschrieb:

Leben mit der Familie

> Am ersten Samstag war ich bei den Neuhaus', wo man sich um sieben Uhr versammelte. Das künstlerische Beisammensein dauerte bis Mitternacht, manchmal auch länger. Ich kann mich genau an das Programm erinnern: Tala Neuhaus spielte Schumanns C-Dur-Fantasie, Harry Neuhaus eine Toccata von Bach und Beethovens Sonate ‚für das Hammerklavier', Felcio [Feliks] Szymanowski Chopins Ballade F-Dur, das Impromptu Ges-Dur und drei Mazurken in fis-Moll, c-Moll und a-Moll – und schließlich mit mir zusammen Griegs Violinsonate F-Dur. Nach der Aufführung wurde jedes Werk und sein Interpret besprochen. (Gromadzki, 33)

Die Szymanowskis musizierten zur Unterhaltung, die Neuhaus' hingegen nahmen es professionell. Harry war wohl der einzige Familienangehörige, dessen Begeisterung für das Talent des Cousins einherging mit einer nüchternen Einschätzung seiner Fähigkeiten, ja er wagte es sogar, die Werke kritisch zu kommentieren. Die Haltung zur Musik, wie er sie bei den Brüdern Szymanowski sah, hielt er für hochherrschaftlichen Dilettantismus, selbst wenn dieser Dilettantismus – wie er es Karol zugestand – zu Geniestreichen fähig war.

Die Szymanowskis wurden erstmals durch den Krieg länger voneinander getrennt, als Stanisława die heimatliche Gegend verließ. Gemeinsam mit ihrem Mann Stefan Bartoszewicz, der die Technische Hochschule in Karlsruhe besucht hatte und als Sekretär der Landespetroleumindustrie in Lemberg arbeitete (es war auf ihrer Hochzeit, wo Karol seiner Mutter ewige Treue gelobt hatte), gelangte sie in die neutrale Schweiz. Die übrigen Familienmitglieder verloren durch die Europa zerteilende Front ihre bisherige Reisefreiheit, doch beeinflusste dies nicht ihren Lebenswandel. In den östlichen Grenzgebieten Europas rief erst die Revolution Massenmorde und den Untergang der alten Welt hervor. In einer Zeit, in der in Zürich, Paris oder Berlin Dadaisten und Expressionisten gegen die Zivilisation protestierten, welche die Welt in den Krieg geführt hatte, komponierte Szymanowski Werke über die Quelle der Arethusa und Lieder über die Pantoffel der „Märchenprinzessin".

Die Winter verbrachte man jetzt hauptsächlich in Kiew, wo man bis 1917 blieb. Zu den engeren und weiteren Verwandten, mit denen Szymanowski die meiste Zeit verbrachte, gesellten sich zwei Vettern, die in seinem Leben schon bald eine wichtige Rolle spielen sollten. Einer war der ein Jahr ältere August Iwański, ein wohlhabender Gutsbesitzer aus der Umgebung von Kiew. Der zweite war der zwölf Jahre jüngere Jarosław Iwaszkiewicz. Seine Mutter war eine Cousine von Anna Szymanowska und war zusammen mit ihr in der Familie von Taube aufgewachsen. Jarosław wollte den Beruf des Musikers ergreifen, er hatte auch literarische Ambitionen, doch da er früh seinen Vater verloren hatte, verdiente er sich vorerst als Lehrer an den Höfen reicher Landadliger seinen Lebensunterhalt. Aus der Perspektive des armen Verwandten nahm er die Szymanowskis so wahr:

> (…) sie kamen mit Kind und Kegel, dem gesamten Tymoszówka-Personal, mieteten die elegantesten Wohnungen in den am schönsten gelegenen Teilen der Stadt. Zofia Szymanowska, die jüngste Schwester Karols, meine Altersgenossin, war damals im heiratsfähigen Alter, und man plante für sie die herrlichsten Mariagen, deshalb wurden Gäste empfangen und Empfänge besucht. Das Haus der Szymanowskis erstrahlte damals im Glanz eines Sterns erster Größe – leider zum letzten Mal. (Iwaszkiewicz 1982, 123)

Im Sommer 1917 bewegte die Unruhe vor der bolschewistischen Revolution Anna Szymanowska, rascher als gewöhnlich Tymoszówka zu verlassen und nach Jelisawetgrad zurückzukehren. Karol folgte ihr im Herbst, und als die Stadt im Sommer des folgenden Jahres von österreichischen Truppen besetzt war, stand er vor der Entscheidung über seine weitere Zukunft. Die Aussicht, nach Wien zu reisen, war verlockend, da er dort seine vor dem Krieg begonnene Komponistenkarriere hätte fortsetzen können. Allerdings konnte er sich nicht vorstellen, seine Mutter zu verlassen. Solange Tymoszówka Einkünfte brachte, füllte er seine Zeit mit Lektüre aus – und mit Gesprächen, die er mit Jarosław

Iwaszkiewicz führte, der von ihm fasziniert war und sich viele Jahre später mit kaum verhohlenem Pathos daran erinnerte. Szymanowski habe „umgeben von Noten und Büchern, in einer anderen Welt" gelebt.

> Hier fand ich den unfehlbaren Instinkt der großen Künstler wieder, die, wie Goethe und Schiller in der Epoche der Französischen Revolution und Napoleons, wie Proust in der Zeit des ersten Weltkrieges, in der Stille ihrer Arbeitszimmer jene Körnchen der Kultur bewahren, welche später, wenn das Säbelrasseln vorbei ist, keimen sollen. Ich trank Szymanowski mit Entzücken jedes Wort von den Lippen. In sehr langen, ausführlichen Gesprächen – eher schon Erzählungen – rekapitulierte Karol sein ganzes bisheriges Leben. (Iwaszkiewicz 1982, 136)

Die beiden Cousins müssen sich so gut verstanden haben, dass Szymanowski Iwaszkiewicz kurz darauf damit beauftragte, für ihn ein Opernlibretto zu schreiben. Daraus wurde *König Roger*.

Als Polen hielten sich die Szymanowskis in einem Gebiet auf, das ihnen nicht allzu freundschaftlich gesinnt war, zumal in der unruhigen, gegen Russlands Willen die Unabhängigkeit anstrebenden Ukraine. Schon bald, nachdem die Bolschewiki im Februar 1919 Jelisawetgrad einnahmen, wurden sie zu „Klassenfeinden". Als erstes setzten die neuen Machthaber ein „Musikkomitee" bei der Kunstabteilung ein und ernannten Szymanowski zum stellvertretenden Vorsitzenden. Er trat als Redner auf und spielte gemeinsam mit Neuhaus auf zwei Klavieren symphonische Werke des klassischen Repertoires, bis Mitte August, als die Armee des „weißen" und zugleich antiukrainischen Generals Denikin die Bolschewiki aus Jelisawetgrad vertrieb. Da die Szymanowskis für sich weder in Tymoszówka noch in Jelisawetgrad eine Zukunft sahen, begannen sie im Herbst 1919 ihre Übersiedlung nach Polen vorzubereiten und versuchten von ihrem Vermögen zu retten oder zu verkaufen, was nur ging. Einen Teil des Hauses vertrauten sie der Pflege einer Bekannten an, den anderen Teil verkauften sie und teilten das dadurch erworbene Bargeld teils unter sich auf, teils hinterlegten sie es zusammen mit dem Familiensilber in der örtlichen Bank; daran erinnerten bald schon wertlose Quittungen. Die Verwaltung von Tymoszówka übernahm ein Vetter. Noch ein Jahr lang brachte es klägliche Einkünfte, dann wurde es verwüstet – vermutlich während des Bürgerkriegs 1920. Später entstand anstelle des alten Szymanowski-Gutes eine Kolchose.

Die Reise nach Polen verbrachte Szymanowski in der Gesellschaft der Familie Taube. Zunächst begaben sie sich nach Odessa und von dort aus nach Rumänien. Flüchtlinge, die einen ähnlichen Weg zurückgelegt hatten, erinnerten sich daran, wie sie zunächst auf der Krim auf eine Ausreisemöglichkeit warteten – manchmal einige Monate lang. Es folgte die Reise selbst in den Laderäumen von Schiffen, die für den Personentransport umgebaut waren und die Küste der Krim entlangfuhren. Nach zwei Tagen wurde der Hafen Sulin im Donaudelta erreicht, doch aus Angst vor den Bolschewiki ließ man sie noch nicht nach Rumänien hinein. Unter dem Vorwand, dass eine Typhusepidemie drohe, wurden die Schiffe nach Konstantinopel umgeleitet, wo die Passagiere teilweise eine Woche lang in Quarantäne gehalten wurden. War dies alles glücklich überstanden, ging es mit dem Zug durch die rumänische Steppe zur Grenze Polens. Nach einer sicherlich ähnlichen Reise erreichte Szymanowski am 24. Dezember 1919 Warschau. Zuvor war bereits Feliks aus der Ukraine hergekommen und aus der Schweiz Stanisława mit Mann und Tochter. Mutter und die übrigen Schwestern hatten in Lemberg Station gemacht.

Die Neuhaus' konnten sich nicht zur Ausreise entscheiden, nur Natalia verließ die Ukraine und gelangte nach einer schwierigen Reise nach Kalkar, von wo Gustav stammte. Harry blieb bei seinen Eltern und seiner Verlobten.[2] Ihnen schloss sich Feliks Blumenfeld

---

2 Harrys Verlobte war Zinaida Jeremiejewa. Sie heirateten 1918 und ließen sich 1930 scheiden (Zinaida heiratete nun Boris Pasternak). Aus dieser Ehe gingen zwei Kinder hervor, das zweite war der Sohn Stanisław, dessen Sohn ebenfalls Pianist wurde – Stanislaw Bunin gewann 1983 den Marguerite Lon – Jacques Thibaud-Wettbewerb in Paris, 1985 den Chopin-Wettbewerb in Warschau und wanderte 1988 nach Deutschland aus.

an, der bald die Leitung des Kiewer Konservatoriums übernahm; einer seiner Studenten war Vladimir Horowitz. 1922, als die Ukraine zu einer Sowjetrepublik wurde, zogen sie gemeinsam mit Harry Neuhaus nach Moskau, um am dortigen Konservatorium Klavier zu unterrichten. Zu Blumenfelds Schülerinnen gehörten Maria Judina und Maria Grinberg; Neuhaus' Klasse besuchten u. a. Emil Giles und Swjatoslaw Richter.

17 Jahre in Warschau

Als sie nach Warschau kamen, waren die Szymanowskis Flüchtlinge ohne Einkünfte – während sie noch vor kurzem wohlhabende Großgrundbesitzer gewesen waren, die sich keine Gedanken über den nächsten Tag machen mussten. Der 41-jährige Feliks war ein mittelmäßiger Pianist, die 45-jährige Nula hatte keinen Beruf und war alleinstehend. Die 27-jährige Zofia, seit zwei Jahren mit Mieczysław Grzybowski verheiratet, seit einem Jahr Mutter der Tochter Krystyna, befand sich in einer kaum besseren Lage, da ihr Mann keine Arbeit finden konnte. Stanisława besaß Einkünfte als Sängerin, doch für ihre finanzielle Sicherheit sorgte vor allem ihr im Staatsdienst beschäftigter Mann. Von Karol, der seit dem Tod des Vaters fast wie das Familienoberhaupt angesehen wurde, erwartete man, dass er als begabtester polnischer Komponist bald einen finanziell spürbaren Erfolg haben würde. Er aber ging Kompositionsaufträgen aus dem Weg, öffentliche Auftritte mochte er nicht, obwohl er sich dazu zwang, da er keine großen, allenfalls unregelmäßige Einkünfte besaß. Dafür hatte er ein aristokratisches Gebaren und war wie auch die übrige Familie an einen verschwenderischen Lebenswandel und gedankenlose Entscheidungen gewöhnt.

Die sich angesichts dessen auftürmenden Probleme – die tatsächlichen und die eingebildeten – führten dazu, dass er im Laufe der Jahre zwar als Sohn und Bruder Verantwortung für seine engste Verwandtschaft spürte, deshalb aber auch immer frustrierter wurde und die Schuld für seine eigene Lage und die seiner Familie bei seiner Umgebung suchte. „Gestern war ich morgens bei Karol", vertraute Iwaszkiewicz im Herbst 1924 seiner Frau an. „Stell dir vor, wie intim er mit mir geworden sein muss, wenn er die schwierigsten Fragen ansprach, nämlich seine Familienangelegenheiten, seine Ratlosigkeit darüber, was mit dieser Familie geschieht usw. usf." (K 3, 185)

Die Mitwelt hielt die Szymanowskis für eine anstrengende Familie. Als die Mutter mit Nula und Zofia nach Warschau kam, wurden sie von Stanisława und ihrem Mann aufgenommen. Die Stimmung, die bald schon in ihrem Haus herrschte, beschrieb Stanisława mit dem Wort „Trubel". Stefan Bartoszewicz entschloss sich, dies irgendwie zu beenden und kaufte im Januar 1921 eine von ihren deutschen Eigentümern verlassene Villa in Bromberg als Ferienhaus für sich und seine Frau. Dann überredete er seine Schwiegermutter und seine Schwägerin, möglichst rasch dorthin zu ziehen, da das Leben in der Provinz viel billiger sei als in der Hauptstadt. In Bromberg verbrachte auch Karol die Sommer 1921 und 1922 bei seiner Familie, doch rasch wurde ihm klar, dass diese Lösung keine Zukunft hatte.

Bisher war Szymanowski, wann immer er sich in Warschau aufhielt, bei Freunden abgestiegen. Als er zu dem Schluss gelangt war, dass er sich um eigene vier Wände bemühen müsse, schrieb er im Herbst 1922 aus Bromberg an seinen Vetter August Iwański:

Ich habe eine intime Bitte an Dich, die unter uns bleiben soll. Es geht darum, dass es mir zwar gelingen würde, 2 Zimmer zu finden, wovon ich wirklich träume – ich bitte Dich aber, dass es so ausgeht, als hättest Du sie gefunden und mir vorgeschlagen, dort mit Dir einzuziehen (ohne meine Initiative). Es handelt sich um den armen Feliks, der bislang keine Bleibe hat, und ich spüre, dass er sehr gerne mit mir zusammenwohnen würde. Doch trotz meiner brüderlichen Gefühle – Du wirst verstehen, dass das für mich absolut unmöglich ist, vor allem aufgrund seiner Musik und dem ständigen Üben auf dem Klavier, was für mich eine Qual ist, aber auch aus anderen Dir bekannten Gründen. Doch ich möchte ihn nicht dadurch verletzen, dass diese Frage offen angesprochen wird, er ist so arm, deprimiert und traurig, ich suche also *Umwege*, die ich Dir in Freundschaft diskret anvertrauen kann. Ich wäre sehr glücklich, wenn dieser unser Plan gelingen würde! Anderenfalls wüsste ich nicht, was tun. (K 2, 440 f.)

Zwei Jahre später erfüllte Iwański seinen Wunsch und Mitte September bezogen sie eine Wohnung in der Straße Nowy Świat 47. Hier blieb Szymanowski bis 1929; bis heute erinnert eine Gedenktafel daran, die gleich neben einer anderen hängt, die darüber informiert, dass in diesem Haus auch Joseph Conrad gewohnt hatte – wie sich herausstellte, ein entfernter Verwandter der Szymanowskis.

Derweil verließ auch die übrige Familie Bromberg, kehrte nach Warschau zurück, und schon bald darauf lebten bei den Bartoszewiczs wieder die Schwiegermutter sowie die jüngste Schwägerin mit ihrer ein paar Jahre alten Tochter und einem Kindermädchen – und tagtäglich kamen die älteste Schwester und die beiden Brüder vorbei. Gelegentlich nahm hier auch Zofias Mann Quartier, der außerhalb von Warschau Arbeit gefunden hatte. Wenn er sich dort aufhielt, konnte der Vetter des Hausherrn seine Verwunderung kaum verbergen:

(…) ich habe mich immer über die Engelsgeduld und das Verständnis von Stefan gewundert, der nicht nur keinen eigenen Winkel in seiner eigenen Wohnung besaß, sondern die vielen diversen Unannehmlichkeiten ertragen musste, die damit zusammenhingen, dass sich hier ständig nicht nur engere und entferntere Verwandte der Szymanowskis aufhielten, sondern auch eine ganze Schar fremder Leute. Die fortwährenden Proben, Aufführungen, musikalisch-theatralischen Meetings erfüllten die Zimmer mit Lärm und vergifteten das normale Leben. Wenn ich mir das alles von außen aus anschaute, hatte ich den Eindruck, es handele sich nicht um eine Privatwohnung, sondern um irgendwelche möblierten

Zimmer oder um die Vorzimmer eines Theaterimpressarios. (Chylińska 2014, 163)

Die Geschwister Szymanowski ergriffen tatsächlich die verschiedensten Beschäftigungen, die nicht selten ein ziemliches Durcheinander mit sich brachten. Nula vermittelte beim Verkauf von Spielsachen und später von Wohnungen. Zofia fand nach längerer Suche Arbeit in einem Büro. Feliks war Korrepetitor in der Oper und begleitete auch privat Sängerinnen. Stanisława trat in der Oper auf und gab Konzerte, seit 1923 lehrte sie am Konservatorium. Karol trat als Pianist auf, schrieb Artikel und übernahm sporadisch kleine Kompositionsaufträge. Zu diesen unregelmäßigen Honoraren kamen regelmäßige, jedoch seltene und bescheidene Tantiemen. Angebote des Konservatoriums, dort zu unterrichten, lehnte er mehrmals ab.

In der Mitte des Jahrzehnts verschlechterte sich die Lage durch eine Serie unglücklicher Vorfälle und Geschehnisse. Im Herbst 1925 erkrankte Zofias Mann Mieczysław Grzybowski und verlor seine Arbeit. 1926 ließ sich Zofia von ihm scheiden, ein Jahr später beging er Selbstmord und ließ eine Tochter zurück. Stanisława erlebte in dieser Zeit eine große außereheliche Liebe. Als sie von ihrem neuen Partner schwanger war, kam im Winter 1925 ihre Tochter, die sie gemeinsam mit ihrem bisherigen Mann hatte, bei einem Unfall ums Leben. Kurz nach diesem tragischen Vorfall hatte sie eine Totgeburt. Sie plante nun eine radikale Veränderung ihres Lebens, kündigte ihre Stelle am Konservatorium, hoffte auf ein Engagement an der Wiener Oper und verließ Warschau. Von Zeit zu Zeit trat sie auf der Bühne auf, vor allem aber reiste sie in Gesellschaft ihres neuen Partners. 1927 wurde die Ehe der Bartoszewiczs geschieden und Anna Szymanowska sah sich gezwungen, die Wohnung ihres ehemaligen Schwiegersohns zu verlassen. Den geliebten Sohn trieb dies zu der wohl schlechtesten Entscheidung seines Lebens: Er übernahm die Direktion des Warschauer Konservatoriums, in der Hoffnung auf eine Dienstwohnung für seine Mutter und auf ein regelmäßiges Einkommen.

Die Hoffnung auf eine Wohnung war vergebens, weshalb die Mutter zu ihrer jüngsten Tochter und deren zweiten Mann zog, dem pensionierten Obersten Kociuba. Er war allerdings weniger dickhäutig als Bartoszewicz und stellte seine Frau nach zwei Jahren vor die Wahl: entweder er oder die Mutter. Zofia entschloss sich – vorläufig – dazu, die Ehe zu retten. Mit Karols finanzieller Hilfe zog 1929 ihre Mutter bei den Kociubas aus. Gemeinsam mit Nula, Feliks und ihrer Schwester Józefa mieteten sie eine moderne Vierzimmerwohnung an der ulica Raszyńska. Die Unterhaltskosten stiegen durch die Einstellung einer Bediensteten, bald darauf zusätzlich durch eine Krankenschwester, die sich um die immer kränker werdende Mutter kümmerte. Zwar sollten sie sich alle die hohe Miete teilen, doch fast jeden Monat erwartete man von Karol, dass er sich maßgeblich daran beteilige. Szymanowskis Einkünfte waren gegen Ende der 1920er Jahre alles andere als gering, aber dennoch beklagte er sich, dass sie nicht genügen, um sich und seine engsten Verwandten zu unterhalten. Seine Freunde informierte er darüber, dass ihn der Unterhalt der Familie monatlich etwa 1500 Złoty koste – eine erstaunlich hohe Summe angesichts der damaligen Lebenshaltungskosten, und geradezu überraschend, wenn man sie mit dem Niveau vergleicht, auf das Szymanowskis Sekretärin Leonia Gradstein diese Ausgaben reduzieren konnte: Sie berechnete sie auf 220, höchstens 250 Złoty monatlich.

In der neuen Wohnung sollte sich Szymanowski jedes Mal aufhalten, wenn er Warschau von Zakopane aus besuchte, wo er in diesen Jahren, nach seinem Fortzug aus der Hauptstadt, am liebsten lebte. „Er hatte ein komplett vom Rest der Wohnung getrenntes Zimmer und es schien, als würde ihm die Betreuung durch die Mitbewohner gut tun", erinnerte sich Gradstein viele Jahre später. „Was dort jedoch am schwierigsten auszuhalten war, das war die allzu große Fürsorge der Familie, vor allem der Mutter. Ihre Angst um ihn, ihre Besuche bei ihm zu den unterschiedlichsten Tageszeiten – dies alles führte zu einer Stimmung ewiger nervöser Unruhe, hinderte ihn daran, sich auf die Arbeit zu konzentrieren, Besuch zu empfangen, den Tag nach seinen eigenen Wünschen zu planen." (Gradstein/Waldorff, 38) Seine Nichte erkannte einen weiteren Nachteil dieses Lebens bei der Familie: „Eine Zeitlang gab es in Warschau in der Raszyńska-Straße ein Zimmer, das Wujcio-Zimmer, das sozusagen ihm gehörte. Aber eben nur sozusagen. Wenn Wujcio sich im Ausland aufhielt, zog Tante Nula dort ein, und wenn er zurückkam, verließ sie es überstürzt, wobei die Schubladen voll von ihren Klamotten waren, so dass er schließlich ins Hotel Bristol zog und das Zimmer ganz an Tante abtrat." (Dąbrowska, 110)

Die Szymanowskis galten als einander höchst eng verbundene Familie. Die engsten Bekannten waren sich jedoch darüber im Klaren, dass die Beziehungen zwischen den Geschwistern nicht idyllisch waren. Die Exzentrik der ältesten und die Leichtsinnigkeit der jüngsten Schwester wurden mit der Zeit zu Schrullen, welche die Umgebung immer stärker belasteten. Die Schwestern weihten ihren Bruder in ihre Streitigkeiten und Intrigen ein, wobei sie darauf hofften, dass er als Schlichter auftreten würde. Deshalb kontaktierte Szymanowski am liebsten die ausgeglichenste Schwester Stanisława. „Wenn Du Dir noch ein paar Tage Erholung stibitzen könntest, so würde ich Dich mit weit geöffneten Armen empfangen. Abgesehen von den Gefühlen wirkst Du von den 3 Schwestern auf mich am besten, ruhigsten", lud er sie nach Zakopane ein. (K 10, 178) Trotz dieser Probleme hing er grenzenlos an seiner Familie. Von Souvenirs und Devotionalien, die ihn an seine Eltern erinnerten, trennte er sich nie. „Auf der Brust trug er viele verschiedene Medaillen mit der Muttergottes von Tschenstochau und von Ostrabrama. Es waren Erinnerungen an die Mutter, die er sehr liebte und verehrte, und an verschiedene heilige Orte, die er in seinem Leben besucht hatte. Er hing sehr an ihnen und regte sich auf, wenn er sie nicht finden konnte." (K 2, 532) Im Sanatorium bemerkte seine Schwester: „Beim Bett stehen auf einem Nachtkästchen zwei Bilder der Muttergottes von Tschenstochau: eines, das er unlängst von Mama bekommen hat, und ein zweites, dunkles, kleines, das ihn seit langem begleitet. In der Schublade ein Büchlein *Nachfolge Christi* mit einer Widmung von Papa, aus dem Jahr 1902. Von diesem Büchlein trennte er sich nie. (…) Auf der Kommode stehen Fotografien von Papa und Mama …". (K 6, 290)

Leben mit der Familie

Die Familie begleitete Szymanowski bis zu seinen letzten Augenblicken. Stanisława schaffte es, einen Tag vor seinem Tod ins Sanatorium nach Lausanne zu kommen. Sie blieb bis zum Ende bei ihm und notierte jedes seiner Worte. Der verehrte Bruder starb am 28. März, kurz vor Mitternacht, um 23.45 Uhr am Ostersonntag, was der Arzt durch eine Eintragung bestätigte. Die Sterbeurkunde wurde erst nach den Feiertagen am Dienstag, 30. März, ausgestellt, wo ein anderes Datum genannt wird – 29. März, 0.05 Uhr. Die Mutter nahm die Kunde vom Tod ihres Lieblingskindes gefasst entgegen und verstand sie nicht mehr wirklich. Artur Taube, dem die undankbare Aufgabe zukam, ihr dies mitzuteilen, begann damit, dass es schlechte Nachrichten von Karol gäbe, dass er sich schlechter fühle. „,Er ist sicher gestorben?', fragte Tante. Artur musste das bestätigen. Tante fiel in ihren Sessel. Sie stöhnte: ‚Mein armer Katocisko', zwei Tränen kullerten über ihre Wangen. Und dann hob sie die Hand und fragte den Doktor: ‚Herr Doktor, was für einen Puls habe ich?'" (Iwaszkiewicz 2007, 512 f.)

Zuvor, drei Jahre vor Karol, aber im selben Alter von 54 Jahren, war Feliks gestorben; der Grund war eine starke Anämie aufgrund eines Nierenversagens. Stanisława verschied im Dezember 1938 nach dem Versuch, ihr ein Krebsgeschwür zu entfernen. 1943 endete das Leben ihrer Mutter, die 90 Jahre alt geworden war. Drei Jahre später starb Zofia. Die älteste Tochter Nula hatte als einziges der fünf Kinder die Langlebigkeit der Familie von Taube geerbt. Sie wurde 74 Jahre alt und hätte vielleicht noch länger gelebt, wäre sie nicht 1951 bei einem Straßenbahnunfall ums Leben gekommen. Von der Familie Szymanowski blieb nur Zofias Tochter Krystyna am Leben.

Mit der Familie auf den Bühnen

Die Familienbande Szymanowskis wurden durch seine künstlerische Zusammenarbeit mit den Geschwistern und Cousins verstärkt. Stanisława sang seine Lieder, Feliks begleitete sie, manchmal führte er auch Klavierstücke seines jüngeren Bruders auf.

Zu Gedichten Zofias entstanden einige Lieder und Kantaten. Hervorragende Interpreten seiner Klaviermusik fand er auch in Natalia und Harry Neuhaus. Das Libretto von *König Roger* und die Texte einiger Lieder waren ein Werk von Jarosław Iwaszkiewicz. Das erste Lied, zu dessen Veröffentlichung Szymanowski sich entschied, widmete er seiner Schwester Stanisława: *Daleko został cały świat* (Fern blieb die ganze Welt). Es erschien 1907, als ein Bravourstück der jungen Sängerin bereits ein anderes Lied des Bruders war – *Łabędź* (Der Schwan). Erstmals hatte sie es im Januar 1906 im Schloss von Żywiec (Saybusch) gesungen, in der Residenz von Erzherzog Karl Stefan von Habsburg, und später führte sie es oftmals auf, stets mit großem Erfolg. Im März 1912 sang sie in Lemberg die *Pieśni miłosne Hafiza* (Hafis' Liebeslieder) zum ersten Mal, und im April in Krakau die *Bunten Lieder*. Von den 27 Opusnummern des Bruders mit Vokalmusik führte sie immerhin 22 selbst auf. Sie gehörte zu den relativ wenigen Sängerinnen ihrer Zeit, die Liederabende im heutigen Verständnis gaben, bei denen sie vor allem Lieder sang und keine Opernarien. Ihre glänzende Technik, die große Interpretationskunst, ihre hervorragende Diktion und ihre ausgezeichnete Fremdsprachenkenntnis verhalfen ihr mit diesem Repertoire zu Erfolg. Weitere Vorzüge der Künstlerin waren – von den Kritikern oft vermerkt – ihre Schönheit und ihr gewinnendes Auftreten. Einerseits propagierte sie das Schaffen ihres Bruders, andererseits eröffnete ihr seine Stellung die Türen zu den bedeutendsten Konzertsälen Polens und des Auslands, beginnend mit dem Konzert, das sie im Februar 1912 in Wien gab, als sie begleitet von Arthur Rubinstein Lieder ihres Bruders sang und wie immer den größten Applaus für *Łabędź* erhielt.

Sie war es auch, die im neu entstandenen Polen an Szymanowskis Musik erinnerte, noch vor seinem Eintreffen in Warschau. Am 22. November 1919 führte sie bei einem Konzert im Konservatorium seine Lieder auf, zunächst die älteren aus der Vorkriegszeit. Die neuen, im Krieg entstandenen Lieder lernte sie erst während der Weihnachtsfeiertage kennen, als sie sich nach fünfjähriger Trennung wiedertrafen. Bei einem ersten Kompositionsabend

Szymanowskis, an dem er selbst beteiligt war, brachte sie im Januar 1920 einige von ihnen zu Gehör.

Im folgenden Jahrzehnt gaben die Szymanowski-Geschwister mehrere Dutzend gemeinsame Konzerte in verschiedenen Städten Polens. Für die Öffentlichkeit war es besonders attraktiv, dass der bedeutende Komponist selbst auftrat. Häufig wurde Stanisława auch von Feliks begleitet, und bei den Kompositionsabenden Karols musizierten sie mehrfach zu dritt. Die Kritiken waren gespalten, das größte Lob für ihre Interpretation erhielt meistens Stanisława.

Aufgrund der langjährigen Zusammenarbeit mit ihrem Bruder genoss Stanisława den Ruf einer unvergleichlichen Interpretin seiner Lieder. Sie sang sie bei den meisten ihrer Konzerte – in Wien, Mailand, Genf, Prag, Rom, Leipzig, Paris und natürlich in vielen polnischen Städten. Ihre Erfahrungen beschrieb sie Jahre später in dem 1938 erschienenen Buch *Jak należy śpiewać utwory Karola Szymanowskiego* (Wie Karol Szymanowskis Werke zu singen sind). Ihre Stimme kann man auch heute noch hören, da sich Tonaufnahmen von zwei Liedern erhalten haben: *Polna różyczka* von Stanisław Moniuszko und *Zulejka* von Szymanowski.

Unschätzbar für Szymanowskis Klavierschaffen war die Begeisterung, mit der sich die Neuhaus' seiner Musik widmeten. Behilflich war hier ihre musikalische Erziehung durch den Vater, der sie von klein auf an modernes Repertoire gewöhnt hatte. Hilfreich war auch die Bewunderung für ihren älteren Vetter. Sie waren die ersten Pianisten, die öffentlich seine Werke aufführten. Am 9. Januar 1906 spielte Harry in Warschau die *Variationen b-Moll op. 10*, am 6. Februar die dritte der *Etüden op. 4* und drei Tage später die ihm gewidmete *Fantasie op. 14*, von der der Komponist sagte, sie sei „geradezu unmöglich schwer". Ein Jahr später spielte Natalia in Warschau die öffentliche Uraufführung der *1. Klaviersonate c-Moll*, kurz darauf wiederholte sie diese in Berlin. 1913 debütierte Harry, der damals in Wien lebte und seine Fähigkeiten bei Leopold Godowsky schliff, vor dem dortigen Publikum bei einem Konzert mit Szymanowski-Werken im Tonkünstlerverein. Er spielte – mit hervorragender Resonanz – die *Fantasie* und die *2. Klaviersonate*.

Während des Krieges führte er in Russland die *Metopen* und später noch die 3. *Klaviersonate* auf.

Nach 1919 trennten sich ihre Wege. Neuhaus blieb jedoch ein treuer Botschafter für die Musik seines Vetters und interessierte auch seine Schüler für sie. Und so war in einer Zeit, als man Szymanowskis Klaviermusik außerhalb Polens fast ganz vergessen hatte, der Neuhaus-Schüler Swjatoslaw Richter ihr wunderbarer Interpret.

Ersatz für eine eigene Familie

Szymanowski blieb den Worten treu, die er bei der Hochzeit seiner Schwester geäußert hatte und heiratete nie. Dennoch waren ihm die Sehnsucht nach einer Familie und sogar ein gewisser Elterninstinkt nicht ganz fremd. In der engsten Umgebung boten ihm die Eheleute Jarosław und Anna Iwaszkiewicz einen Ersatz für Familienleben. Ihr Haus in Stawisko bei Warschau wurde für ihn zu einem gern besuchten Ort, er mochte die ruhige Atmosphäre und den geregelten familiären Alltag, den er in seiner eigenen Familie nicht erwarten konnte. In den Gastgebern besaß er außerdem sehr geschätzte Partner für Gespräche und gemeinsames Musizieren. Oft spielten sie vierhändig, sogar so anspruchsvolles Repertoire wie den *Sacre du printemps*. Er spielte ihnen seine neuen Werke vor und verriet seine Zukunftspläne. Zuneigung empfand er zur Tochter seines Cousins, was Anna Iwaszkiewicz bemerkte, die im Dezember 1931 festhielt: „Nach dem Mittagessen, das Karol sehr schmeckte (er mag gutes Essen), setzten wir uns noch an den Weihnachtsbaum. Karols Interesse für die Kinder berührte mich. Er mag Kinder überhaupt sehr und verhält sich ihnen gegenüber so gutmütig." (Iwaszkiewiczowa 1974a, 228 f.) Einmal gab er sogar zu, dass es ihm Leid täte, keine eigenen Kinder zu haben. Dennoch übernahm er vielfach die Vaterrolle und dies offensichtlich auch vorbildlich. Paradoxerweise verstand er es von allen fünf Szymanowski-Geschwistern am besten, Kindern Zuneigung zu

Leben mit der Familie

schenken. Zunächst Stanisławas Tochter Alusia (1911–1925) und später Zofias Tochter, die in der Familie Kicia hieß (1920–1981).

Weder Stanisława noch Zofia fühlten sich wohl in ihrer Mutterrolle. Mit den Mädchen beschäftigte sich vor allem die Großmutter, und wenn sie ins Schulalter kamen, gab man sie weit von daheim in Pension. War dieses Erziehungsmodell in den Zeiten von Tymoszówka nicht verwunderlich, da es in der Gegend an geeigneten Mädchenschulen fehlte, so mochte es in den 1920er Jahren erstaunen, dass man seine Töchter aus Warschau in eine Klosterschule in Lemberg (Alusia) oder ins ebenso weit entfernte Jarosław (Kicia) schickte.

Stanisława war mit ihrer eigenen Karriere beschäftigt und machte in den Briefen an ihre engste Freundin Helena Casella keinen Hehl daraus, dass ein Kind im Haus vor allem Mühe bedeute. Das Problem sollte sich bald darauf auf tragische Weise „lösen", als Alusia beim Spielen im Garten der Pension von einem steinernen Standbild des hl. Stanisław Kostka erschlagen wurde, der paradoxerweise der Namenspatron ihrer Mutter war. Das Mädchen starb, und es war an Karol Szymanowski, der sich gerade in Lemberg aufhielt, die Eltern von dem Unglück zu unterrichten. „Es ist, als hätte ich mein eigenes Kind verloren", vertraute er sich einer Bekannten an. (K 3, 283) Bald darauf sollte er jedoch wieder ein „eigenes Kind" haben, diesmal in Gestalt seiner jüngeren Nichte. Kicia verbrachte regelmäßig die Ferien bei ihm in Zakopane. Manchmal mit ihrer Mutter, häufiger nur mit ihrem Kindermädchen und mit dem bewunderten Onkel. Sie hing sehr an ihm und schrieb ihm aus der Pension, in die er sie gebracht hatte: „Ich war schrecklich traurig, als Du fortfuhrst. Ich stand auf der Treppe und schluchzte, ich bin schrecklich dumm, nicht wahr? Aber ich liebe Dich so sehr. Denn Du bist für mich immer so wie der beste Vater, ja sogar tausendmal besser. (Eigentlich weiß ich nicht, wie der beste Vater ist.)" (K 9, 189) Woher sollte sie es auch wissen, da sie ihren eigenen Vater früh verloren hatte und der zweite Mann ihrer Mutter sie zwar ohne Vorbehalte akzeptierte, die Ehe aber rasch entzweigte. Aus den Briefen an ihren verehrten „Wujcio" (Onkelchen) spricht ungeheure Sehnsucht nach einer Familie.

Ersatz für eine eigene Familie

Der Elterninstinkt Szymanowskis fand noch einen weiteren Ausweg – in den Beziehungen zu jungen Männern. Diese Beziehungen hatten anfangs wohl in der Regel eine erotische Grundlage, doch einige von ihnen nahmen allmählich einen geradezu familiären Charakter an. Im Frühjahr 1930 schrieb der 48-jährige Szymanowski an den 24-jährigen Julian Strawa:

> Vielleicht bist Du Dir darüber nicht im Klaren, wie sehr ich Dir zugetan bin (...) Ich denke sogar oft, dass das ein Freud'scher, in der Realität unbefriedigter „Vaterkomplex" ist, und dass Du durch etwas Geheimnisvolles dem entsprichst, was ich instinktiv ersehne, was mein möglicher Sohn wäre. Offensichtlich bin ich vom Schicksal dazu verurteilt, einen so lausbubenhaften Sohn wie Dich zu haben, nur habe ich nicht rechtzeitig geheiratet. (K 6, 134)

Solche „Lausbuben", mit denen er Vater spielte, traf er mehfach. In seinen letzten Lebensjahren durchlebte er zunächst eine stürmische Romanze mit dem 18-jährigen Aleksander Szymielewicz, später verhielt er sich ihm gegenüber wie zu einem Adoptivsohn, indem er für seine Bildung und seinen Unterhalt aufkam und Nachsicht hatte für seine jugendlichen Streiche.

Viel früher, 1926, war ein außergewöhnlich begabter „Lausbub" in seinem Leben aufgetaucht, dem er die Tür zur großen Literatur aufstieß (und das höchstwahrscheinlich ohne erotische Ouvertüre). „Zum ersten Mal sah ich ihn als blutjungen, vielleicht 16 Jahre alten Jungen, der mit der sehr verlegenen Miene eines gemaßregelten Schülers vor Karol Szymanowskis Schreibtisch stand", beschrieb ihn Jahre später Iwaszkiewicz.

> Der am Schreibtisch sitzende Karol sprach verbissen auf ihn ein, mit einer für seine Verhältnisse strengen Miene. Der hübsche, schwarzhaarige Junge, der damals noch schlank war, hörte sich mit seinen geistreichen, kindlichen Augen die Ermahnung demütig an, verbeugte sich und ging nach einem Händedruck. Karol wendete sich mir zu: „Das ist

Leben mit der Familie

> eben dieser Zbyszek aus dem Astoria... Ach, was habe ich an ihm!" Von Zbyszek aus dem Astoria hatte ich schon gehört, das war der Junge, der an der Theke des Restaurants arbeitete und den Szymanowski, als er die Rechnung für eine Reihe von Wodkas begleichen wollte, dabei ertappte, Conrad zu lesen. Aufmerksam geworden auf den intelligenten Jungen, kümmerte er sich um ihn und schickte ihn mit Hilfe seines Cousins Michał Kruszyński irgendwohin in die Provinz (...) Doch er hielt es in dieser Stellung nicht lange aus (...) und sehnte sich nach dem „Strudel der Großstadt". Nach der Ankunft meldete er sich natürlich bei seinem Wohltäter – und musste sich die Ermahnung anhören, deren Zeuge ich gerade geworden war. (Iwaszkiewicz 2010a, 280)

„Zbyszek aus dem ‚Astoria'", Szymanowskis Lieblingsrestaurant, war Zbigniew Uniłowski (1909–1937). In den 1930er Jahren galt er als einer der interessantesten Literaten der jungen Generation. Schon zuvor, im Winter 1929, hatte er Szymanowski nach Davos geschrieben:

> Vielleicht liegst Du gerade da und denkst an Warschau (...) An Deine kleine Wohnung im vierten Stock, wo man gelegentlich trank und über verschiedene, vielleicht unwichtige, aber nette Dinge plauderte. Ich erinnere mich sehr oft daran. Das sind für mich wirklich persönliche und wichtige Erinnerungen. Es hat den Anschein, als sei dort in Warschau, im vierten Stock, ein geistig neuer, anderer Mensch geboren worden und sein Leben habe damals begonnen. Dieser Mensch war ich. Ich bin noch etwas sehr wenig Entwickeltes, aber ich bin Etwas. Wer weiß, ob ich, wenn Du nicht gewesen wärst, jetzt nicht ein ziemlich untersetztes, ruhiges und wenig denkendes Wesen wäre, ein hinter der Theke einer ordentlichen Kneipe stehendes Faktotum, so ein Butterbrotschmierer – und kein Jüngling, der verschiedene Wunderlichkeiten über das Leben schreibt. Vielleicht würde ich an den freien Tag denken, wie ich ihn verbringen könnte,

und nicht an den „Vorstellungsprozess" oder die „Natur der Beziehung zwischen Körper und Seele". – Ja, das, denke ich, verdanke ich Dir. So ist es und nichts kann diese wunderbare Tatsache verändern. Du hast mich denken und fühlen gelehrt, du hast mir das Leben gewiesen, nicht das Vegetieren. Und vor allem dafür bin ich Dir auf ewig dankbar. (…) Ich muss Dir das sagen – dass Du der wichtigste Mensch in meinem Leben bist! (K 5, 457)

Unter Freunden

Ohne Freunde ... wäre ich verloren

„Ich bin höchst unruhig wegen Karol. Gestern habe ich ihm geschrieben. Er tut mir schrecklich leid. Man muss ihm immer alles vergeben – man muss ihn mit anderem Maß messen, nicht mit unserem. Nötig ist eine Art Kindermädchen – woher es nehmen..." (K 9, 218) Diese Worte über den 52-jährigen Künstler schrieb Grzegorz Fitelberg, der Szymanowski bestens kannte. Adressatin des Briefs war Leonia Gradstein, die für Szymanowski vor seinem Lebensende zu solch einem „Kindermädchen" wurde und die Pflichten einer Sekretärin und Vertrauensperson übernahm. Von Kindheit an von Liebe und Bewunderung der Familie umgeben, konnte Szymanowski nicht auf sich alleine gestellt leben.

In Gesellschaft verbrachte er am liebsten seine Freizeit und seine Reisen, wo er die Annehmlichkeiten des Lebens genoss. „Ein vielversprechendes Terzett – Szymanowski, Fitelberg und Arthur Rubinstein, bezog das Hotel Kranz und genoss das musikalische Leben der Stadt in vollen Zügen", erinnerte sich der österreichische Komponist Joseph Marx an den Aufenthalt der drei Freunde in Wien 1911 und 1912.

> Im Hotel herrschte eine wahrhaft künstlerische Idylle. Man stand erst gegen Mittag auf, verbrachte die Zeit im Schlafrock bei Gesprächen über Kunst und Leben, rauchte eine ganze Menge Zigaretten, trank Wermut und brachte Rubinstein dazu, Strauss' Salome zu spielen, was er im übrigen meisterhaft tat. Hier hörte ich zum ersten Mal die damals neuen Hafis-Lieder, die Szymanowski gerade geschrieben hatte. Dann bestiegen wir wieder den Express und fuhren in bester

Stimmung nach Rom, wo wir am Fuße des Pincio im bequemen Hotel de Russie abstiegen. Hier, in der antiken Stadt, erwachte bei dem polnischen Komponisten die für ihn neue Leidenschaft für die Antike. (Marx 1974, 117)

Freunde brauchte er für sein ausuferndes geselliges Leben auch in späteren Jahren, wo er sich zwar in bescheidenerem Maße, doch mit ähnlicher Lebendigkeit in der Gesellschaft der Bohème von Zakopane vergnügte.

Keine geringere Rolle spielten die Freunde in seinem Leben als Zuhörer, Vertrauenspersonen, Bewunderer, Tröster – wie ein Spiegel, in dem sich Narziss bewundern konnte, und wo er in Augenblicken des Zweifels eine Stütze für sich fand. „Ficio [Fitelberg] ist für eine Reihe von Konzerten nach Buenos Aires gefahren, er soll dort viel von mir spielen. Doktorchen [der Neurologe und Psychiater Maurycy Urstein, der ihn in den 1920er Jahren behandelte, D.G.] lungert auch irgendwo in Südamerika herum – so dass ich sehr verlassen und ohne Betreuung bin", klagte der 46-jährige Künstler über sich. (K 4, 333)

Eine ganze Gruppe von Freunden war sein Leben lang mit seiner „Bemutterung" beschäftigt. Er selbst war sich über diese besondere Lage im Klaren, ja gelegentlich erwartete er diese Behandlung. Seine Unbeholfenheit erwähnte er unaufhörlich gegenüber zwei in ihn vernarrten Frauen – Helena Casella in Paris und Zofia Kochańska in New York. „Wie bewundernswürdig von Ihnen ist es, dass sie sich mit meiner Musik befassen möchten", schrieb er an Casella. „Wie bin ich Ihnen dankbar. Ohne Freunde wie Sie und einige andere (die Kochańskis) wäre ich wirklich verloren, da ich kein bisschen Energie besitze, und was noch beunruhigender ist, dass mich das überhaupt nicht kümmert. Ich weiß wohl, dass das dumm ist, und ich selbst verstehe diesen merkwürdigen Charakterzug nicht, aber ganz gewiss ist es so." (K 3a, 98) Die Freunde befreiten den unbeholfenen und handlungsunwilligen Künstler von der Last der Existenz. Sie erfüllten eine Aufgabe, die er nicht auf sich nehmen konnte oder wollte, wobei er sich mit Ungeschicklichkeit in Lebensfragen herausredete, in späteren Jahren auch mit Krankheit.

Fitelberg verbesserte die Instrumentierung der Orchesterwerke, wozu Szymanowski selbst nicht selten keine Lust hatte. Zbigniew Drzewiecki amtierte in seinem Namen im Konservatorium.

Den jungen Szymanowski ärgerte seine eigene Unbeholfenheit oder gar Unfreiheit bisweilen. Er hielt sie für eine Charakterschwäche und war seinen Bekannten nicht selten für die Dienste dankbar, die sie ihm leisteten, wobei er allerdings oft hinzufügte, dass er keinen Grund oder keine Möglichkeit sehe, sich zu einer Veränderung aufzuraffen. Je mehr seine Überzeugung von der eigenen Größe wuchs, desto mehr nahm er Hilfe seiner Freunde, Bekannten, ja sogar des Staates – durch Beamte verschiedener Institutionen – als naturgegebenes Verhalten ihm gegenüber hin, das ihm aufgrund seines Talents und seiner Stellung sogar gebühre. Mit der Zeit verlangte er immer ungeduldiger, dass die Umgebung seine Probleme zu lösen habe, die er selbst geschaffen hatte. Ausbleibende rasche Reaktionen hielt er für eine sträfliche Geringschätzung seiner Person, ja sogar für ein Zeichen von Feindschaft. Dadurch konnten alle jene, die seine Wünsche, ja Erwartungen nicht rasch und erfolgreich genug erfüllten, von dem überempfindlichen Künstler bald zur Gruppe derer gezählt werden, die ihn ablehnten, ja ihm gegenüber gar feindlich gesinnt waren.

Die Grundlage von Freundschaft war für Szymanowski das ständige Interesse an seiner Person und rasche Reaktion, wenn er Unterstützung oder Hilfe seiner Nächsten brauchte. Selbst fühlte er sich jedoch von jeglichen Verpflichtungen befreit. Sein Geständnis in einem Brief an Stefan Spiess im Herbst 1913 kehrte in seiner Korrespondenz bis ans Ende seiner Tage fast leitmotivisch wieder. Als er sich seinerzeit über Fitelbergs Schweigen beklagte, der auf zwei Briefe nicht geantwortet habe, beendete er seine Ausführungen mit einem Appell, der verriet, dass er selbst auf Spiess' Briefe nicht geantwortet hatte: „Schreib mir, dass Du mir wegen meines Schweigens nicht zürnst! Meine Faulheit und mein Mangel an Energie sind stärker als die Gewissensbisse, aber das ist verständlich!" (K 1, 386)

Der Zufall wollte es, dass in Szymanowskis Leben „Paare" von Freunden in ähnlichen Berufen oder Funktionen eine Schlüsselbedeutung haben sollten. Zwei Dirigenten und zwei Virtuosen waren unschätzbare Werbeagenten seiner Musik. Zwei

Musikwissenschaftlern verdankte er es, dass er rasch und auf Dauer zum Nationalkomponisten erhoben wurde. Ein paar Freunde halfen ihm, finanzielle Schwierigkeiten zu überwinden. Ohne diese ihm ergebenen Menschen wäre Szymanowskis Leben anders verlaufen, und auch seine Musik wäre eine andere gewesen.

Musiker

1905 nahm Szymanowski das Angebot befreundeter Komponisten an und wurde Teil der Verlagsgesellschaft (Spółka Nakładowa), deren Ziel es war, die Werke ihrer Mitglieder zu veröffentlichen und aufzuführen. Sie entstand auf Initiative von Grzegorz Fitelberg, Ludomir Różycki und Apolinary Szeluto, die ähnlich wie Szymanowski bei Zygmunt Noskowski Komposition studiert hatten. Hoffnung auf die Verwirklichung ihrer Ziele gab den jungen Musikern die finanzielle Unterstützung durch Fürst Władysław Lubomirski. Ihm war es zu verdanken, dass die jungen Komponisten im Februar 1906 in der Warschauer und im März in der Berliner Philharmonie debütieren konnten. In Warschau gehörte Lubomirski zu den Mäzenen des Orchesters, in Berlin zahlte er für die Miete von Saal und Orchester. Wegen ihm – und Fitelberg – erhielt Szymanowski also die Chance, als Schöpfer von Orchestermusik in Erscheinung treten zu können. Die Gesellschaft erhielt den Namen „Junges Polen" – sehr zeitgemäß, denn so hieß seit Ende der 1890er Jahre eine damals neue Richtung der Literatur, später dann auch eine dem Symbolismus nahestehende Strömung der Malerei. Im Frühjahr 1907 fanden weitere Konzerte des „Jungen Polen" statt – jetzt erst in Berlin und dann in Warschau, womit das Bestehen dieser ersten Komponistengruppe in der Geschichte der polnischen Musik eigentlich schon ihr Ende fand. Wie bei anderen informellen Gruppen junger Künstler so kam es auch hier schon rasch zu Intrigen und Missverständnissen, wie sie unter Künstlern oft vorkommen, die vor allem von einer individuellen Karriere träumen. Różycki rivalisierte von nun an mit Szymanowski, während Szeluto sich rasch aus dem musikalischen Leben verabschiedete. Die Freundschaft mit Fitelberg hielt fast bis zu Szymanowskis Tod und wurde zu einer Grundvoraussetzung seiner Karriere.

Bekanntschaft schlossen sie im Januar 1906 in Berlin, vor dem erwähnten Konzert des „Jungen Polen". Fitelberg hatte bei Zygmunt Noskowski Komposition und bei Stanisław Barcewicz Geige studiert, seit 1901 war er Stimmführer der zweiten Geigen im Orchester der Warschauer Philharmonie. 1905 debütierte er als Dirigent, als er seine eigene *Symphonie e-Moll* aufführte, und die neue Rolle gefiel ihm so gut, dass er die Geige sausen ließ. Von nun an wollte er nur mehr komponieren und dirigieren, doch nach kurzer Zeit ließ er auch das Komponieren sein.

Szymanowski hatte ein Jahr zuvor seinen Vater verloren und mit ihm die wichtigste Stütze für seine kompositorischen Bestrebungen. Fitelberg war zwar nur drei Jahre älter als er, besetzte aber diesen leeren Platz. Als Musiker hatte er mehr Erfahrung, vor allem aber besaß er einen dominanten Charakter. Arthur Rubinstein schrieb nach Jahren über seine Beziehungen zu Szymanowski: „Selbstverständlich war Fitelberg die treibende Kraft (...), Karol war ja das reine Kind". (Rubinstein, 453) Was den eigenständigen Rubinstein ärgerte, kam Szymanowski jedoch entgegen, da sich der dominierende, geradezu apodiktische Dirigent bestens als „Kindermädchen" bewährte.

Fitelberg leitete also das symphonische Debüt Szymanowskis und führte seine *Konzertouvertüre E-Dur* auf. Er schätzte sein Schaffen und dirigierte in den folgenden Jahren auch *Penthesilea* (1908 in Lemberg), die *1. Symphonie* (1909 in Warschau) und die *2. Symphonie* (1911 in Warschau, Berlin, Leipzig und Wien). Seine Verdienste um die Musik des Freundes gingen jedoch weiter als die Aufführung fertiger Partituren, denn er half auch bei der Arbeit an ihnen. Szymanowski hatte den Kompositionsunterricht schon nach zwei Jahren abgebrochen, noch bevor der Instrumentationskurs an der Reihe war. Er war sich seiner unvollkommenen Bildung bewusst und vertraute im Herbst 1910 dem Freund an:

> (...) mein anscheinend für die Arbeit idealer Aufenthalt in Tymoszówka hat leider seine Schattenseiten, da ich mich letztlich nicht für einen völlig reifen und seiner Mittel siche-

Musiker

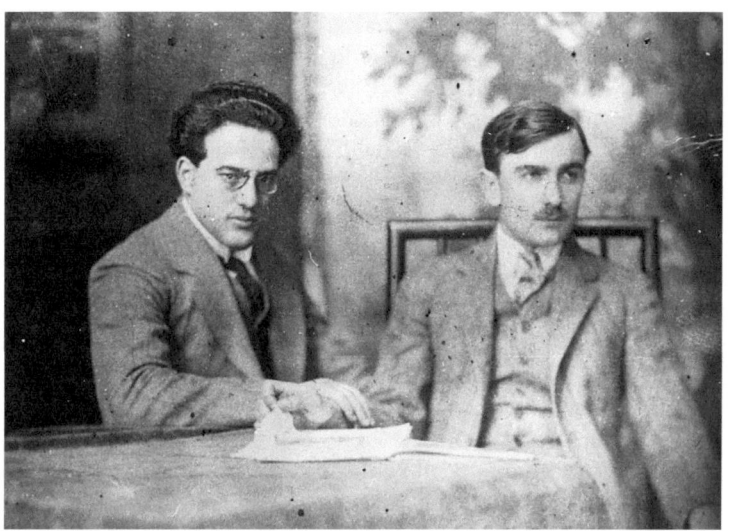

Abb. 3: Grzegorz Fitelberg und Karol Szymanowski in den Jahren vor dem Ersten Weltkrieg.

ren Musiker halten kann, und da Deine Gesellschaft und die musikalischen Bedingungen, die ich dank Dir in Warschau haben kann, für mich mehr sind als so manche Woche einsamer und konzentriertester Arbeit hier. (...) stell Dir vor, wie mich das alles schrecklich reizt, was Du in Warschau tust – jede Probe, jedes Konzert usw., vor allem da ich im vergangenen Jahr von Anfang an stets bei Dir war! (K 1, 190)

So lange Fitelberg der Warschauer Philharmonie verbunden war, bemühte sich Szymanowski regelmäßig in Warschau zu sein – und ihm bei den Orchesterproben zu assistieren.

Auf die Meinung des Freundes zu seinen Werken legte er bis an sein Lebensende Wert. Als er an der *2. Symphonie* arbeitete, schrieb er an Fitelberg: „Die Symphonie habe ich in Skizzen beendet. Auf Dein Urteil bin ich schrecklich gespannt. Ich befürchte, dass Du nicht mit allem darin einverstanden sein wirst. Ich persönlich bin sehr zufrieden, aber Du weißt, wie schwer es ist, seinen eigenen Kompositionen gegenüber objektiv zu sein." (K 1, 188) Ähnliche Zweifel hegte er noch 21 Jahre später: „Ficio, mein Lieber, ich bin fürchterlich ungewiss, wie dieses *Veni Creator* ist – und ob es Dir gefällt!" (K 6, 372) Zwei Jahre später, als er die Meinung seines Freundes über die gerade entstehende 4. *Symphonie* erfuhr, konnte er seine Erleichterung nicht verbergen: „Du hast keine Ahnung, welche Freude Deine Zustimmung zum Konzert und zum 2. Satz (bezüglich dessen ich gewisse Zweifel hatte) für mich bedeutet." (K 7, 197 f.)

Im Mai 1911, als Fitelberg aus Warschau nach Wien ging, eilte Szymanowski ihm nach. Gemeinsam begannen sie, die Hauptstadt des Habsburger Reiches zu erobern, wobei ihnen Lubomirski gesellschaftlich und finanziell behilflich war. Der Fürst schrieb eine Operette, wobei er sich gewiss darauf beschränkte, die Melodien zu erfinden, den Rest tat Fitelberg und hoffte im Gegenzug auf Unterstützung bei der Wahl des neuen Orchesterchefs des Konzertvereins, wo Ferdinand Löwe bald darauf in Pension gehen sollte. Lubomirski enttäuschte nicht, nutzte seine Beziehungen zum Herrscherhaus und bewirkte, dass Fitelberg die Ernennung erhielt, wenn auch in einem anderen Ensemble – in der Hofoper. Szymanowski glaubte, dies sei auch für ihn eine Chance, und beschloss, eine Oper zu komponieren. Lubomirski versprach, sie zu empfehlen, Fitelberg sollte dirigieren. Szymanowski machte sich also an die Arbeit an *Hagith*. Doch Fitelberg verlor seine Stellung ebenso rasch wie er sie bekommen hatte, und als *Hagith* im Herbst 1913 fertig war, konnte er nicht mehr helfen.

Durch die Kriegsjahre wurden die Freunde getrennt. Die Kontakte erneuerten sie erst wieder 1921, als Fitelberg nach Warschau zurückkehrte. Im Dezember 1923 übernahm er die Leitung des Philharmonieorchesters und führte ganz nach seiner Gewohnheit gerne neue Musik auf – Milhaud, Prokofjew, Ravel, Scriabin –, womit er den Widerstand der konservativeren Teile von Kritikern und Öffentlichkeit hervorrief. Er präsentierte auch Werke lebender polnischer Komponisten, vor allem Szymanowskis.

Alleine 1924 dirigierte er: am 11. April die *3. Symphonie*, am 4. Mai das *1. Violinkonzert* und noch einmal die *3. Symphonie*, am 9. Mai Fragmente aus *König Roger* und am 14. Mai *Prinz Potemkin*. Als Fitelbergs Programmpolitik offene Kritik hervorrief und man ihn beschuldigte, er würde mit „Modernisten" das Publikum vergrätzen (für einige klang sogar Ravels *La Valse* schockierend), fühlte sich Szymanowski verpflichtet, ihn in der Presse zu verteidigen. Er tat dies sehr emotional und griff bei dieser Gelegenheit seine Landsleute für ihre musikalische Gleichgültigkeit an, über die polnische Musik schrieb er, sie befinde sich in einem Zustand der „Anämie". Kaum verwunderlich, dass die Opponenten von nun an kein Blatt vor den Mund nahmen und die Polemik um Fitelbergs Repertoirepolitik solche Ausmaße erreichte, dass die Redaktionen schließlich Szymanowski den Abdruck weiterer Artikel hierzu verweigerten.

In den 1920er und 1930er Jahren fiel Fitelberg die Rolle zu, fast alle nun entstehenden Orchesterwerke uraufzuführen: *Stabat Mater* (1929), *Harnasie* (in der Konzertfassung, 1929 und 1931), *Veni Creator* (1930), *4. Symphonie* (1932), *Litanei an die Jungfrau Maria* (1933), *2. Violinkonzert* (1933). Die Familie und einige Freunde des Komponisten waren der Meinung, der Dirigent nutze Szymanowskis Musik für seine eigene Karriere. Szymanowski aber wusste nur zu gut, dass in Wirklichkeit seine Musik ihre Karriere in erheblichem Maße Fitelberg verdankte, der sie konsequent in seine Konzertprogramme aufnahm. Als dieser überlegte, Europa zu verlassen und vielleicht ein amerikanisches Orchester zu übernehmen, sorgte der Komponist sich ernsthaft um die Zukunft seines Orchesterschaffens.

Fitelberg diktierte seinen Willen nicht nur den Orchestern, sondern auch dem Publikum, wenn er glaubte, dass dies der von ihm geschätzten Musik nutzen würde. Er war sich darüber im Klaren, dass seine Bewunderung für Szymanowskis Werk von einem erheblichen Teil der Konzertgänger nicht geteilt wurde, weshalb er einmal versuchte, dieser Herausforderung auf unkonventionelle Weise zu begegnen. Im Januar 1935 dirigierte er ein Gastkonzert in Lemberg, für dessen Programm Beethovens *8. Symphonie*,

Szymanowskis 2. *Symphonie*, Lalos *Symphonie espagnole* und das *Violinkonzert* seines Sohnes Jerzy Fitelberg vorgesehen waren. Während des Konzerts verlas er von der Bühne überraschenderweise folgende Ankündigung:

> Das Programm des heutigen Konzerts enthält ein Werk, das Lemberg noch nicht gehört hat, das es noch nicht kennt. Dieses Werk ist die 2. Symphonie von Karol Szymanowski. (...) Szymanowskis Symphonie ist schön – aber schwierig. Für das Publikum schwierig zu verstehen und für jedes, selbst für das beste Orchester schwierig zu spielen. Die gesamten Anstrengungen bei der Vorbereitung des heutigen Programms gingen dahin, Szymanowskis Symphonie aufzuführen, die zweimal erklingen wird: als erste Nummer des Programms und als dritte. (Markiewicz, 152)

Dafür entfiel Beethovens *Achte*.

Im Frühjahr 1932, als Szymanowski an der 4. *Symphonie* arbeitete und zögerte, ob er in der Lage sein würde, den Klavierpart zu spielen, fällte Fitelberg die Entscheidung und wies ihn an, ihn zu lernen. Die Premiere setzte er für den 7. Oktober 1932 in Posen an; der Komponist übte gehorsam, was er geschrieben hatte – und trat auf. Es war Fitelberg, der Szymanowski riet, Leonie Gradstein, die zuvor für ihn gearbeitet hatte, als Sekretärin einzustellen. Unter seiner Aufsicht fertigte Grażyna Bacewicz in Warschau den Klavierauszug von *Harnasie* an. Der Komponist selbst hatte noch nicht einmal Lust, ihn kennenzulernen, und so unterscheidet er sich von der endgültigen Partitur, die in Zakopane entstand.

Solange Szymanowski in Warschau lebte, standen sie in fortlaufendem Kontakt. In seinen letzten Lebensjahren hielt sich der Komponist überwiegend in Zakopane auf, teils auch im Ausland, weshalb sie nur noch selten die Gelegenheit zu persönlichen Begegnungen hatten und auf den Schriftverkehr angewiesen waren, auch auf Berichte dritter Personen, die den wenig beliebten Dirigenten häufig nicht mochten. Szymanowski wurde immer leichter reizbar, und so begannen sich ihre Beziehungen bald zu verschlechtern. Es dürfte mehrere Gründe für Unstimmigkeiten gegeben haben, einer davon war die neue Durchsicht der *2. Symphonie*. 1929 erklärte sich Fitelberg damit einverstanden, die Umarbeitung der *2. Symphonie* – an Szymanowskis Stelle – zu beenden (diese revidierte und uminstrumentierte Fassung präsentierte er in Lemberg). Dem Verlag schickte er das Material abschnittsweise; der Komponist sah es – auf eigenen Wunsch – nicht durch (!). Dagegen wartete er ungeduldig auf den Vertrag und auf eventuelle Einnahmen aus dem Verkauf der Partitur. Doch Fitelberg lieferte die letzten Bögen der neuen Version erst im April 1936 an den Verlag. Darüber informierte er den Komponisten, der an Leonie Gradsstein schrieb: „Sag Ficio bitte ein paar nette Worte von mir – auch für die Symphonie." (K 11, 296) In Fitelbergs Aufzeichnungen erscheint diese Episode anders: „Ich habe ihm nach der Beendigung der 2. Symph. und der Korrektur von Harnasie geschrieben. Kein Wort." (K 11, 335) 1937 bearbeitete Fitelberg *Notturno und Tarantelle* für Orchester (ohne Solist). Szymanowski behauptete, von dieser Bearbeitung nichts zu wissen. Vom Verleger um eine Erläuterung gebeten erklärte Fitelberg, dass „Szymanowski mich mehrmals gebeten hat, *Notturno und Tarantelle* sowie die *Masken* zu instrumentieren". (K 12, 331) Im selben Brief versicherte er, dass er dieses Arrangement noch nie gespielt habe, obwohl er – wie Teresa Chylińska festgestellt hat – beide Werke zuvor mit dem Rundfunkorchester aufgeführt hatte. Szymanowski änderte unter Eindruck seiner Stimmungen nicht selten seine Meinung, und Fitelberg half ihm bekanntlich nicht selten bei der Instrumentierung. Somit werden wir wohl nie erfahren, wie es wirklich gewesen ist, da in diesem Fall keinem von beiden voll zu vertrauen ist.

Szymanowski widmete Grzegorz Fitelberg die *2. Symphonie* sowie vier Lieder aus Op. 17. Unter den Personen, denen er seine Werke widmete, taucht noch ein weiterer Dirigent auf – Alexander Siloti (*3. Klaviersonate*); 1916 sollte er in Petrograd die Uraufführung der *3. Symphonie* und des *1. Violinkonzerts* dirigieren, wozu es aber nicht kam. Wer nicht berücksichtigt wurde, war Emil Młynarski, dem *Harnasie* ursprünglich gewidmet werden sollte.

Unter Freunden

Szymanowski hatte Młynarski in Warschau kennengelernt. Er galt als einer der bedeutendsten europäischen Dirigenten seiner Generation und wurde in England, wo er oft gastierte, Arthur Nikisch gleichgesetzt. 1901 wurde er erster Dirigent der neu eröffneten Philharmonie. Bald darauf kam es zwischen Młynarski und dem zwölf Jahre jüngeren Komponisten zu sehr engen Kontakten. Młynarski wollte damals in London Szymanowskis *Konzertouvertüre* dirigieren, doch der Komponist reagierte auf seine diesbezüglichen Briefe nicht und die Aufführung fand nicht statt. Młynarskis Interesse blieb auch nach dem Krieg bestehen, in den 1920er Jahren führte er u. a. die *2. Symphonie* auf, leitete die Uraufführung des *1. Violinkonzerts* und durch seinen Einsatz gelangten beide Opern Szymanowskis auf die Bühne.

Möglich war dies, da Młynarski zwischen 1919 und 1929 Direktor des Teatr Wielki (Großes Theater) in Warschau war. Nachdem er diesen Posten erhalten hatte, beschloss er, ähnlich wie Fitelberg in der Philharmonie, die neue polnische Musik zu unterstützen, so dass sich sein Interesse natürlich auf Szymanowski richtete. Am 13. Mai 1922 führte er *Hagith* auf, und trotz der gewaltigen Probleme, mit denen sich die Oper aufgrund der grassierenden Wirtschaftskrise herumschlug, machte er sich daran, *König Roger* auf die Bühne zu bringen, auch wenn ihm bewusst war, dass dieses Werk dem Theater nicht den damals so nötigen finanziellen Erfolg bringen würde. Die schwierige Partitur wurde mit keiner geringen Anstrengung vorbereitet, wegen des Piłsudski-Putsches wurde die geplante Premiere von Mai auf Juni 1926 verlegt. Der Komponist assistierte bei den Proben, sah sich die Premiere an, verreiste gleich darauf und schrieb ganze zehn Tage später an seine Mutter: „Warum wurde Roger nur 3 Mal gespielt? Ich bin irritiert." (K 3, 475) Bald darauf fand er noch einen Grund, um mit Młynarski unzufrieden zu sein. Das freundliche Interesse an seiner Oper in Paris hielt er für eine Erklärung, sie aufführen zu wollen, doch das einzige Notenmaterial befand sich in Warschau, war für die nächste Saison ausgeliehen und der Verlag wollte kein neues erstellen, da er vermutete, es werde nur als „Ansichtsmaterial" benötigt. Und so hielt Szymanowski Młynarski als Mitschuldigen für seine „Schwierigkeiten" mit *König Roger*.

Musiker

Die Oper wurde plangemäß im Herbst wiederaufgenommen und zum 25-jährigen Jubiläum der Philharmonie aufgeführt. Dennoch hielt Szymanowski Młynarskis Repertoirepolitik für einen Ausdruck von Feindschaft und meinte, dass man wegen der geringen Zahl von Aufführungen in Warschau „in ganz Europa [meint], dass Roger gefloppt sei. (...) Bei allen Versicherungen der Freundschaft und Bewunderung ist das allerdings eine Schuftigkeit gegenüber mir." (K 4, 192) Młynarski hatte sich zwar über die Mühe beklagt, die Rolle der Roxana zu besetzen – die für die meisten damaligen Soprane sehr schwer war –, doch weiterhin war er von *König Roger* begeistert und wollte die Oper im Repertoire halten, ohne sich offensichtlich davon beeindrucken zu lassen, dass ihn der Komponist mittlerweile zur Schar seiner Feinde rechnete.

Als er erfuhr, dass Szymanowski ein „Góralenballett" plante, äußerte Młynarski den Wunsch, es aufzuführen, und da er den Komponisten zur Arbeit mobilisieren und ihm finanziell helfen wollte, besorgte er ihm 1926 und 1927 ein monatliches Stipendium in Höhe von 300 Złoty, was für die damalige Zeit ein anständiges Gehalt war. Er erwartete, dass er im Mai 1927 die Premiere des neuen Werks würde dirigieren können. Derweil ging die Arbeit an *Harnasie* langsam voran und Szymanowskis Abneigung gegenüber Młynarski wuchs. Nachdem der Premierentermin verstrichen war, muss diese Abneigung so groß und allgemein bekannt gewesen sein, dass man, als Młynarski im Winter 1928/29 nach einer Pressehetze gegen ihn nach Philadelphia reiste, Szymanowski sogar verdächtigte, einige Angriffe angeregt zu haben. Eine gewisse Vorstellung von der Intensität seiner Abneigung liefert ein Brief, den der Komponist in dieser Zeit an Fitelberg schrieb und wo er mit großer emotionaler Anstrengung den Wunsch äußert, dass dieser – um Młynarski „zu ärgern" (!) – das endlich fertiggestellte erste Bild von *Harnasie* aufführen möge.

Młynarski, der seit Jahren mit Stars Umgang pflegte und offensichtlich gelernt hatte, ihre Faxen zu ertragen, schien derlei Verhaltensweisen aushalten zu können. Es ist nicht auszuschließen, dass er im Wissen um den Alkoholismus des Komponisten dessen Worte nicht ernst nahm; er schätzte dessen Werk bis an sein Lebensende und schenkte seinen Launen und Anfällen von Abneigung keine Aufmerksamkeit. Im September 1930, als er sich mit seiner Frau in Zakopane aufhielt, hörte er interessiert zu, als Szymanowski ihm das immer noch nicht fertige *Harnasie* vorspielte. Nach seiner Rückkehr nach Warschau hielt er an der Absicht fest, es aufzuführen, wozu es jedoch nicht mehr kam, da ihm ein sich verschlimmerndes Rheuma das Dirigieren erschwerte. Bis zu seinem Tod 1935 blieb er in gesellschaftlichen Kontakten mit Szymanowski. Dabei färbte die Ablehnung des Komponisten auf dessen Umgebung ab, weshalb seine ersten Biographen Emil Młynarski aus seinem Lebenslauf tilgten und sich höchstens kritische Hinweise über ihn erlaubten.

Eine ausnahmsweise konfliktfreie, dabei dauerhafte und künstlerisch höchst fruchtbare Freundschaft verband Szymanowski mit Paweł Kochański. Dank Kochański entstanden seine beliebtesten und originellsten Werke, nämlich die *Mythen* sowie *Notturno und Tarantella* für Violine und Klavier sowie die beiden Violinkonzerte. Wie kein anderer verstand es der Geiger, ihn zur Arbeit anzuregen. „Ohne seine direkte Einwirkung könnte und wollte ich nicht für die Geige schreiben" (K 6, 113), vertraute Szymanowski der Frau seines Freundes an.[1]

In Odessa geboren (vor 1887), hatte Kochański bei Młynarski Geige studiert. Nachdem dieser 1898 nach Warschau gegangen war, holte er Kochański nach und machte ihn zum Konzertmeister im neugegründeten Philharmonieorchester. Hier lernte er auch Szymanowski kennen. Ihre Bekanntschaft wurde nach 1908 enger. Bald darauf nahm Kochański die *Violinsonate d-Moll* in sein Programm auf und spielte sie erst in Warschau, nach seiner Übersiedlung nach England 1913 auch in London. Damals versuchten sie sich auch erstmals an gemeinsamer künstlerischer Arbeit, woraus zwei nach vielen Jahren veröffentlichte Miniaturen

---

1   Kochański inspirierte viele Komponisten oder gewann sie dazu, für ihn zu schreiben. Für ihn entstanden u. a. die *1. Sonate für Violine und Klavier* von Arnold Bax sowie einige Transkriptionen, u. a. Fragmente von Strawinskys *Feuervogel* (Prélude et Ronde des Princesses, Berceuse) sowie von *Pulcinella* (Suite d'après des thèmes, fragments et morceaux de Giambattista Pergolesi).

Musiker

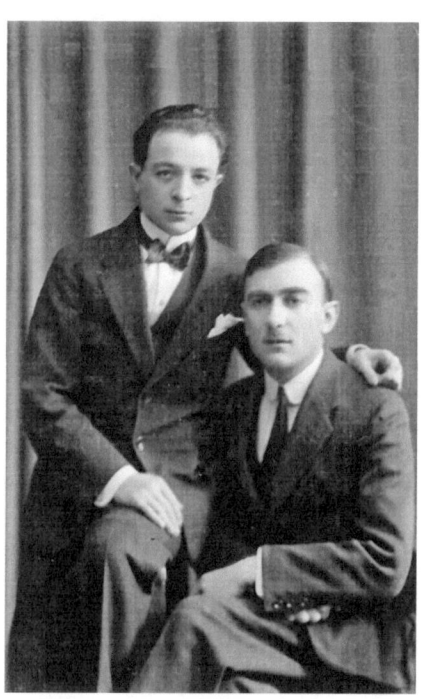

Abb. 4:
Der Geiger Paweł Kochański und Karol Szymanowski, London 1914.

hervorgingen (*Morgendämmerung* und *Wilder Tanz*). Im Winter 1914 fuhr Kochański nach Russland, wodurch er in den nächsten Jahren Gelegenheit zu längeren Begegnungen mit Szymanowski hatte. Zweimal war er zu Besuch auf dem Gut von Józef Jaroszyński in Zarudzie, wo im Frühjahr und Sommer 1915 die *Mythen* sowie *Notturno und Tarantella* entstanden. 1916 trafen sie sich in Petrograd, wo Kochański seit einem Jahr am Konservatorium lehrte – hier entstand die Idee zum *1. Violinkonzert*. Sie arbeiteten im Sommer daran, im Februar 1917 sollte Kochański es mit einem Orchester unter Alexander Siloti aufführen. Leider konnte Szymanowski aufgrund einer Erkrankung nicht zu den Proben kommen, weshalb die Premiere auf die nächste Saison verschoben wurde.

Unter Freunden

„Lieber Karolek", schrieb der Geiger im Sommer 1917 in einem seiner wenigen Briefe,

> Dein Zimmer steht zu Deiner Verfügung und wisse ein für alle Mal, solange wir etwas haben und können, flehen wir Dich an, sei bei uns und halte uns für mehr als Deine Freunde. Du musst bei uns sein, so oder so müssen wir spielen, musizieren, konzertieren, denn das kann uns noch niemand nehmen und damit können wir uns vielleicht nicht physisch, wohl aber moralisch halten. Lieber Karolek, Du weißt gut, wenn wir nach dem Krieg fortkommen oder irgendwo weit weg leben können, so wirst Du überall, wo wir sein werden, Deinen Winkel haben, vielleicht keine reiche, aber eine warmherzige und aufrichtige Unterstützung haben, goldener Karolek, ich spüre, dass unsere Leben allzu sehr miteinander verbunden sind, als dass wir nicht immer zusammen sein könnten (...) Mein Karoloszka, wisse, dass Du die Kochańskis hast, die Dich irrsinnig lieben, die blind an Dich glauben und Dich lieben. Du bist uns am teuersten. (K 1, 505 f.)

Währenddessen brach die Revolution aus, weshalb es weder zur Premiere von Szymanowskis noch von Prokofjews Violinkonzert kam, der ebenfalls auf Kochańskis Ratschläge zurückgriff. Szymanowskis Werk musste bis 1922 auf seine Uraufführung warten, Prokofjews bis 1923, und keines von beiden wurde dabei von Kochański gespielt. Beide Konzerte erklangen hingegen bei einem Konzert 1923 in Moskau, wo sie von Nathan Milstein interpretiert wurden, den Orchesterpart spielte am Klavier Vladimir Horowitz, noch bis kurz davor ein Schüler von Feliks Blumenfeld.

Szymanowski traf Kochański gegen Ende 1919 wieder in Polen. Im Januar 1920 gaben sie in Warschau ein gemeinsames Konzert, im März traten sie in Krakau und Lemberg auf. Im Sommer fuhr Kochański nach London, wo er in seine Konzertprogramme Werke des Freundes aufnahm, wissend, dass vor allem die *Mythen* die Begeisterung des Publikums hervorrufen würden. Bald darauf tauchte auch Szymanowski in London auf, wo ihn Kochański und Rubinstein zu einer gemeinsamen Amerikareise zu überreden versuchten. Sie versprachen, ihre Kontakte zu nutzen und sich zu bemühen, seine Werke in die amerikanischen Konzertsäle zu bringen.

Kochańskis Erfolg in den USA war so groß, dass er sich entschloss, Europa zu verlassen. Seit 1924 lehrte er an der Juilliard School of Music. Seine Konzertkarriere gab er nicht auf, spielte jetzt aber vor allem auf der anderen Seite des Ozeans. Dabei hörte er nicht auf, die Musik seines Freundes zu propagieren, er nahm dessen Werke in seine Konzerte auf, und wenn sich die Gelegenheit bot, spielte er sie auch mit Orchester. Das *Violinkonzert* konnte er erstmals 1924 in Philadelphia mit Leopold Stokowski spielen. Er führte es auch in Paris, Prag, New York, Cleveland, Chicago sowie in Polen – in Warschau und Posen – auf. Treffen mit Szymanowski waren nur in den Ferienmonaten möglich. Immer wenn es ihnen gelang, einige Sommerwochen zusammen zu verbringen, setzten sie sich wie einst in Zarudzie an die gemeinsame Arbeit. Ergebnis des Urlaubs in Frankreich 1925 war das *Wiegenlied*, ein Jahr später die Transkription von *Roxanas Lied* für Violine. Als sie sich nach längerer Pause 1931 im schweizerischen Zuoz wiedersahen, entstand als Erinnerung an diese Ferien die Transkription von *Harnasie*-Fragmenten.

„Ich habe jetzt viel an Pawełek gedacht", schrieb Szymanowski im Frühjahr 1930 an dessen Frau,

> (...) und an die merkwürdigen *affinités* unserer Naturen und Schicksale. Dieselbe Hypochondrie, der fehlende Glaube an die eigenen Kräfte und die Einsamkeit (von der Du in Deinem Brief geschrieben hast), und dieselben Vorzüge, die eher Ausgewählte erreichen als große Menschenmengen, worüber wir eigentlich stolz sein sollten, wenn das im praktischen Leben nicht so teuflisch stören würde. (...) Du weißt so wie ich, dass ich Pawełek objektiv, als Musiker, nicht als Freund, bewundere, weil er – abgesehen von Chopins Genie – für die Geige etwas in der Art gemacht hat, was

Chopin für das Klavier getan hat, er hat unüberschaubare neue Möglichkeiten aufgezeigt. Natürlich muss man selbst jemand sein, um das zur Gänze zu verstehen; dadurch wird diese Begeisterung erklärlich, mit der ihn seit einem guten Jahrzehnt alle größten zeitgenössischen Musiker (Glasunow und überhaupt das Petersburger Konservatorium) umgeben, und das gewisse Unverständnis seines eigentlichen Werts im breiteren Publikum. Aber – wie Du siehst, geht das schon vorüber, denn ich glaube fest daran, [dass] die wahren Werte schließlich gebührend beurteilt werden, es braucht dafür nur ein bisschen Zeit. (K 6, 113)

Wenn man hier liest, dass er nur „Auserwählte" erreicht habe, so hinterlässt das angesichts der Anerkennung, derer sich Kochański erfreute, eine gewisse Verwunderung. Dagegen hatte Szymanowski in Sachen Gesundheit sicherlich Recht; auf Anraten Kochańskis wurde er Patient des bekannten Warschauer Psychiaters und Neurologen Maurycy Urstein.

Im Sommer 1932 kam Kochański nach Zakopane, und nach knapp vier Wochen war das 2. *Violinkonzert* fast fertig. Kochański bearbeitete die Geigenpartie, Szymanowski blieb die Reinschrift der Partitur. Nach Neujahr erinnerte Kochański ihn daran, dass er auf das Werk warte, da er mit Serge Koussevitzky vertraglich vereinbarte Aufführungen in Boston und New York habe. Szymanowski setzte sich im März an die Arbeit, dann legte er sie wieder beiseite und kehrte erst im Sommer an sie zurück, als Kochański erneut nach Zakopane kam. Eilig beendete er die Partitur, da er es zur Eröffnung der neuen Saison der Warschauer Philharmonie schaffen wollte, wo Kochański zunächst das *Violinkonzert d-Moll* von Wieniawski und dann das neue Werk seines Freundes sowie einige kleine Geigenstücke spielen wollte.

Kochański fühlte sich damals sehr schlecht. Er klagte über starke Schmerzen und konnte weder gehen noch essen. Die Proben in Warschau ertrug er sitzend. Nach seiner Rückkehr nach New York wurde festgestellt, dass der Grund für seine Unpässlichkeit ein Leberkrebs in fortgeschrittenem Stadium war. Am 12. Januar 1934

Musiker

starb er. Szymanowski schrieb eine exaltierte Erinnerung an den verstorbenen Freund, in der er ihm unter allen Geigern seiner Zeit den ersten Platz zuwies, aber auch hervorhob, dass er in Polen nicht ausreichend gewürdigt worden sei.

Sooft Szymanowski über schöpferische oder ausübende Künstler schrieb, die er sehr schätzte, hob er in der Regel hervor, dass die Welt ihren Rang bislang noch nicht erkannt habe. Von einem anderen Freund hätte er dies damals jedoch kaum schreiben können – Arthur Rubinstein, der in den 1930er Jahren eine fast beispiellose Karriere machte.

Sie hatten sich im Sommer 1904 in Zakopane kennengelernt. Bei dem zu diesem Zeitpunkt 18 Jahre alten Pianisten löste die Musik des 22-jährigen Komponisten Begeisterung aus, und bald darauf wurde diese Bewunderung durch seine Sympathie für den Menschen Szymanowski noch verstärkt. Als Szymanowski Winter und Frühjahr 1909 in Warschau verbrachte, suchte er oft die Gesellschaft von Kochański und Rubinstein. Die beiden Musiker studierten seine *Violinsonate d-Moll* ein, und einige Jahre später, im Roman *Ephebos*, beschrieb Szymanowski ihre Interpretation. Diesen heute verschollenen Text bekam Jarosław Iwaszkiewicz zu lesen:

> Ein Fragment vom Ball blieb mir besonders im Gedächtnis, und zwar die Beschreibung eines Konzertes, das dem Ball vorausging, einer Aufführung der Violinsonate Korabs. In dieser Beschreibung huldigte Szymanowski seinen hervorragenden Interpreten Paweł Kochański und Arthur Rubinstein. Mit großer Präzision beschrieb er die Art und Weise ihres Spiels, und zwar nicht allein die innere Interpretation, sondern sogar ihre äußeren Manieren (zum Beispiel das Hochhüpfen Rubinsteins am Flügel). Liebevoll schilderte Szymanowski die Interpreten der Sonate Korabs (lies: seiner eigenen). (Iwaszkiewicz 1982, 156)

Rubinstein spielte häufig die *Variationen h-Moll* und die *Etüden op. 4*. Im November 1909, als er zum ersten Mal in Krakau auftrat, riss er das Publikum mit den Variationen mit:

> Das Konzert Arthur Rubinsteins wird sich in den musikalischen Annalen Krakaus durch die überwältigende Begeisterung der Zuhörer verewigen, wie sie noch kein Künstler erfahren hat. Es ist bezeichnend, dass dem Künstler erst ein neues, gänzlich unbekanntes polnisches Werk den völligen Sieg einbrachte. Der heftige Beifall nach Szymanowskis Variationen richtete sich zu gleichen Teilen an den Komponisten wie an den Interpreten. Von nun an stieg der Eifer mit jedem Programmpunkt. Nach den Variationen klatschte man – für Krakau unerhört – die ganze Pause hindurch.[2]

Im Sommer 1910 war Rubinstein in Tymoszówka zu Besuch. Der Tagesablauf war seinem späteren Bericht nach der folgende: „Der Vormittag gehörte der Musik mit Karol, danach folgte ein Ausritt, dann übte ich allein oder ging Karols Sonate und seine neue Symphonie durch. Abends vergnügten wir uns mit Karten- oder Schreibspielen und legten uns zeitig zu Bett." (Rubinstein, 414) Es hat sich ein Foto von einer weiteren sommerlichen Annehmlichkeit auf dem Lande erhalten – nach dem Bad im Teich von Tymoszówka. Darauf sieht man Rubinstein und Szymanowski in große Handtücher gewickelt, neben ihnen Grzegorz Fitelberg und Stefan Spiess – in Anzügen, Krawatten und Hüten. Szymanowski komponierte seinerzeit die *2. Klaviersonate* und war wie gewöhnlich hin- und hergerissen, da er nicht wusste, ob er ein misslungenes Werk oder ein Meisterwerk schrieb. Angeblich überzeugte ihn Rubinsteins Interpretation, dass er ein hervorragendes Stück geschaffen habe. Einer ähnlichen Meinung muss Rubinstein gewesen sein, da er die Sonate in den folgenden Jahren vielfach aufführte, u. a. in Berlin, Leipzig und Wien.

2 Przewodnik Koncertowy, Kraków 20.11.1909, Nr. 9, S. 5.

Musiker

Zum letzten Mal vor Kriegsausbruch sahen sie sich im Sommer 1914 in London. Von diesem Treffen gibt es einige Erinnerungen Rubinsteins. Bei einem Privatkonzert mit dem amerikanischen Sänger Paul Draper führten sie *Des Hafis Liebeslieder* auf. Für die Hörer waren sie „zu modern, zu vertrackt", und die einzige begeisterte Besucherin war eine Sängerin, die überzeugt war, sie höre neue Werke von Schumann, denn so hatte sie den Namen Szymanowski verstanden. Rubinstein arrangierte auch ein Treffen Szymanowskis mit Igor Strawinsky. In dem Salon, in dem sie sprachen, stand natürlich ein Flügel.

> Strawinsky (…) machte aber einige abfällige Bemerkungen über das Klavier als solches, als er den Konzertflügel erblickte. „Das Klavier ist Schlaginstrument und weiter nichts", behauptete er, doch Karol widersprach ihm: „Da bin ich anderer Meinung. Die bedeutendsten Komponisten haben Klavierwerke geschrieben, die einen singenden Ton verlangen." „Und damit haben sie eben unrecht", behauptete der Russe. (Rubinstein, 512)

Der Krieg trennte die Freunde, sie trafen sich erst 1920, wieder in London, an derselben Stelle, der Victoria Station, wo sie sich sechs Jahre zuvor voneinander verabschiedet hatten. Rubinstein war ein geschätzter, beliebter und wohlhabender Virtuose. Szymanowski, der Tymoszówka verloren hatte, befand sich in einer schwierigen Lage, und so übernahm Rubinstein in dieser neuen Situation die Rolle des Mäzens. Er sorgte sich um seine Garderobe, so dass Szymanowski den eleganten Orten entsprechend aussah, an denen sie sich gemeinsam aufhielten, und kurz darauf erklärte er, er würde seine Reisekosten nach Amerika übernehmen, wenn er mit ihm und Kochański nach New York fahren wolle, wo er mit Sicherheit für sich und seine Musik günstige Kontakte anbahnen werde. Ein Jahr später, im September 1921, fuhren sie noch einmal gemeinsam für ein ganzes halbes Jahr in die USA. Sie müssen sich ausgezeichnet verstanden haben, da Rubinstein in einem seiner wenigen Briefe an Szymanowski schreibt: „Du weißt am besten, dass ich auf der ganzen Welt nur für Dich und die Kochańskis das Gefühl wirklicher Zugehörigkeit habe – zu jemandem, der absolut zu mir gehört –, der ganze Rest der Menschheit spielt gewissermaßen die Rolle von netten, bisweilen wunderbaren Statisten." (K 7, 459)

In den Jahren 1931 und 1932 hatte Szymanowski wieder die Gelegenheit, seinen Freund zu treffen, als Rubinstein sich häufiger in Polen aufhielt, da eine Ehe mit der Tochter Emil Młynarskis angebahnt wurde. Zum letzten Mal sahen sie sich im Januar 1937 in Cannes, einige Wochen vor Szymanowskis Tod. Der Pianist gab einen Klavierabend, der schwerkranke Komponist hielt sich in einem Sanatorium im nahegelegenen Grasse auf.

In seiner Jugend war Rubinstein ein begeisterter Interpret von Szymanowskis Werken. Der Freund widmete ihm damals die *Variationen h-Moll* und später auch *Eine Don Juan-Serenade* aus dem Zyklus *Masken* sowie die vier ersten Mazurken. Rubinsteins Offenheit gegenüber neuer Musik ließ ihn gerne Werke spielen, die sich aufgrund ihrer Modernität am Rand des damaligen Repertoires befanden. Ihm hatte Szymanowski es zu verdanken, dass er die pianistische Welt Debussys kennenlernen konnte. Vielleicht bewirkte dies indirekt die Veränderung seines eigenen Klavierschaffens, doch das Ergebnis stellte den Pianisten nicht zufrieden. Er spielte die *Don Juan-Serenade* zwar gerne, war gegenüber den übrigen *Masken* und *Metopen* jedoch zurückhaltend, da er sie für den Pianisten wie für das Publikum gleichermaßen anspruchsvoll hielt.

1914 versprach Szymanowski Rubinstein ein Klavierkonzert. Zehn Jahre später begann er mit dessen Niederschrift, verwarf es aber noch in den Skizzen. Fast ein Jahrzehnt später komponierte er seine konzertierende *4. Symphonie* und widmete sie dem Freund. Geschrieben mit dem Gedanken an die bescheideneren Fähigkeiten ihres Schöpfers und nicht für die Erwartungen eines Virtuosen, fand sie in Rubinsteins Repertoire keinen dauerhaften Platz.

Vertraute und Retter

Freunde benötigte Szymanowski, um sich jemandem anvertrauen zu können. In dieser Rolle bewährte sich der drei Jahre ältere Stefan Spiess hervorragend. In den Briefen, die sie viele Jahre lang wechselten, sind oft Bekenntnisse zu lesen wie das folgende des 28-jährigen Komponisten: „Ich möchte Dich überhaupt noch mehr in mein inneres Leben einweihen."[3] (K 1, 228)

Stefan Spiess (1879–1968) „war eine ungemein einnehmende Persönlichkeit. Groß, sehr gutaussehend, mit dunkelbraunen Haaren, in jedem Zoll ein wahrer Europäer, machte er überall mit seiner Eleganz und seinen Umgangsformen auf sich aufmerksam. Materiell unabhängig, war er fast sein ganzes Leben lang nicht dazu gezwungen, für seinen Lebensunterhalt zu arbeiten und widmete seine Freizeit den Annehmlichkeiten des geselligen Lebens, Reisen, vor allem aber den Genüssen ästhetischer Natur, vor allem der Musik", erinnerte sich einer seiner Zeitgenossen. (Jasiński, 151) Die finanzielle Unabhängigkeit lieferte Spiess die Firma „Chemische Betriebe Ludwik Spiess und Sohn", die größte ihrer Art in Polen zu Beginn des 20. Jahrhunderts.

Szymanowski und er lernten sich im Herbst 1904 kennen und freundeten sich vier Jahre später an. Für Szymanowski hatte Spiess drei Vorzüge: Er bewunderte ihn, hatte Geduld für ihn und verfügte über ein Vermögen, mit dem er ihn gerne unterstützte. „Als ich ihn immer häufiger traf, wurde mir rasch seine schwierige Lage klar", erinnert sich Spiess.

---

3 Die Notwendigkeit, sich mit Menschen zu umgeben, die seinen Worten lauschten und sich für sie begeisterten, war eines der Merkmale, die Szymanowski mit Richard Wagner und Alexander Scriabin teilte. Wagner konnte ein Leben in Einsamkeit nicht ertragen, und für seinen Schaffensprozess benötigte er ihn bewundernde Zeugen. Er könne nichts komponieren, wenn er niemanden habe, dem er sich mitteilen wolle und könne, schrieb er 1852 an Julia Ritter (die ihn mit einer jährlichen Rente unterstützte, so wie später Dorothy Jordan und Irena Warden es bei Szymanowski taten).

> Er musste überaus bescheiden leben, mit einem kleinen Sümmchen, das ihm sein in Tymoszówka wirtschaftender Bruder Feliks nach Warschau schickte. Als ich dies sah, bot ich Karol ein Zimmer in meiner Wohnung an der ulica Matejki an und begann, mich gewissermaßen um ihn zu kümmern. In dieser Zeit frühstückte er fast täglich nach den Proben in der Philharmonie, die er gerne besuchte (also oft auch mit Fitelberg), bei mir oder meiner Mutter, die ihn liebte und wie einen eigenen Sohn behandelte. Oft war er mit Ficio auch zum Mittagessen bei uns. Er wurde nun fast zu einem Teil unserer Familie und ich spürte, dass sich in meinem Leben etwas Großes ereignet hatte. (Spiess/Bacewicz, 38)

Um 1908 hielt sich Szymanowski in Warschau auf und genoss die Annehmlichkeiten des gesellschaftlichen Lebens. Ein Zeugnis davon sind seine späteren Briefe mit zahlreichen Hinweisen auf Schulden, auch wenn Spiess die aus Tymoszówka eingehenden „kleinen Summen" gerne ergänzte und es dem neuen Freund ermöglichte, das städtische Leben frei zu genießen. Im Januar 1909 machten sie sich gemeinsam mit Fitelberg nach Dresden zur Welturaufführung von Richard Strauss' *Elektra* auf. Nachdem sie nach ihrer Ankunft den Klavierauszug gekauft hatten, spielten sie ihn zwei Tage lang mehrfach durch, und als sie zur Aufführung gingen, kannten sie die Oper schon genau.

„Ich bewunderte ihn als Komponisten", erinnerte sich Spiess später an diese Zeit, „da ich aber befürchtete, dass das Sprichwort ,Der Prophet gilt nichts im eigenen Land' auf sein Schaffen Anwendung finden würde, überredete ich mit meiner Mutter Karol und Ficio, mit unserer finanziellen Unterstützung im Ausland dem Schaffen Szymanowskis gewidmete Konzerte zu veranstalten." (Spiess/Bacewicz, 38) Bei diesen Konzerten im November 1911 in Berlin, Leipzig und Wien bestand das Programm im ersten Teil aus der Ouvertüre und der Symphonie unter Fitelbergs Leitung, im zweiten Teil aus der von Rubinstein gespielten *2. Sonate* und den *Variationen b-Moll*. Seit den Konzerten des „Jungen Polen", die dank Lubomirski 1906 und 1907 stattgefunden hatten, waren dies die ersten Aufführungen von Szymanowskis Orchestermusik außerhalb Warschaus. Für seine weitere Karriere hatten sie eine beträchtliche Bedeutung, sie legten die Grundlage für seinen Ruf außerhalb Polens.

Nachdem er den Beruf des Chemikers erlernt hatte – für den Erben einer pharmazeutisch-drogistischen Fabrik nur zu verständlich –, studierte Spiess zum eigenen Vergnügen Kunstgeschichte. Mit seiner Leidenschaft versuchte er den Freund wohl anzustecken. 1910 schlug er Szymanowski einen gemeinsamen Ausflug in die Toskana vor. Im Frühjahr des folgenden Jahres ging es nach Sizilien. Und eine noch weitere Reise unternahmen sie 1914, als sie bis Nordafrika gelangten. Es wäre jedoch naiv zu glauben, dass die beiden Dreißigjährigen diese für ihre Kreise typische „Kavaliers- und Bildungsreise" ausschließlich deshalb unternahmen, um Meisterwerke der Malerei und der Architektur sowie exotische Landschaften zu bewundern. Ihre Korrespondenz ist in Abschriften erhalten geblieben (die Originale der Briefe sind 1944 in Warschau verbrannt), aus denen zwar Hinweise entfernt wurden, die Spiess für allzu persönlich oder aufgrund sittlicher Rücksichten nicht zur Veröffentlichung geeignet hielt, doch kann man unschwer erahnen, was Arthur Rubinstein meinte, als er schrieb, dass diese Italienreisen „mit dem reichen Freund und Bewunderer" Szymanowskis Interesse auf Knaben richtete. Wenn man die Beziehungen zwischen Spiess und Szymanowski so betrachtet, so müssen sie entscheidend gewesen sein für das spätere Privatleben des Künstlers.

Im Krieg trafen sie sich in Russland, und nach seiner Ankunft in Warschau im Dezember 1919 zog Szymanowski wieder bei Spiess ein. Bis zu seinem Lebensende unterhielten sie enge und dauerhafte Beziehungen. Spiess kam ihm immer wieder in finanziellen Dingen zu Hilfe und unterstützte ihn mehrmals, indem er Konflikte zu befrieden versuchte, in die Szymanowski leicht hineinstolperte. Nach dem Krieg schrieb er seine Erinnerungen, in denen er die Grundlagen für einige Mythen über den Komponisten schuf, vor allem was die mangelnde Wertschätzung seines Schaffens in Polen und sein Entzücken für die arabische Musik anging.

Unter Freunden

Eine außergewöhnlich hingebungsvolle Leserin seiner Ausführungen – umso ungefährlicher, da sie seit 1922 in New York lebte und sich in den aktuellen Warschauer Gegebenheiten nicht auskannte – fand Szymanowski in der Frau Paweł Kochańskis, Zofia. Sie war im wohlhabenden Haus eines gesuchten Warschauer Anwalts großgeworden, wie Szymanowski an den ständigen Umgang mit Kunst, an ein abwechslungsreiches gesellschaftliches Leben sowie immer wiederkehrende neurasthenisch-melancholische Zustände gewöhnt. Es sind 106 Briefe Szymanowskis an die beiden Kochańskis und 73 von ihnen erhalten geblieben – vielmehr von ihr, da der Geiger sehr ungerne die Feder ergriff und der Briefwechsel in seinem Namen von Zofia geführt wurde. Diese Briefe, die Teresa Chylińska vor längerer Zeit als *Dzieje przyjaźni* (Geschichte einer Freundschaft) herausgegeben hat, vermitteln ein Bild Szymanowskis als eines von seiner Umgebung verfolgten und von Depressionen sowie anderen Krankheiten, vor allem aber von unaufhörlichem Geldmangel geplagten Menschen. Aus diesem letzten Unglück rettete ihn hin und wieder die ihn bewundernde Zofia.

Die emotionale Temperatur vieler Briefe ist sehr hoch. Szymanowski ließ sich immer wieder einmal von Euphorie oder extremem Pessimismus übermannen, während Zofia Kochańska in Exaltiertheit verfiel, vor allem wenn sie über die Reaktionen ihrer Umgebung auf die Musik des Freundes schrieb. Der nach Huldigungen lechzende Künstler muss im Februar befriedigt zur Kenntnis genommen haben, was sie ihm aus London schrieb: „Wir haben nähere Bekanntschaft mit dem hervorragenden jungen Pianisten Moiseiwitsch geschlossen – ich habe ihm viele Noten von Ihnen gegeben, er begeisterte sich wahnsinnig über die *Variationen*, nahm sie mit und sagte, er würde sie so schnell wie möglich in London und auf der ganzen Welt spielen. (…) Eine bezaubernde Person, Wieniawskis Tochter Lady Dean Paul, ist ganz verrückt nach Ihrer Musik." (K 1, 418) Von Leiden und Erregung sind viele spätere Briefe der Kochańska durchdrungen. Szymanowski tat es ihr gleich und schrieb seiner affektierten Freundin in einem ähnlichen Ton.

Sooft er in Nöten war, was häufig vorkam, beeilte sich Zofia Kochańska ihm zu helfen, indem sie Mäzene für ihn suchte und ihnen erklärte, welch großes Glück es für sie sei, einen so ungewöhnlichen Künstler durch eine Spende retten zu dürfen. Erstmals reagierte sie Anfang 1914 auf diese Weise. Sie hielt es damals für angebracht, dass dem verschuldeten Künstler ein gemeinsamer Bekannter helfen sollte, der reiche Landbesitzer József Jaroszyński.

> Ich habe von hier aus einen langen Brief an ihn geschrieben und ihn aufgefordert, herzukommen – ich möchte mit ihm sprechen. Ich hoffe, dass Józio [József] nachdenkt und versteht, dass das Schicksal ihm das Glück in die Hand gibt, Sie von den widerlichen Plagen zu befreien – Herr Karol, ich mache mir Sorgen, dass Sie sich so plagen, verbringe die Tage in Apathie – wenn die Welt Ihnen hold ist, so beben die Menschen, bis sie Sie erblicken, bis ihre Häuser durch Ihre Gegenwart erglänzen. Sie erwarten Sie mit pochenden Herzen. (K 1, 418)

Gegen Ende der 1920er Jahre war die Hilfe der Kochańska für Szymanowski unschätzbar. Nachdem er Direktor des Konservatoriums geworden war, klagte er ihr so sehr sein Leid, dass die gerührte Kochańska ihre gemeinsame Bekannte, die amerikanische Millionärin Dorothy Jordan, dazu brachte, Szymanowski jährlich 2000 Dollar zu überweisen, im damaligen Polen eine gewaltige Summe. Dorothy Jordan schickte ihm von nun an Schecks, und Szymanowski benachrichtigte Zofia Kochańska bald darauf, dass er sich entschlossen habe, das Konservatorium zu verlassen, auch wenn ihn dies seines Gehalts beraube und ihn mit seiner Familie einer ungewissen Zukunft anheimgebe. Die Freundin fand ihm eine weitere Mäzenin, Irene Warden, die weitere 2000 Dollar jährlich zulegte.

Die räumliche Distanz nutzend, setzte er sich in ein Licht, das die Fürsorgeinstinkte Zofia Kochańskas und ihre Bereitschaft zur Hilfeleistung vergrößern sollte. Die kinderlose Freundin „bemutterte" ihre Umgebung gerne, vor allem – in ihren Augen – lebensunfähige Künstler. In vielen Briefen prahlte er vor ihr mit seinem Fleiß, seinem Engagement, ja sogar seinem kämpferischen

Charakter, beklagte sich aber zugleich über die ihn überall umgebende Feindschaft und den allgegenwärtigen Hass. Eine aufmerksame Lektüre von Szymanowskis Briefen ermuntert von Zeit zu Zeit jedoch dazu, die hier enthaltenen Informationen mit anderen Dokumenten abzugleichen. Dabei kommen gewisse Unstimmigkeiten, ja sogar Widersprüche zum Vorschein. Als er sich an der Jahreswende 1928/1929 im Sanatorium in Edlach aufhielt, klagte er seiner Freundin sein Leid, er sei Ende Dezember so erschöpft gewesen, dass er nach zweimonatiger Arbeit im Konservatorium Urlaub gebraucht hätte: „absolute Einsamkeit, Stille und Ruhe, was ich seit 2 Jahren nicht hatte!" (K 5, 18) Dabei hatte er gerade ein halbes Jahr zuvor seine polnischen Freunde – ausschließlich Männer (bezeichnend, dass er mit Frauen und Männern in einem jeweils anderen Tonfall korrespondierte) – befriedigt informiert, er habe dank der Gastfreundschaft eines befreundeten Industriellen hervorragende Arbeitsbedingungen: „Ich habe eigentlich alles, was ich wollte: ideale Arbeitsbedingungen, Stille, Ruhe, wenige Menschen...". (K 4, 307)

Kurz nach Paweł Kochańskis Tod 1934 zogen die beiden von dessen Frau gewonnenen Gönnerinnen ihre finanzielle Unterstützung für den Komponisten zurück. Der Briefwechsel zwischen Szymanowski und Zofia Kochańska brach fast ganz ab. Im Mai schrieb Szymanowski einer gemeinsamen Bekannten in Paris, er habe sie aus den Augen verloren und wisse nicht, wo sie sich aufhalte. Mitte September meldete sie sich und schrieb: „Ich bin so traurig, dass Du Dich nie mit einem Wort bei mir gemeldet hast". (K 9, 213) Sie trafen sich nur noch einmal, 1935 in Paris.

Musikwissenschaftler: Apologeten und Anreger

Zunehmende und abnehmende Sympathie sowie Vorwürfe charakterisierten die Beziehungen zwischen Szymanowski und den beiden „Vätern" der polnischen Musikwissenschaft – Adolf Chybiński (1880–1952, Gründer des Lehrstuhls in Lemberg) und Zdzisław Jachimecki (1882–1953, Gründer des Lehrstuhls in Krakau 1911).

Als erster machte sich Zdzisław Jachimecki in Szymanowskis Leben bemerkbar. 1909 veröffentlichte er eine Besprechung seiner Klavierwerke und erklärte: „Man kann mit Fug und Recht behaupten, dass die polnische Klaviermusik seit Chopins Werken keine so inspirierten Kompositionen hatte wie die von Szymanowski. Auch alle anderen Kompositionen des jungen Künstlers – Lieder und symphonische Werke – zeugen von einem großen Talent …". (K 1, 197) Von nun an war er ein unermüdlicher Botschafter seiner Musik und ließ seiner Bewunderung auch konkrete Schritte folgen. Auf eigene Initiative reichte er Szymanowskis *Klaviersonate* bei dem 1910 in Lemberg zum 100. Geburtstag Chopins ausgeschriebenen Wettbewerb ein, da er das Zögern des ehrgeizigen jungen Mannes sah, der Angst hatte, die Jury würde ihn bei der Verteilung der Preise übergehen. Jachimecki ergriff besondere Vorsichtsmaßnahmen, die alle Unannehmlichkeiten für den Komponisten ausschließen sollte, falls die Sonate unbemerkt geblieben wäre, denn den Umschlag mit den Informationen über den Kandidaten legte er in einen weiteren mit der Aufschrift „Darf nur bei der Zuerkennung des ersten Preises geöffnet werden". Szymanowski erhielt diesen Preis und war Jachimecki für seine Hinterlist unglaublich dankbar.

Ihre Bekanntschaft wurde im Frühjahr 1911 in Wien sehr eng, doch führte der Krieg, in dem sie sich auf unterschiedlichen Seiten der Front befanden, eine Unterbrechung des Kontakts herbei, der erst 1918 brieflich wieder auflebte. Jachimecki schrieb in dieser Zeit eine Geschichte der polnischen Musik, wo er seine Begeisterung über Szymanowski nicht verheimlichte und seinem bisherigen Werk enthusiastische Abschnitte widmete. Ehe das Buch ausgeliefert wurde – also 1920 –, verriet sich der Autor ungewollt mit gewissen Vorbehalten gegenüber den während des Kriegs komponierten Werken:

> So ungemein ich ihren rein musikalischen Wert bewundert habe, ihre Meisterschaft der technischen Mittel, so sehr habe ich Szymanowski mit tiefster Überzeugung das völlige Fehlen irgendwelcher heimischer Züge darin vorgeworfen, ihren offensichtlichen Kosmopolitismus. Ich stand hartnä-

ckig auf dem Standpunkt, dass es in dieser von uns allen erträumten politischen Lage, in der wir uns damals befanden, Szymanowskis Aufgabe hätte sein müssen, eine Linie zu verfolgen, die sowohl unserer Gesellschaft als auch der weiteren Welt aus sich heraus den polnischen Geistescharakter des Schöpfers dieser Werke erklären würde. (…) Ich habe mein Haupt vor den Mythen geneigt, ich habe mich für die Lieder eines verliebten Muezzins begeistert, aber zugleich (…) rief ich ihn hartnäckig an, sich das moralische Testament Chopins zu vergegenwärtigen, dessen Vollstrecker in unserer Epoche nur einzig er sein konnte. Doch bei Szymanowski geisterten damals noch diese Vorbehalte gegenüber Chopin herum, deren Ausdruck die mir gegenüber früher oft geäußerten Ansichten waren: „Ich gebe Dir Deinen ganzen Chopin für die Fuge aus der Hammerklaviersonate". Statt rücksichtsloser Zustimmung zur ganzen Richtung seiner damaligen Kunst traf Szymanowski bei mir auf Vorbehalte, auf den Aufruf zu etwas anderem, was ihm damals noch fremd war. (…)
Es ist klar, dass wir gesellschaftlich weiterhin in besten Beziehungen standen. Doch es fehlte schon dieses perfekte geistige Verstehen, wie es früher vorhanden gewesen war. Später erfuhr ich von seiner Reise nach Amerika. Da ich bereits gute Beziehungen zur wichtigsten dortigen Musikzeitschrift „The Musical Quarterly" in New York besaß, schickte ich einen Artikel über ihn und seine Kompositionen an die Redaktion dieser Zeitschrift. Der Artikel wurde genau in der für die künstlerischen Interessen Szymanowskis allerbesten Zeit veröffentlicht, nämlich am 1. Januar 1922. Er zählte gut zehn Druckseiten, zu Beginn hatte die Redaktion ein Porträts Szymanowskis abgedruckt. Der Komponist schenkte dem Erscheinen dieses Beitrags keine Beachtung. Er überging das schweigend. Nicht mit einem einzigen Wort schrieb er mir aus Amerika. 1922 war ich bei einigen Proben und der Generalprobe der Oper Hagith in Warschau. Mit Bedauern spürte ich das kühle und geradezu gleichgültige Verhalten Szymanowskis mir gegenüber. Immer deutlicher zeichnete

sich zwischen uns ein Konflikt ab. Erst 1923 erhielt ich den nächsten Brief Szymanowskis. (K 2, 54 f.)

Mit diesem Brief schickte der Komponist Jachimecki eine Rezension zurück, die dieser nach dem Anhören der *3. Klaviersonate* sowie der *Masken* geschrieben hatte, wobei Szymanowski einige Sätze unterstrich und den Text mit folgendem Kommentar versah: „Ich muss das leider als – wenn auch elegante – Kriegserklärung mir gegenüber ansehen". (K 2, 538)

Derweil trieb das von Jachimecki ausgesäte Korn Früchte – dank Adolf Chybiński, der ihm 1921 in Lemberg Musik zeigte, von der er dachte, sie könnte zum Ausgangspunkt für jenen „polnischen Charakter" werden. Er befasste sich damals mit der Musikkultur des Karpatenvorlandes (Podhale), die sich von den übrigen Regionen Polens deutlich abhebt. Podhale war in Mode, Touristen aus ganz Polen kamen nach Zakopane und bewunderten die Góralentrachten, die Häuser, aber kaum die Musik. Szymanowski, der zuvor schon mehrfach in Zakopane gewesen war, hatte sie gewiss nicht bemerkt. Das änderte sich erst, als der Musikwissenschaftler seine Aufmerksamkeit auf die Melodien mit ihrem geringen Tonumfang und auf die primitive Harmonik der Góralenkapellen lenkte. Angeregt von dieser „einheimischen Exotik", machte sich Szymanowski 1922 auf den Weg nach Zakopane. Zu Ergebnissen dieser Faszination wurden *Harnasie*, die *Mazurken* für Klavier sowie die Podhale-Echos in anderen Werken, bis hin zur *4. Symphonie*.

Bereits ein paar Jahre zuvor hatte der von seiner Natur aus streitlustige Chybiński Jachimecki scharf vorgeworfen, Szymanowski zu favorisieren, während er seiner Meinung nach hinter Ludomir Różyckis Talent zurückstand. Nun wurde er selbst zu einem Anhänger Szymanowskis und veröffentlichte 1923 einen Artikel über ihn mit dem Titel *Der Stolz der polnischen Musik*. Er schrieb, dass er ein genialer Komponist sei, „der sich mit großer Liebe auf unsere Volksmelodien bezieht" und in ihnen „eine Quelle unaufhörlicher Regeneration der Schaffenskräfte" sehe. Bald darauf veröffentlichte er eine weitere Lobeshymne, in der er feststellte, Szymanowski werde in Polen bekämpft, ja sogar verfolgt. Er konnte Szymanowski keinen größeren Gefallen tun als diese Verbindung von Worten der Anerkennung für sein Talent mit einer Beschuldigung an die Adresse der Allgemeinheit, dass sie ihm feindlich gesinnt sei.

Ein paar Jahre später hatte Chybiński erneut die Gelegenheit, Szymanowski zu einer ihm unbekannten, doch inspirierenden Musik zu führen. Der älteste Komponist, dessen Schaffen Szymanowski kannte, war Johann Sebastian Bach. Dank Chybiński konnte er nun die viel ältere Vokalpolyphonie kennenlernen, die damals erst wiederentdeckt wurde. Anfangs gefiel sie ihm nicht. Doch der Beginn von Palestrinas *Stabat Mater* frappierte ihn, bald darauf auch die Werke der polnischen Renaissance. „Ich gebe Dir mein Wort! Das war für mich eine märchenhafte Sensation!" (Chybiński, 130), fasste er diese für ihn neue Erfahrung zusammen – und bald machte er davon Gebrauch. Nachwirkungen dieser Begeisterung für die alte Musik sind im *Stabat Mater* deutlich zu hören.

Chybiński inspirierte Szymanowski, der sich dessen vielleicht noch nicht einmal bewusst war. Er befriedigte jedoch nicht seinen übersteigerten Ehrgeiz, was ihm der Künstler einmal vorwarf: „Bei einem Gespräch in Lemberg (...) bemerkte er, dass ich ihn ‚vernachlässige' und dass ich mich ‚allzu sehr' mit ‚alter Musik' beschäftige", erinnerte sich der Gelehrte. (Chybiński, 129)

Viel erfolgreicher bediente Jachimecki jenen übersteigerten Ehrgeiz. Anfang 1927 beendete er eine Artikelreihe über Szymanowskis Werke. Er wollte sie in Buchform veröffentlichen, schickte also seinem Protagonisten den Text mit der Bitte, einige Fakten zu überprüfen und Stellung zu beziehen. Szymanowskis Wünschen entsprechend hatte er deutlich die Wendung hin zum „polnischen Charakter" hervorgehoben, der sich nach dem Krieg in seiner Musik vollzogen hatte. Szymanowski, der sich ein paar Jahre früher vom Gedanken einer „Nationalisierung" seiner Musik so sehr hatte beeinflussen lassen, fühlte sich nun sehr gut in der Rolle eines „Vollstreckers von Chopins Testament", auch wenn er vergessen hatte, dass ihn gerade Jachimecki eifrig dazu überredet hatte. Im Herbst 1927 erfüllte Jachimecki einen anderen Traum Szymanowskis und beantragte, ihm die Ehrendoktorwürde der Krakauer Jagiellonen-Universität zu verleihen. Die alte Vertrautheit kehrte zurück.

Die Kontakte Szymanowskis mit Chybiński waren nach wie vor hervorragend, weshalb der Musikwissenschaftler ihn zum dritten Mal inspirieren konnte. In der zweiten Hälfte der 1920er Jahre beriet er Władysław Skierkowski, einen Priester, der Lieder zum Druck vorbereitete, die er vor Jahren in der Region Kurpie gesammelt hatte, einem von der Zivilisation kaum berührten Waldgebiet nordöstlich von Warschau. Er zeigte Szymanowski diese Musik und regte wieder seine Phantasie an. Bald darauf entstanden sechs Chorlieder und zwei Jahre später ein Dutzend stilisierte Sololieder nach kurpischen Melodien.

In dieser Zeit reifte schließlich die wichtigste Frucht der einige Jahre zuvor gesammelten Podhale-Inspirationen. Anfang März 1929 wurde in der Warschauer Philharmonie das erste Bild von *Harnasie* aufgeführt. Kurz nach diesem Konzert erfuhr Szymanowski, dass genau an dem Tag, an dem *Harnasie* gespielt wurde, Chybiński in der Stadt gesehen worden war. Unter Eindruck dieser Nachricht schickte er ihm einen bitteren Brief, in dem er ihm „absolutes *désintéressement*" an seiner Person vorwarf. Er wollte nicht zur Kenntnis nehmen, dass Chybiński an diesem Tag nur vormittags in Warschau war, am Bahnhof auf der Durchreise nach Posen, und sich weder mit jemandem treffen noch ein Konzert besuchen konnte. Noch ein paar Jahre später beklagte er sich bei einem gemeinsamen Bekannten, dass Chybiński die Aufführung der *Harnasie* geringgeschätzt habe und gab auch noch einige weitere Beweise für seine Abneigung gegenüber dem Musikwissenschaftler. Von der alten Vertrautheit war nun keine Rede mehr.

In Europa

Zum Lebensstil des Landadels gehörten Reisen. In dieser Hinsicht unterschieden sich die Szymanowskis nicht von ihrer Gesellschaftsschicht. Jarosław Iwaszkiewicz erinnerte sich daran, dass er die fünf Geschwister in seiner Kindheit nur einmal zusammen gesehen habe, bei der Beerdigung seines Onkels Stanisław. Die Kinder hatten seit ihren jüngsten Jahren Unterricht in Fremdsprachen – Französisch und Deutsch waren selbstverständlich. In Tymoszówka lernte man durch die Musik auch Italienisch kennen, die Kindermädchen sprachen außerdem Ukrainisch und in den Schulen, welche die Knaben besuchten, war Russisch verpflichtend. Szymanowski brachte sich bald auch Englisch bei, außerdem kannte er die Grundlagen des Altgriechischen und des Lateinischen.

In seiner Jugend liebte er es zu reisen. Als Kind verreiste er unter Aufsicht der Familie, später in Gesellschaft der Geschwister und Cousins, schließlich von Freunden. Er reiste zum Vergnügen, hatte aber auch seine Komponistenkarriere im Blick. In Berlin gelangte er zum ersten Mal in Kontakt mit der internationalen Musikwelt. Als junger, vielversprechender Komponist ließ er sich in Wien nieder. Einige Jahre später bezauberte ihn der aus touristischer Perspektive kennengelernte Süden. Wenn man sich seine Aufenthaltsorte und Reisen in den ersten drei Lebensjahrzehnten anschaut, so könnte man meinen, dass er eher ein Untertan der Habsburger als der Romanows war. Erst der Krieg, der ihn in Russland einsperrte, lenkte seine Aufmerksamkeit in Richtung Petrograd und Moskau. Die Revolution zwang ihn, seine Heimat zu verlassen, und aus Rücksicht auf seine Mutter entschloss er sich zum Umzug nach Polen. Von nun an war Warschau seine erste Adresse. Von hier aus wollte er die Welt für seine Musik interessieren, und mit diesem Gedanken gelangte er sogar in die Vereinigten Staaten, doch es war Paris, wohin er am häufigsten reiste. Mit den Jahren ließ sein Interesse an der Welt jedoch nach, die Krankheit erschwerte lange Reisen und seine finanzielle Lage reduzierte seine Möglichkeiten.

Der Zufall wollte es, dass Szymanowski seine erste wie auch seine letzte Reise in die Schweiz unternahm. Als er 13 Jahre alt war, nahm ihn sein Vater in Erbangelegenheiten mit nach Genf. Ziel der letzten Reise war ein Sanatorium in Lausanne. Berlin rahmte seine Komponistenkarriere gewissermaßen ein. Hier erlebte er sein Auslandsdebüt und hier begann die erste Etappe seiner letzten, bereits symbolischen Reise, als am 3. April 1937 am Anhalter Bahnhof in einem offenen Waggon wie in einer Kapelle der Sarg mit dem Leichnam des verstorbenen Künstlers ausgestellt wurde. Die Feierlichkeiten, zu denen Vertreter der musikalischen Welt sowie der deutschen Regierung kamen, wurden von polnischer Seite von Botschaftsrat Stefan Lubomirski geleitet – einem Spross derselben Familie, der Szymanowski seine ersten Kontakte mit Berlin zu verdanken hatte.

Berlin

„Die künstlerischen Stimmungen, wie sie in Brahms' und Mahlers Liedern enthalten sind, der Ästhetizismus der damaligen deutschen Literatur, die mächtige Individualität Wagners, die Brutalität von Strauss – all dies waren Erlebnisse für die Menschen, die – selbst wenn sie abgeschieden auf dem Land lebten – gemeinsam mit dem europäischen Schaffen lebten und atmeten" (Iwaszkiewicz 2010a, 55), erinnerte sich Iwaszkiewicz an die Atmosphäre von Tymoszówka. Deutschland lag geographisch zwar weit weg, künstlerisch aber nahe. Dies war in erster Linie den Blumenfelds und den Neuhaus' zu verdanken, doch auch ohne sie hätte das zu zwei und zu vier Händen auf den Klavieren der Herrenhäuser gespielte Repertoire in überwiegendem Maße aus deutscher Musik bestanden. Szymanowskis Interesse für die deutsche Kultur beschränkte sich aber nicht nur auf die Musik allein. Über kein Buch sprach er mit ähnlicher Begeisterung wie über Friedrich Nietzsches *Geburt der Tragödie*, das er natürlich im Original gelesen hatte. Im Sommer 1910 schrieb er an Spiess: „Ich freue mich, dass Du die *Geburt der Tragödie* gelesen hast, das ist eines von wenigen Büchern, das mir die große Wahrheit über das Wesen der Kunst sagt. Darüber habe ich den Sommer über sehr viel nachgedacht, immer deutlicher zeigt sich mir der Weg, den ich gehen sollte". (K 1, 223) Bis zu seinem Lebensende stand ihm der von Nietzsche verkündete Elitencharakter der Kunst nahe.

Am Anfang war jedoch die Musik. 1895, auf dem Rückweg von Genf, stieg Stanisław Szymanowski in Wien ab und nahm den 13-Jährigen in den *Lohengrin* mit. Von nun an wurde Richard Wagner zum Gegenstand seiner größten Faszination. Drei Jahre später, unter Eindruck von Gerhart Hauptmanns *Versunkener Glocke*, schrieb der 16-Jährige ein Opernlibretto und komponierte Musik dazu. 1903 unternahm er mit Blumenfeld und den Neuhaus' eine Pilgerfahrt nach Bayreuth. Bald darauf fesselte ihn Richard Strauss.

Zu dieser Zeit konnten die Leser deutscher Presseerzeugnisse erstmals etwas über die Existenz des Komponisten Karol Szymanowski erfahren. Im Herbst 1905 brachte die NEUE ZEITSCHRIFT FÜR MUSIK zwei Informationen: „Warschau. Unter Leitung Georg Fitelbergs werden von Ende Okt. ab Kompositionskonzerte jungpolnischer Komponisten wie Różycki, K. Szymanowski, Szeluta (!) u. a. in Warschau, Berlin, Wien, Leipzig und Paris veranstaltet werden" sowie: „Berlin. Hier wurde mit Unterstützung des Prinzen Ladislaus v. Lubomirski eine ‚Verlagsgesellschaft junger polnischer Komponisten' gegründet. A.Ch." (NZM, 25.10.1905, 882) Diese zweite Information versah die Redaktion mit einer Frage: „Warum nicht lieber in Polen selbst?" Die Redaktion der Leipziger Zeitschrift war offensichtlich nicht über die Lage bei den östlichen Nachbarn im Bilde, wo aufgrund des russisch-japanischen Kriegs Streiks und Tumulte das Leben lähmten; als im Frühjahr 1905 Russland eine Niederlage erlitten hatte, verließen Scharen junger Leute das Land auf der Suche nach Arbeit oder um im Ausland zu studieren. Angesichts dessen wählte die Verlagsgesellschaft, die von den Initiatoren „Vereinsverlag jungpolnischer Komponisten" genannt wurde, Berlin zu ihrem Sitz (vgl. auch Keym 2004). Die Partituren wurden in Leipzig bei der Graphischen Anstalt von C. G. Röder gedruckt, und die Berliner Musikalienhandlung Albert Stahl (Potsdamer Straße 39) vertrieb sie in Deutschland. Die Wahl Berlins war praktischen Aspekten geschuldet, hatte aber auch eine symbolische Komponente, da den jungen Künstlern daran gelegen war, im internationalen Musikleben Fuß zu fassen und die Hauptstadt Deutschlands nicht nur junge Polen anlockte. Einige Jahre zuvor hatten Serge Koussevitzky und Sergej Rachmaninoff geplant, hier einen ähnlichen „Komponistenverlag" zu gründen.

In Zusammenhang mit diesen Plänen hielt sich Szymanowski Anfang Januar 1906 in Berlin auf. Er hatte gerade Grzegorz Fitelberg kennengelernt und feilte unter seiner Anleitung an der Partitur der *Konzertouvertüre*, die bei den ersten Konzerten der Gruppe aufgeführt werden sollte. Dank der Freigebigkeit Lubomirskis, der die Miete der Berliner Philharmoniker und des Saales übernahm, dirigierte Fitelberg am 30. März 1906 die *Konzertouvertüre*, die symphonische Dichtung *Bolesław Śmiały* von Lubomir Różycki, ein *Andante* Lubomirskis sowie zwei eigene Werke, außerdem spielte Harry Neuhaus, der nach einer Konzertreise durch Deutschland gerade seinen Unterricht bei Leopold Godowsky in Berlin begann, Szymanowskis *Präludien* und eine *Etüde* – derlei gemischte Orchester- und Solokonzerte waren damals an der Tagesordnung. Die polnischen Komponisten wurden ähnlich wie alle jungen Künstler empfangen, die den Ehrgeiz von Neuerern besaßen. Die Philharmoniker übten die Werke widerwillig, die ebenso kompliziert geschrieben waren wie die ihrer eigenen Moderne. Der Öffentlichkeit gefielen sie insgesamt nicht, weshalb viele Besucher den Saal schon während des Konzerts verließen. Unter den Kritikern überwogen die negativen Meinungen, da die Mitglieder der Gruppe als Vertreter der „neudeutschen Musik" angesehen wurden, die nicht nach dem Gusto der Rezensenten war.

Der Berliner Aufenthalt hatte einige Auswirkungen auf Szymanowskis Schaffen. Er gewann Interesse an neuer deutscher

Lyrik, woraufhin über 20 Lieder zu Gedichten deutscher Lyriker entstanden – Otto Julius Bierbaum, Carl Bulcke, Emil Faktor, Gustav Falke, Martin Greif, Ricarda Huch, Alfred Mombert, Alfons Paquet, Anna Ritter und der sehr modische Richard Dehmel, der damals viele Komponisten anregte (paradoxerweise ist das bekannteste Werk, das von seiner Dichtung inspiriert war, kein Lied, sondern Schönbergs Streichsextett *Verklärte Nacht*). Im Winter 1912 revanchierte sich Dehmel gewissermaßen bei Szymanowski für dessen Interesse an seiner Dichtung, da er gemeinsam mit der Sängerin Thea von Marmont seine Lieder in ein dichterisch-musikalisches Programm aufnahm, das in Berlin, Leipzig, Dresden, Breslau, München, Stuttgart, Frankfurt, Düsseldorf und Hamburg aufgeführt wurde.

Im Sommer und Herbst 1906 arbeitete Szymanowski an der *1. Symphonie*, die für das nächste Berliner Konzert des „Jungen Polen" vorgesehen war. Als er sich an die Orchestrierung machte, benachrichtigte er eine Bekannte: „Das wird ein kontrapunktisch-harmonisch-orchestrales Monstrum und ich freue mich schon, wenn ich mir denke, wie die Berliner Kritiker sich während der Aufführung dieser Symphonie bei unserem Konzert mit einem Fluch auf den bläulich angelaufenen Lippen von dannen scheren". (K 1, 105) Den Berliner Kritikern war dies jedoch nicht vergönnt, da die Symphonie bei dem plangemäß am 21. März stattfindenden Konzert auf Fitelbergs Entscheidung nicht gespielt wurde. Szymanowski musste sich mit der Aufführung der *Präludien op. 1* und der *Etüde b-Moll* durch Natalia Neuhaus begnügen, die so wie ihr Bruder seinerzeit bei Godowsky Unterricht hatte. In einem Brief an die Familie kommentierte er die Programmänderung – die Symphonie sei nicht gespielt worden, da sie „zu schwer" sei. Neuhaus nannte seinen Eltern hingegen einen anderen Grund: Sie sei „miserabel instrumentiert".

Zu dieser Zeit trug sich Szymanowski mit dem Gedanken, sich in Leipzig niederzulassen. Es blieb jedoch bei Plänen, obwohl er 1908 erneut darüber sprach. Die Gründe dafür sind unbekannt.

Im Frühjahr 1910 gab es einen weiteren Berliner Akzent in Szymanowskis künstlerischem Lebenslauf. Die SIGNALE FÜR DIE MU-

SIKALISCHE WELT schrieben einen Kompositionswettbewerb aus. 874 Arbeiten wurden eingereicht, darunter Szymanowskis *Präludium und Fuge cis-Moll*. Ferruccio Busoni, der in der Jury saß, bekannte in einem späteren Brief an Arnold Schönberg, er hätte ihn als Urheber dieses Präludiums vermutet. Tatsächlich muss Szymanowskis Komposition unter den übrigen Werken hervorgestochen sein, da Hugo Leichentritt es als „modernstes und komplexestes" von allen preisgekrönten Stücken bezeichnete und seinem Autor „wahnwitzige Chimäre der ‚Modernität um jeden Preis'" vorwarf (Leichtentritt 1910). Das Präludium und Fuge wurde mit einem 10. Preis ausgezeichnet und zusammen mit neun anderen Werken veröffentlicht, wobei es hier irrtümlicherweise an zweiter Stelle stand, was eine viel bessere Beurteilung durch die Jury nahelegte. Im Ergebnis dieses Wettbewerbs, vor allem aber der Veröffentlichung, wurden Szymanowskis Werke in weiteren deutschen Blättern besprochen. Sein Name wurde in den musikalischen Kreisen bekannt.

Gegen Ende November 1911 kam Szymanowski zu einem Abend mit eigenen Werken nach Berlin. Er fand am 1. Dezember dank der Unterstützung von Jadwiga Spiess statt. Im ersten Teil führten die Berliner Philharmoniker unter Fitelbergs Leitung die *2. Symphonie* auf, nach der Pause spielte Arthur Rubinstein die *2. Klaviersonate*. Ende Januar 1912 wurde das Programm in Leipzig wiederholt. In die bis auf den letzten Platz gefüllte Alberthalle kam sogar Arthur Nikisch, eine angeblich höchst außergewöhnliche Ehre. Nach der Aufführung der Symphonie betrat er die Loge, in der Szymanowski saß, um ihm zu gratulieren, und die Sonate hörte er sich neben dem Komponisten sitzend an. In seiner Besprechung der *2. Symphonie* schrieb Walter Niemann in den LEIPZIGER NEUESTEN NACHRICHTEN vom 30.1.1912: „Polen hat seinen Reger." (Keym 2010, 498) Andere, die ihn ebenso mit Reger verglichen, hoben die für ihn typische klangliche Sensibilität hervor. „Der Slave bleibt eben bei aller Vergeistigung doch stets sinnlich sensitiv", schrieb August Spanthus in den SIGNALEN FÜR DIE MUSIKALISCHE WELT (6.12.1911, 1725, zit. nach Keym 2010, 498). Wenn man die damaligen Vorlieben der deutschen Musikkritik kennt, ist allerdings daran zu zweifeln, dass dies ein Kompliment sein sollte.

Die Assoziationen mit Reger waren verständlich, da Szymanowski unter dem deutlichen Einfluss der deutschen Musik stand. Nach wie vor bewunderte er Wagner, mit Begeisterung äußerte er sich über Strauss, und so braucht man sich kaum zu wundern, dass in Polen sein Schaffen ebenso wie das von Ludomir Różycki eine Pressedebatte über die „deutschen Einflüsse in der polnischen Musik" auslöste. Seine erste Oper *Hagith* komponierte er zu einem deutschen Libretto von Felix Dörmann. Als er sie schrieb, bemerkte er mit wachsender Unzufriedenheit, dass er zu einem Epigonen von Strauss und seiner *Elektra* zu werden drohte. Dies verleidete ihm sowohl die Oper als auch Strauss selbst, und schon bald das gesamte neue Schaffen deutscher Komponisten. Mit dem Kriegsausbruch endete der Zeitraum intensiver Kontakte mit der deutschen Musik im Leben Szymanowskis, über den Stefan Keym geschrieben hat, dass er „früher und intensiver als die meisten polnischen Komponisten mit der deutschen Musikkultur in Berührung gekommen war" (Keym 2010, 255).

Wien

Als Szymanowski 1911–1913 *Hagith* komponierte, hatte er schon längst den Gedanken an Leipzig oder Berlin fallengelassen. Mittelbar ging dies auf Władysław Lubomirski zurück und unmittelbar auf Grzegorz Fitelberg, dem Szymanowski im Mai 1911 nach Wien folgte. Nach der Ankunft meldeten sie sich im vorzüglichsten Hotel am Platze an, dem Hotel Krantz (heute Ambassador). In sein Hotelzimmer ließ sich Szymanowski einen Flügel kommen und – wie er seinen Freunden mitteilte – „arbeitete ein bisschen", wobei hier vor allem das „ein bisschen" angebracht wäre. Denn da er die finanzielle Freiheit nutzte, die ihm die Einkünfte aus Tymoszówka gewährten, aber auch die Unterstützung Lubomirskis – auf die vor allem Fitelberg zurückgriff –, führte er einen ganzen Monat lang ein grenzenlos geselliges Leben. Die beiden Dreißiger genossen die Annehmlichkeiten der Donaumetropole in vollen Zügen. „Wir leben in einem steten Chaos", vertraute Szymanowski Spiess an, der wenig später auch in Wien auftauchte. „Wie Du Dir denken kannst, sammelt sich eine Menge neuer Leute um uns – und raubt uns eine Menge Zeit – zum Teil zu unserem Nutzen. Eine Zeitlang ließen wir es im so genannten Moulin Rouge hoch hergehen – diese Manie ist Gott sei dank schon vorüber." (K 1, 272) Eine Woche später: „Die letzte Zeit unseres Wien-Aufenthalts hat uns schrecklich ermüdet" (K 1, 275), weshalb die ermatteten Künstler beschlossen, sich zu regenerieren und für zwei Wochen nach Berchtesgaden zu fahren.

Als Konzert- und Operngänger hörte Szymanowski mit gemischten Gefühlen den *Rosenkavalier*, begeisterte sich für Strauss' *Elektra* und langweilte sich in Debussys *Pelléas et Mélisande*. Er knüpfte Bekanntschaften, etwa mit dem fünf Jahre älteren Franz Schreker, dessen Musik ihm sehr gefiel. Eine Freundschaft schloss er mit Jan (Hans) Effenberg-Śliwiński, einer schillernden Gestalt des Wiener Künstlerlebens. Dieser zeigte ihm die Dichtungen Hafis', zu denen Szymanowski bald einen Liederzyklus komponieren sollte, und er übersetzte die Texte seiner Lieder op. 20, 31, 42 und 58 ins Deutsche. Von Fitelberg überredet, versuchte Szymanowski, die Universal Edition an seinem Werk zu interessieren. Den Verlag gab es seit 1901 und er verkaufte anfangs klassische Unterrichtswerke, doch als er von Emil Hertzka übernommen wurde, nahm er die Zusammenarbeit mit zeitgenössischen österreichischen Komponisten auf und eroberte damit einen Teil des bis dahin von Leipziger Firmen dominierten Marktes. 1909 unterschrieb die UE Verträge mit Gustav Mahler, Franz Schreker und Arnold Schönberg. Hertzka wusste, dass ihr Schaffen – zumindest anfangs – keine größeren Gewinne abwerfen würde, weshalb er auch keine Lust hatte, die Werke eines vorerst kaum bekannten polnischen Komponisten zu übernehmen.

Gegen Ende Oktober 1911 kam Szymanowski wieder nach Wien, um dem ersten Konzert Fitelbergs vor einem Wiener Publikum beizuwohnen. Bald darauf debütierte er hier als Komponist, als am 18. Januar 1912 das Konzertvereinsorchester unter Fitelberg die *2. Symphonie* spielte, auf die nach der Pause die von Arthur Rubinstein interpretierte *2. Klaviersonate* folgte. Ein paar Monate zuvor, als der Termin dieses Konzerts festgelegt wurde, hatte Szymanowski an Spiess geschrieben: „leicht vorherzusehende Ergebnisse – widerliche Angriffe der Kritik und Gähnen beim Publikum". (K 1, 273) Doch wider Erwarten waren die Besprechungen gut, ja sogar sehr gut, und Richard Specht, der damals als einer der führenden Wiener Musikkritiker galt, schrieb: „Hier ist endlich einmal wieder einer, der den Zug ins Große hat und dessen Einfall zwingend aus der der Stimmung kommt (...) für heute sei diese fesselnde Erscheinungen als eine der besten Hoffnungen der letzten Jahren gegrüßt". (Specht, 78)

Nach dem Konzert kehrten Szymanowski und Fitelberg, die natürlich im Krantz abgestiegen waren, zu ihrem weltmännischen Leben zurück. „Bezaubert von erlesenem Komfort und zahlreichen Bediensteten, machten sie unaufhörlich Einkäufe in den teuersten Geschäften, besuchten Luxuslokale und vermittelten den Eindruck großer Herren, kleiner souveräner Herzöge – aus dieser Perspektive schauten sie auf die Welt und die graue Masse der Wiener Musiker", erinnerte sich Jachimecki. „Der Stil ihres Auftretens auf der Straße oder auch im Zimmer ließ sie den typischsten Mitgliedern des Wiener Jockey-Clubs ähnlich werden, von wo aus der ehrbare, freigebige, im Wiener Umkreis unendlich einflussreiche Fürst Władysław Lubomirski, eine damals in der Hauptstadt beliebte Persönlichkeit, das Patronat über sie ausübte." (Jachimecki 1937, 1; K 1, 269 f.)

Szymanowskis Stellung im Wiener Musikleben wurde durch einen weiteren Kompositionsabend untermauert, am 27. Februar, als seine Schwester Stanisława Lieder sang und Arthur Rubinstein die 2. *Klaviersonate* sowie einige kleinere Werke spielte. Nun beschloss er, eine Oper zu schreiben, da er sich eine spektakuläre Karriere und erhebliche Einkünfte verhoffte, wie er dies in seinen Briefen ankündigte. Zu dieser Entscheidung ermunterte ihn nicht nur das Engagement Fitelbergs an der Hofoper, sondern auch die Unterzeichnung eines Vertrags mit der UE. Dank Lubomirski, der es übernahm, den Druck der Noten zu finanzieren, fand Szymanowski sich in einer elitären Gruppe von Komponisten wieder, die hier verlegt wurden. Der Dirigent und der Komponist mieteten eine Fünfzimmerwohnung in der repräsentativen Belle

Wien

Etage an der Alleegasse 4 (heute Argentinienstraße), direkt neben der Karlskirche. Dieses Haus steht bis heute und eine Gedenktafel erinnert daran, dass hier ein bedeutender polnischer Komponist lebte. Das hellste Eckzimmer mit Erker war Szymanowskis Arbeitszimmer, hier entstand *Hagith*. Hier verbesserte er auch die *Konzertouvertüre*, nachdem Oskar Nedbal beschlossen hatte, mit ihr sein Konzert im Musikverein am 13. März 1913 zu eröffnen.[1]

Während der Gastauftritte der Ballets Russes sah er Debussys *L'Après-midi d'un faune* sowie Strawinskys *Petruschka* und beide gefielen ihm, vor allem *Petruschka*; dies war das erste Anzeichen für seinen sich wandelnden Geschmack. Er hatte Gelegenheit, Schönbergs Musik zu hören, die *Gurrelieder* sagten ihm zu, das *Streichquartett fis-Moll* fand nicht seine Zustimmung. Er gehörte zu den wenigen, die sich für Schrekers *Spielwerk* begeisterten – was ebenfalls die Entwicklung seiner musikalischen Vorstellungen belegte.

Traditionell führte Szymanowski ein verschwenderisches Leben, beklagte sich dabei aber ständig über seine Schulden. Als Fitelberg bald darauf seine Stellung an der Oper verlor und sie angesichts der neuen Lage beschlossen, vielmehr gezwungen waren, die Wohnung aufzugeben, wurden die Gläubiger zu einem Problem. Mitte April, als der Tonkünstlerverein für Szymanowski ein Kammerkonzert organisierte, war von der einstigen Euphorie schon keine Spur mehr übrig. Wien „erfüllte ihn mit Abscheu" und er träumte davon, „sich aus dieser elenden Stadt loszureißen". (K 1, 380) Nach der Rückkehr nach Tymoszówka bekam er noch viele Wochen lang Zahlungsaufforderungen für rückständige Raten für seine Möbel, die er überhaupt nicht mehr benötigte.

Der Kriegsausbruch trennte Szymanowski – Untertan des Zaren – von der Hauptstadt eines Landes, das sich im Krieg mit Russland befand. Erst nachdem die Front über das Gut hinweggerollt war, im Juni 1918, konnte er durch die Freundlichkeit eines in Jelisawetgrad stationierten österreichischen Offiziers einen Brief an Hertzka senden. „Nach allem, was ich erlebte, scheint mir Wien,

---

1 Nach der Ouvertüre spielte Fritz Kreisler das *Violinkonzert D-Dur* von Mozart und nach der Pause erklang Tschaikowskys *5. Symphonie*.

Musik, ein kulturelles Leben eine glückliche, kaum reelle Legende. (...) Ich sehne mich ungeheuer an einem richtigen, interessanten Künstlerleben und Wirken – wann aber wird es dazu kommen!?" (Szymanowski 1988, 213 originaler deutscher Wortlaut)
Die Antwort ließ nicht lange auf sich warten:

> Es war für mich immer eine große Sorge, wie es Ihnen in all den Jahren ergangen ist (...) Sie können sich gar nicht denken, wie oft wir in dieser Zeit von Ihnen gesprochen haben. Sowohl Schreker, als auch Marx, Wolfsohn, Niewiadomski etc. etc. sind ja alles Musiker, die Sie außerordentlich schätzen und die stets in der allersympathischsten Weise von Ihnen sprechen. (...) Es wird Sie übrigens freuen zu hören, daß gerade vor einigen Wochen Ihre Lieder hier öffentlich von einigen Sängerinnen, darunter auch von der Frau des Herrn Prof. Schreker, mit großem Erfolg gesungen worden sind. Auch Ihre Klavierstücke sind hier einigemale gespielt worden. Sie sehen, wir sind Ihnen in Wien alle treu geblieben und ich bin herzlich froh, daß Sie es auch uns gegenüber so gehalten haben. (Ebd., 22)

Hertzka ermunterte Szymanowski, nach Wien zu ziehen und schrieb:

> Sie haben hier in Wien einen großen Kreis von Freunden und Verehrern, Sie haben in uns einen Verlag der nichts dringender wünscht als Sie zu fördern und es ist daher für Sie das Wichtigste, daß Sie so bald als möglich herkommen. Das Musikleben ist hier trotz dem Kriege auf außerordentlicher Höhe und Sie könnten sich hier persönlich für die Aufführungen Ihrer Werke selbstverständlich mehr einsetzen, als ich das in Ihrer Abwesenheit tun könnte. (Ebd.)

In einem Postskriptum fügte er hinzu, dass Lubomirski ihn ebenfalls gerne in Wien sähe und ihm dafür die finanziellen Mittel zur Verfügung stellen wolle. (K 1, 528 f.) Szymanowski erwog anfangs diese Möglichkeit, kam nach einigen Wochen aber zu dem Schluss, dass er die Pflicht habe, sich um seine Mutter und seine älteste Schwester zu kümmern. So entschloss er sich zum Umzug nach Polen und verschob die Rückkehr nach Wien in eine unbestimmte Zukunft.

In den 1920er und 1930er Jahren waren Szymanowskis Aufenthalte in der österreichischen Hauptstadt meist kurz. Mit Ausnahme des Jahres 1925 hielt er sich aber alljährlich hier auf. Anlass seiner Reisen waren vor allem Verlagsangelegenheiten, doch mehrmals kam er auch zu Aufführungen seiner Werke, so als Bronisław Huberman im November 1926 sein *1. Violinkonzert* spielte oder als Fitelberg im März 1928 die *3. Symphonie* sowie *Des Hafis Liebeslieder* dirigierte. Zu Szymanowskis Lebzeiten erklang seine Musik hier oftmals. 1921 leitete Emil Młynarski im Musikverein die *2. Symphonie*. Kammermusikalische Werke wurden bei den Konzerten von Schönbergs Verein für musikalische Privataufführungen gespielt. Im März 1925 fand in Wien durch das Wiener Streichquartett die Erstaufführung des *1. Streichquartetts* außerhalb Polens statt. Mitte April führte Hubermann mit großem Erfolg die *Mythen* auf. Im Dezember 1929 gab es wiederum das *1. Violinkonzert*, auch *Stabat Mater* sowie einige Violinwerke wurden aufgeführt, so dass Stanisława, die im April 1930 in Wien sang, ihrem Bruder schrieb: „Es gibt keinen Tag, an dem Du hier nicht gespielt würdest, man Dich auf den Plakaten liest". (K 6, 212) Das war zwar deutlich übertrieben, doch schon für den 6. Juli war im Musikverein eine weitere Aufführung des *1. Violinkonzerts* angekündigt.

Der Süden und der Orient

„Dank des hochmusikalischen Umfelds war ich schon seit meinen ersten Jahren mit der besten Musik vertraut", teilte Szymanowski 1909 Adolf Chybiński mit. „Meine frühesten mus.[ikalischen] Erinnerungen sind Chopin, Bach und vor allem Beethoven. Dadurch ist erklärlich, dass ich nie irgendwelche homosexuellen Verirrungen zur Musik von Leuten wie Puccini, Massenet oder

Mascagni hatte." (K 1, 175) Die italienische Musik schätzte er gering, doch in der Atmosphäre und Landschaft des Südens fühlte er sich hervorragend.

Die erste, kurze Reise nach Italien unternahm er 1905 auf Initiative und in Gesellschaft von Stanisław Ignacy Witkiewicz, so wie er ein damals aufstrebender Künstler. Zum zweiten Mal erholte er sich 1908 mit seinem Bruder und Harry Neuhaus im Kurort Nervi bei Genua, von wo er an eine Bekannte schrieb: „Ich führe ein faules Leben, tue nichts und denke nichts – und, am schlimmsten, ich spüre, dass dies gewissermaßen mein eigentliches Element ist. (…) Wenn ich könnte, würde ich weit in den Süden zu unerforschten subtropischen Wäldern reisen. Ich träume vom Übermaß unbeschriebener Flora als etwas, was mir seit jeher gehört." (K 1, 157 f.) In Italien spürte er nie den Zwang, überhaupt etwas zu tun. Er genoss den Zauber des Lebens, frei von allen Pflichten und möglichen Gewissensbissen, dass er etwas schleifen ließ. Kaum verwunderlich, dass er sich immer so begeistert über dieses Land äußerte. So wie damals, als er mit Emphase feststellte, „würde Italien nicht existieren – so könnte auch ich nicht existieren" (K 1, 245), wo ihn Stefan Spiess zu noch größerer Begeisterung zum Süden angesteckt hatte.

Im Frühjahr 1910 trafen sie sich in Florenz.

> Wir lebten damals in der Pension von Frau Marinari, wo wir ein hübsches Zimmer mit grünen, hölzernen Jalousien hatten, die uns vor der Glut der toskanischen Sonne schützten. (…) Unter Zypressen, schönen duftenden Blumen, geschaukelt vom Plätschern des Springbrunnens – alleine in diesem reizenden, fast verzauberten italienischen Winkel, genossen wir unsere herrliche Idylle. Der Tagesablauf war stets derselbe. Gleich nach dem Frühstück eilte ich zu den Uffizien oder zum [Palazzo] Pitti, Karol hingegen raffte sich erst eine Stunde später auf und lachte über meine Pflichtschuldigkeit. (Spiess/Bacewicz, 52)

Der Süden und der Orient

Das in späteren Briefen Szymanowskis zu Tage tretende Interesse an Platons *Symposion*, in dem er eine „angenehme und vertraute Gesellschaft" fand, legt nahe, dass sich die beiden Reisenden nicht nur von der Kunst einnehmen ließen. Dem kam die italienische Gesetzgebung entgegen, die homosexuelle Beziehungen schon 1889 legalisiert hatte, so dass dieses Land Reisenden aus dem Norden Europas eine Freiheit der Kontakte anbot, für die man in England oder Deutschland Gefängnis riskierte.

Ende April 1911 traf Szymanowski Spiess erneut in Florenz, von wo aus sie sich nach Sizilien begaben. „Unsere Reise lieferte Karol so viele Erlebnisse, dass sie natürlich in seinen späteren Werken Niederschlag fanden", berichtete Spiess viele Jahre später und beschrieb diese inspirierenden Erlebnisse detailliert:

> Wir machten einen Ausflug nach Segesta, das schön zwischen Hügeln gelegen ist, einsam verloren im tiefen Tal. Als wir dieses Tal schon so lange entlanggingen, dass es uns gleichförmig vorkam, erblickten wir plötzlich hinter einem Bergabsatz einen hellgelben Tempel mit dorischen Säulen, als wäre er direkt aus Griechenland hergebracht worden. Wir waren von diesem Anblick geblendet. Diesen Eindruck kann ich mit dem vergleichen, den wir hatten, als wir im Museum in Palermo die wunderbaren Reliefs betrachteten – die Metopen, die aus dem Tempel in Selinunt aus dem 6. bis 4. Jh. vor unserer Zeitrechnung stammen. (...) Unter Einfluss der Metopen von Selinunt schrieb Karol Szymanowski 1915 drei Klavierdichtungen mit dem Titel *Metopen*, die musikalische Entsprechungen der altgriechischen Reliefs darstellen. (...) Die Quelle Arethusa wiederum, die sich gleich neben dem Hotel in Syrakus befand, in dem wir wohnten, wurde für Karol zum Impuls, 1915 eine seiner drei *Mythen* für Violine zu komponieren. (Alle drei *Mythen* entstanden im Übrigen unter Einfluss der Sizilienreise.) Das Amphitheater in Syrakus, von dem ich gesprochen habe, wurde später zum Hintergrund der sich im 3. Akt von *König Roger* abspielenden Handlung, und die Palastkapelle mit den Grabstätten von Roger und

seinen Nachkommen in der Kathedrale von Palermo sowie die großartige romanische Kirche in Monreale bei Palermo mit schönen Fresken und Mosaiken – beeinflussten die Entstehung der Szenerie im 1. Akt von *König Roger*. (Spiess/Bacewicz, 54–56)

Eine weitere Etappe auf der Reise der beiden jungen Ästheten war Taormina, wohin sie fuhren, um – wie Spiess versichert – „das berühmte griechisch-römische Theater am Fuß des Ätna zu besichtigen". Er verriet nicht, dass sie Wilhelm von Gloeden besuchten, einen Fotografen, der sich auf Jungenakte spezialisierte, die wie altgriechische Epheben Modell saßen. Eine hohe Wahrscheinlichkeit für diesen Besuch legt die Person von Rellovs nahe, die einige Jahre später in Szymanowskis Roman *Ephebos* auftrat, einer Apologie der Homosexualität.

Im Frühjahr 1914 machte sich Szymanowski ein weiteres Mal mit Spiess in den Süden auf. Diesmal gelangten sie bis nach Nordafrika. „Mehr als einmal hörten wir in Tunis den Gesang der Muezzine, der bei Sonnenuntergang von den Minaretten erscholl. Auch dieses Erlebnis blieb in Szymanowskis Werk nicht spurenlos. Aus ihnen entstanden 1918 seine *Lieder des verliebten Muezzins* zu einem Text von Jarosław Iwaszkiewicz. In der 1914 geschriebenen *3. Symphonie* verwendete Karol ebenfalls Themen, die er während der Afrikareise aufgeschrieben hatte." (Spiess/Bacewicz, 57)

Spiess' Worte sowie die Bezüge auf die Antike und die Welt des Islams in den seit 1914 entstehenden Werken führten dazu, dass diese Reise lange als Hauptquell für Szymanowskis Faszination vom Süden und vom Orient galt. Derlei Inspirationen lassen sich tatsächlich im Libretto von *König Roger*, in den *Liedern einer Märchenprinzessin* und den *Liedern des verliebten Muezzins* erkennen, auch in den Titeln *Mythen* und *Metopen*. Sie in der Musik nachzuweisen, ist schon schwerer. Szymanowski betrieb (anders als Bartók) keine musikethnologischen Forschungen, es gibt auch keine Spuren davon, dass er – wie Spiess meint – arabische Melodien notiert habe (was er später tat, als er die Górálen hörte). Er könnte höchstens auf sein eigenes Gedächtnis vertraut haben. Ein paar Jahre später

Der Süden und der Orient

gab er jedoch selbst zu: „Meine Kenntnis der Orientmusik ist eine große Null (obwohl ich verrückte Muezzins singen lasse, und zwar ganz unmoralische Sachen). Ich zweifle sehr, ob mir in der Hinsicht sogar der alte, langweilige Riemann etwas helfen könnte." (K 3a, 238) Daran, dass diese Reise für Szymanowski den Orient eröffnet hatte, glaubte auch Jarosław Iwaszkiewicz nicht, der meinte, es habe sich eigentlich ganz anders verhalten: Seine vorherigen mystischen Interessen und Neigungen, die so typisch für diese Epoche waren, hätten ihn diesen Ausflug so attraktiv erscheinen lassen. Die Kultur des Südens hat Friedrich Nietzsche verklärt, in der polnischen Literatur waren es Stanisław Wyspiański und Tadeusz Miciński. Szymanowski hatte Pawel Muratows *Bilder Italiens* sowie Tadeusz Zielińskis Veröffentlichungen über die Antike gelesen. Als der Krieg ihm die Möglichkeit zum Reisen nahm, schuf er sich selbst eine „innere Landschaft" und bezog sich auf Erinnerungen, Lektüren und seine Einbildungskraft. (vgl. Samson) Er ergänzte sie mit Eindrücken aus Büchern wie Goethes *Italienischer Reise*, der *Kultur der Renaissance in Italien* sowie *Cicerone – Eine Anleitung zum Genuß der Kunstwerke Italiens* von Jacob Burkhardt und schließlich Walter Paters Studie zur griechischen Kultur. Benvenuto Cellinis Lebensbericht in Goethes Übersetzung schien ihm eine gute Idee für ein Opernlibretto zu sein. Es haben sich drei Notizbücher erhalten, die er „Arabische Kultur" betitelte und in denen er Bemerkungen zu Geschichte, Geographie, Philosophie und Kunst der islamischen Welt aufschrieb. Nur gibt es hier keine Hinweise auf Musik, doch über diese wusste man damals noch wenig. Der stilisierte Orient durchdrang allerdings seit Langem schon die russische Musik und Szymanowski kannte ihn hervorragend, etwa aus den Werken Mili Balakirews oder Nikolai Rimski-Korsakows.

Der Süden hatte in seiner Erinnerung jedoch eine unauslöschliche Spur hinterlassen. Als er deshalb im Herbst 1926 durch Joseph Marx, den Rektor der Wiener Hochschule für Musik, den Vorschlag erhielt, Rektor in der soeben ins Leben gerufenen Musikhochschule in Kairo zu werden, reagierte er im ersten Augenblick begeistert:

In Europa

> Die Geschichte mit Kairo ist wirklich phantastisch!!! Also ich muß Dir sagen, daß seit ich Deinen Brief erhalten habe, ich habe keine Ruhe mehr. Der Orient ist immer das, was mich wirklich anzieht. (…) Man muß sich doch so eine phantastische Sache ganz ernst überlegen, bevor man sich auf so eine Reise entschließt! Aber in Prinzip ich bin mit der ganzen Sache sehr interessiert!!! (K 3a, 235 f.)

Bald aber ließ er von diesem Gedanken ab, da er erkannte, für eine solche Stellung nicht geeignet zu sein.

In den 1920er und 1930er Jahren fuhr Szymanowski einige Male nach Italien, aber nicht mehr als Tourist, sondern als Komponist und Pianist. In der Mitte der 1930er Jahre erwog man im Außenministerium, den kranken Künstler, um ihn zu unterstützen, als Kulturattaché zur dortigen Botschaft nach Rom zu schicken. Diese Pfründe sollte ihm die Existenzgrundlagen sichern, im Gegenzug sollten ihm lediglich repräsentative Aufgaben zufallen, für die er bestens geeignet war. Aufgrund seines Todes kam es nicht mehr dazu.

London

Im Sommer 1914, direkt nach der Afrikareise, machte sich Szymanowski auf Bestreben Kochańskis und Rubinsteins in die britische Hauptstadt auf. Die in den Londoner Künstlerkreisen bereits bestens vernetzten Freunde führten hier nun auch Szymanowski ein. Der Gast freundete sich mit dem amerikanischen Ehepaar Muriel und Paul Draper an, die einen von den hervorragendsten Musikern besuchten Salon hatten. Kochański und Rubinstein spielten seine Werke bei ihren Konzerten und bald darauf sang Draper auch *Hafis' Liebeslieder*. Dieser mehrwöchige Aufenthalt bedeutete für Szymanowski aber vor allem Anregungen, die für den damals an einer Lebenswende stehenden Künstler unschätzbar waren. In London konnte er ein weiteres Mal die Ballets Russes sehen. Er bewunderte den *Goldenen Hahn* und *Scheherazade* von Rimski-

Korsakow, Balakirews *Tamara*, Strawinskys *Feuervogel, Petruschka* und *Le Rossignol* sowie Ravels *Daphnis und Chloe*, wobei ihn *Le Rossignol* am stärksten begeisterte. Die Eindrücke von der kürzlich unternommenen Reise hatten aus ihm einen aufnahmefähigen Leser von Literatur über den Orient gemacht. In dieser Zeit erfreute sich in England der Sufismus beträchtlichen Interesses. In London erschienen Bücher über diese mystische Strömung des Islams und vieles deutet darauf hin, dass sie auch Szymanowski interessierten. Das Ergebnis war die keineswegs arabische, wie oft zu lesen, sondern „persische" *3. Symphonie*, an die er sich gleich nach der Rückkehr aus England setzte.

Nach London kam Szymanowski im Herbst 1920 zum zweiten Mal, nun als Abgesandter der polnischen Regierung. Seine Aufgabe und die seines Begleiters Jan Effenberg war es, sich über die Möglichkeiten zu informieren, Konzerte mit polnischer Musik zu organisieren. Man wollte, dass Polen, das ein Jahrhundert lang als Teil Russlands, Österreichs oder Preußens angesehen worden war, nun als eigenständiges Land in das Bewusstsein Europas zurückkehrte. Die beiden zu Organisationsaufgaben völlig unfähigen Künstler, die auch über keine finanziellen Mittel verfügten, konnten mit gutem Eindruck alleine nichts Konkretes ausrichten. Sie suchten die Gesellschaft, und Szymanowski brachte sich als Komponist in Erinnerung, als Kochański im September die *Mythen* und das *Notturno* spielte, während Albert Coates, der seit 1919 das London Symphony Orchestra leitete, eine Aufführung der *3. Symphonie* plante.

1921 war London für Szymanowski lediglich ein Zwischenstopp auf seiner Reise nach Amerika. Zu einem Reiseziel wurde es nur noch einmal, im Herbst 1934. Der Musiker trat nun gemeinsam mit dem Geiger Roman Totenberg bei einem von der BBC übertragenen Konzert auf, und das BBC-Orchester spielte unter der Leitung von Malcolm Sargent die *4. Symphonie*. In Glasgow war er auf Einladung der dortigen Gesellschaft für Neue Musik. In London gab er ein Konzert im Salon des Doktors Victor Cazalet, dem er – gegen ein Honorar (100 Guineen) – seine beiden letzten Mazurken widmete. Aufgrund der Bemühungen des Pianisten Jan Smeterlin war dieser letzte, dreiwöchige Aufenthalt in England angenehm und materiell erfolgreich.

Sankt Petersburg

Karol Szymanowski war in einer polnischen Oase in der Ukraine und somit innerhalb der Grenzen des russischen Imperiums zur Welt gekommen. Als er sich Jahre später entsann, was sein geistiges „Gepäck" ausmachte, das er von dieser seiner Heimat mitbekommen hatte, bekundete er, dass er sich mit Rührung an die ausgedehnten Weiten der Ukraine, ihr sonniges Klima und die üppige Natur erinnere. In diesen nostalgischen Reflexionen tauchten die Einwohner dieser Gegend nicht auf. Es liegt auf der Hand, dass ein auf Wagner und Strauss fixierter junger Herr nicht darauf achtete, was die Dienstboten und Bauern sangen oder spielten. Doch er hörte ihre Lieder und sie müssen sich ihm eingeprägt haben, wenn auch vielleicht eher im Unterbewusstsein, um sich nach vielen Jahren zu Wort zu melden, etwa im *Stabat Mater*. (Kaleničenko, 14 f.)

In seiner Jugend schätzte er die *Préludes* von Scriabin, die deutlich aus der Tradition Chopins entwuchsen. Seine Gleichgültigkeit gegenüber der von anderen Russen komponierten Musik könnte von Gustav Neuhaus mitverursacht worden sein, der so wie viele damalige Deutsche und Österreicher die russische Kunst als Ausdruck von Barbarei ansah, vor allem aber dürfte sie auf die Stimmung in seinem Elternhaus zurückgehen. Zu Lebzeiten von Stanisław Szymanowski wurden in Tymoszówka keine Russen empfangen – da sie Vertreter der Teilungsmacht waren. Die Abneigung zwischen den Nachbarn unterschiedlicher Nationalität und Konfession war im Übrigen gegenseitig, und erst die jüngere Generation durchbrach sie und knüpfte Kontakte. Szymanowski, der als Untertan des Zaren geboren wurde, stand der russischen Kultur deshalb viele Jahre lang gleichgültig gegenüber. Erst die Ballette Diagilews, vor allem die Werke Strawinskys, weckten sein Interesse an der russischen Musik – in Wien und London.

Sankt Petersburg

Der Kriegsausbruch trennte Szymanowski von Österreich und Westeuropa. Er musste in Russland zurechtkommen, wobei ihm Natalia Dawydowa half, die Frau des Besitzers des Nachbarguts. Dessen Familie stammte aus dem unweit gelegenen Kamionka, wo sich zu Beginn des 19. Jahrhunderts Puschkin aufgehalten hatte und das nach 1860 von Peter Tschaikowsky besucht wurde, dessen Schwester einen Dawydow geheiratet hatte. Künstlerisches Interesse wurde auch in den jüngeren Generationen gepflegt. Dimitri Dawydow schrieb Gedichte (Szymanowski komponierte Lieder zu ihnen) und Natalias Leidenschaft war die Malerei; sie unterstützte Neuerer wie Malewitsch, Rosanow, Nadeschda Udalzowa und Puni. Lange Stunden verbrachten sie bei Gesprächen über die Kunst, und sie war es, die Szymanowski überredete, Petersburg und Moskau zu besuchen und die dortigen Musikkreise kennenzulernen. Aus Tymoszówka war es nach Petersburg übrigens ebenso weit wie nach Wien – 1500 km.

Dem Rat Dawydowas folgend, begab sich Szymanowski im März 1916 auf eine dreimonatige Reise. In Petersburg, das mittlerweile in Petrograd umbenannt worden war, hielten sich damals die Kochańskis, Harry Neuhaus und der hervorragend im musikalischen Milieu vernetzte Feliks Blumenfeld auf. Bereits im April war Szymanowski mit den Ergebnissen der Reise eindeutig zufrieden:

> Ich freue mich sehr über meine Reise hierher. Die ganze hiesige musikalische Welt habe ich kennengelernt. Meine Kompositionen haben eine solche Anerkennung erfahren, dass mir sogleich für Herbst ein (Kammer-) Konzert vorgeschlagen wurde, an dem ich sicherlich selbst teilnehmen werde. Daneben werden auch die Orchestersachen hier und in Moskau aufgeführt werden. Ich bedauere nur, dass mir nicht schon im letzten Winter eingefallen ist, herzukommen. Diese paar in Moskau und hier verbrachten Wochen haben mich sehr aufgemuntert und zu weiterer Arbeit angeregt. Mitte April – sofern ich noch nicht komme, denn ich habe die Absicht, auf's Land zu fahren – um für die kommende Saison wieder etwas Neues vorzubereiten, doch im Frühherbst

komme ich für längere Zeit hierher oder nach Moskau. Es ist angenehm, sich wieder als lebender und handelnder Mensch zu fühlen. (K 1, 2. Aufl., 527)

Einer von Blumenfelds Schülern war Pierre Souvtchinski, ein wohlhabender Kunstmäzen. In seinem Haus spielte Kochański am 5. April die *Mythen* und Neuhaus einige Klavierstücke, darunter zwei *Masken*. Zum Publikum gehörten Prokofjew, Koussevitzky, Obuchow und viele andere musikalische Berühmtheiten Petrograds. Prokofjew notierte am 24. März in seinem Tagebuch: „Feierlicher Empfang bei Souvtchinski (...). Alle lauschen den Gästen aus Kiew: dem Komponisten Szymanowski und dem großartigen Geiger Kochański. Ich habe sie vor einem Jahr in Kiew gehört. Szymanowski schreibt erstaunlich für die Violine. ‚Das ist keine Violine, das ist ein ganzes Orchester', sagt [der Pianist Boris] Zacharow. Und seine Musik ist interessant und irgendwie ohne Inneres. ‚Das ist kein Substantiv, sondern ein Adjektiv', sagt Julia Weissberg." (Prokofjew, 601) Diese letzte Bemerkung gibt die besonderen russischen Erwartungen gegenüber der Musik hervorragend wieder (für Schostakowitsch war Debussy eine „Lakritze"). Neuhaus erinnerte sich später: „Nach der Aufführung der *Quelle der Arethusa* trat Sergej Prokofjew an den Komponisten heran und rief mit Begeisterung: ‚Das ist sehr interessant, ganz einfach großartig! Bitte noch einmal spielen'." (K 1, 2. Aufl., 527)

Serge Koussevitzky plante für die nächste Saison die Aufführung der *2. Symphonie* und von *Hafis' Liebesliedern*. Zu diesen Konzerten kam es leider nicht, weil es aufgrund der Einberufungen zur Armee an einer ausreichenden Zahl von Musikern fehlte (aus einem ähnlichen Grund gelang es nicht, die *Skythische Suite* von Prokofjew zu spielen). Unter den Kriegsbedingungen hatten vor allem Kammer- und Solowerke eine Chance, gespielt zu werden. Szymanowski besaß davon nicht wenig, und seine neuesten Klavierwerke stießen bei dem 16-jährigen Alexander Dubiansky auf Begeisterung, einem Schüler Blumenfelds, der ein großer Star zu werden versprach. Er nahm die *Etüden*, die *2. Klaviersonate*, die *Masken* und die *Metopen* in sein Repertoire auf. Die Violinwerke spielte Kochański bei jeder sich bietenden Gelegenheit. Man traf sich auch beim Dirigenten Alexander Siloti, Szymanowski zeigte ihm die Skizzen zu seiner neuen Symphonie und vernahm, dass Siloti diese, sollte er sie bis zum Herbst fertigstellen, in der neuen Saison aufführen werde. Sicherlich ist in Silotis Haus auch die Idee zum Violinkonzert entstanden, an dem er gemeinsam mit Kochański im Sommer arbeitete.

Im Herbst 1916 kam Szymanowski mit dem Konzert und der Symphonie nach Petrograd. Zusammen mit Kochański und Neuhaus planten sie ein Kammerkonzert und im Gedanken an die Zukunft knüpfte er Kontakte zum Verlag Jurgenson – die UE befand sich schließlich auf der anderen Seite der Front. Doch einige Tage vor den ersten Proben wurde die Aufführung der *3. Symphonie* abgesagt. Im Winter kam es auch nicht zur Aufführung des Violinkonzerts, denn aufgrund einer Scharlacherkrankung konnte der Komponist nicht zu den Proben kommen, und Siloti verschob die Premiere auf die nächste Saison. Doch dann durchkreuzte die Revolution alle Pläne.

Aus den von Szymanowski hinterlassenen Notizen geht hervor, dass er während des Krieges engen Kontakt zur russischen Kultur hatte. Als er die Einleitung zum *Ephesos* schrieb, bekannte er, dass auf den Text die Lektüre „schöner (überwiegend russischer) Bücher" Einfluss gehabt habe. (Pisma, Bd. 2, 129) Die Reisen erlaubten es ihm, die Avantgardekunst in den unterschiedlichsten Ausprägungen kennenzulernen. In Moskau sah er das „bacchische Drama", in Petrograd verkehrte er in Kreisen von Künstlern, die im „Apollon" veröffentlichten und wo man über die dionysischen Mysterien debattierte. Aus diesen Erfahrungen sollte bald darauf *König Roger* hervorgehen.

Szymanowski verließ Russland Ende 1919. Nach Moskau kam er noch einmal, im November 1933. Als Interpret seiner *4. Symphonie* beteiligte er sich an den aus Anlass der Feiern zum 15. Jahrestag der polnischen Unabhängigkeit veranstalteten Konzerten. Er traf viele frühere Bekannte, darunter Harry Neuhaus, und er besuchte Prokofjew, der gerade aus Paris in die UdSSR übergesiedelt war.

In Europa

Paris

Was Berlin und später Wien vor dem Krieg für Szymanowski gewesen waren, das wurde in den 1920er und 1930er Jahren Paris: ein zentraler Bezugspunkt auf der Landkarte seiner kompositorischen Bestrebungen.

Anfangs war seine Einstellung zur französischen Musik fast genauso geringschätzig gewesen wie zur italienischen. Im März 1912 sagte er in einem Interview für das WIENER LEBEN, er stelle einen Takt Brahms vor die ganze moderne französische Musik, die allzu oberflächlich sei. (K 1, 333) Bald darauf änderte er seine Meinung, und da er sich denken konnte, dass Warschau sich daran erinnern würde, welch eifriger Anhänger der deutschen Musik er gewesen war, erklärte er im ersten Interview, das er nach seinem Umzug nach Polen gab: „Die so lange dauernde musikalische Hegemonie Deutschlands geht endlich zu Ende". (Pisma, Bd. 1, 58) In einem kurz darauf veröffentlichten Artikel verglich er seinen Bruch mit der deutschen Musik mit Nietzsches Verhalten, der sich nach seiner Abkehr von Wagner begeistert Bizets *Carmen* zugewandt habe. Ähnlich wie Nietzsche erklärte auch er nun seine Bewunderung für Debussy.

Dabei entsprach die neue französische Nachkriegsmusik seinen persönlichen Vorlieben eigentlich nicht, und der einzige lebende Komponist, den er schätzte, war Maurice Ravel – damals fast schon ein „Klassiker". Die jungen Franzosen riefen dazu auf, mit der Romantik zu brechen, und so verkündete auch Szymanowski bald, wie veraltet diese sei, doch bis zu seinem Lebensende blieb er einer emotionalen musikalischen Herangehensweise treu und konnte sich keine andere vorstellen. Jean Cocteau und „Les Six" postulierten eine Wende zur Einfachheit, vor allem zur populären Musik, was bei einem so entschlossenen Vertreter des Elitären nie und nimmer auf Zustimmung stoßen konnte. Die Stimmung, die er in Paris nach dem Krieg antraf, beobachtete er reserviert, war sich aber bewusst, dass von hier aus dem übrigen Europa die Mode diktiert wurde, weshalb er sich bemühte, als Komponist hier vertreten zu sein und weshalb er seinen jungen Kollegen, mit denen er in engen Kontakt hatte, diese Stadt als Ziel nannte.

Paris

Die Türen zum französischen Musikleben öffnete ihm Henry Prunières, eine der großen meinungsbildenden Persönlichkeiten im Pariser Musikleben, Herausgeber der REVUE MUSICALE. Nach einem Komponistenabend, den Prunières im Mai 1922 organisiert hatte, schrieben die Kritiken von der Innovativität von Szymanowskis Harmonien, Klang und Melodien, und Boris de Schloezer hob den „Erotismus" seiner Musik hervor. Beginnend mit dem Jahr 1924, als das *1. Violinkonzert* aufgeführt wurde, erschienen Szymanowskis Orchesterwerke gelegentlich in den Programmen der Pariser Konzerte. Unter anderem führte Walther Straram 1927 die *3. Symphonie* auf, 1930 und 1931 dirigierte Pierre Monteux erneut das *1. Violinkonzert*. Der Komponist kam alle paar Jahre zu besonderen Anlässen in die Seinemetropole.

Seinerzeit brauchte man für eine Reise von Warschau nach Paris eine Nacht, einen Tag und eine weitere Nacht, erst am nächsten Tag erreichte man morgens den Gare du Nord. Im Juni 1925 machte sich Szymanowski im Auftrag des Außenministeriums auf solch eine Reise. Während eines feierlichen Konzerts aus Anlass der internationalen Ausstellung für dekorative Kunst wurde das *1. Violinkonzert* aufgeführt, und seine Werke standen auch auf dem Programm einiger Kammerkonzerte. Es gab außerdem ein Symphoniekonzert unter Fitelberg mit Musik von Szymanowski und Chopin – die von nun an als die Hauptvertreter der älteren und der neuen polnischen Musik galten. Fünf Jahre später kam er zum Festival Polnischer Musik, das zum 100. Jahrestag der Ankunft Chopins in Frankreich organisiert wurde. Es erklangen einige von Szymanowskis Werken, darunter das 2. Bild aus *Harnasie*.

Der Erfolg des Stücks brachte den Dichter Jan Lechoń, damals in der polnischen Botschaft für Kultur zuständig, dazu, die Direktion der Pariser Oper zu überreden, *Harnasie* ins Repertoire aufzunehmen. Das Warschauer Außenministerium unterstützte das Projekt und Mitte Januar 1933 kündigten in ganz Paris ausgehängte Plakate die Aufführung von Szymanowskis Ballett an. Diese Werbeaktion war übereilt, denn zur Premiere kam es erst drei Jahre später, nach unendlichen Turbulenzen, die hauptsächlich auf die fehlende Disziplin der beteiligten Künstler zurückzuführen waren. Als alles schließlich auf ein Happy End hinauszulaufen schien, verzögerte ein vom Star der Aufführung, Serge Lifar, ausgelöster Skandal die Premiere erneut. Sie fand am 27. April 1936 statt. Im ersten Teil des Abends erklang *Salome* – von der der junge Szymanowski fasziniert gewesen war. Nach der Pause wurde *Harnasie* aufgeführt – eine Komposition, die belegte, wie sehr er sich von seinen einstigen Überzeugungen abgewendet hatte. Die Vorstellung wurde sehr gut aufgenommen, auch die Kritiken waren hervorragend. Doch das Pech blieb *Harnasie* treu: Ein Brand in der Oper führte dazu, dass das Werk nach gerade einmal vier Wiederholungen vom Programm genommen werden musste.

Deutschland

1921 veröffentlichte Hans Heinz Stuckenschmidt in DER ARARAT einen Artikel über die neue slawische Musik, in dem er vor allem über Strawinsky und Szymanowski schrieb. Über letzteren sagte er:

> Seine Persönlichkeit ist unter den neuen Musikern die schärfst profilierte. Durch die eigentümlich abstrakte Akkordbehandlung erhalten seine Stimmen periodisch ein seltsam mystisches Gepräge. (…) Die Melodie, und das reiht ihn neben Schönberg, Bartók, Schreker, bleibt durchaus dominierend. Über dieser Musik weht ein Hauch polnischer Schwermut; Szymanowsky (sic!) dichtet seine Klänge am liebsten in lila. (…) Ich möchte vor allem die absolute Neuheit von Szymanowskys Melodik betonen, so wie ich sie empfinde, wiedergeben. (…) Wir wissen, daß Polen uns zwei große Menschen gab: den elegischen Ekstatiker Chopin und den ekstatischen Elegiker Szymanowsky. (Stuckenschmidt 1920, 113 f.)

Bei aller Begeisterung für diese Musik gab Stuckenschmidt auch zu: „Diese Musik verstehen, ist schwer, sie lieben, ist schwerer, kalte Bewunderung aber wird sie nie wecken. Revolution bedeutet sie sicherlich." Dennoch führte die beispiellos große Zahl von Orchestern und Opernbühnen sowie das Engagement der UE dazu, dass Szymanowskis Werke in den nächsten anderthalb Jahrzehnten in Deutschland relativ oft aufgeführt wurden. Manchmal spielte hier auch die Politik eine Rolle.

Im April 1923, knapp ein Jahr nach der Warschauer Premiere von *Hagith*, wurde die Oper in Darmstadt aufgeführt. Sie bildete die erste Hälfte des Abends, danach konnte das Publikum ein völlig unterschiedliches Werk sehen und hören – Igor Strawinskys *Petruschka*. Den Kritiken nach zu urteilen gefiel Szymanowskis Oper. Die politischen Spannungen zwischen Polen und Deutschland begünstigten derlei Unternehmungen jedoch nicht, womit Emil Hertzka die Tatsache erklärte, dass Szymanowski fünf Jahre auf die nächste Premiere warten musste – bis zum 28. Oktober 1928. An diesem Tag wurde in Duisburg *König Roger* inszeniert. Der nationalistische „Stahlhelm" wollte dies zum Anlass einer antipolnischen Demonstration nehmen (den Vorwand hierzu bildete die Falschmeldung, dass das Theater Max Reinhardts nicht nach Polen gelassen worden sei). Die Direktion wusste von diesen Plänen und beugte Vorfällen im Saal vor, doch als sich Szymanowski nach der Aufführung unter den Musikern zeigte, waren aus dem Publikum vereinzelt Pfiffe zu hören.

Zufrieden mit der Aufführung von *König Roger* und der Stimmung in Duisburg erzählte der Komponist nach seiner Rückkehr nach Warschau seinen Freunden davon, vor allem jenen, die zuvor in den Zeitungen von antipolnischen Demonstrationen gelesen hatten und sich „einen fassungslosen, aufgeregten und entsetzten Karol vorgestellt hatten", wie Anna Iwaszkiewicz notierte, „kann man ihn sich bei einem öffentlichen Skandal vorstellen!!!" (K 4, 358) In einem Interview für die Wiadomości Literackie gab er zu, dass „es nur zu leichten Pfiffen gekommen ist, drei oder vier Personen versuchten zu pfeifen. Dies stieß auf den vollständigen Widerstand des versammelten Publikums. Nun, und es endete mit einem solchen Jubel, wie ich ihn schon lange nicht mehr hatte." (Pisma, Bd. 1, 394) Im Kurier Warszawski entgegnete er auf die Frage nach den „stürmischen antipolnischen Auftritten", dass er „sehr zufrieden ist, dass sich vielleicht durch Vermittlung des Polnischen Konsuls die ungenauen und übertriebenen Nachrichten über die Vorfälle bei der Premiere von *König Roger* ausräumen lassen", wonach er detailliert über die ausgezeichnete Atmosphäre bei den Proben berichtete, über den Verlauf der Premiere und die Freundlichkeit der Gastgeber, die unerwarteterweise seine ganze Hotelrechnung beglichen. (Pisma, Bd. 1, 391) Der Erfolg des Werks und seine gewaltige Genugtuung über die etwa 20-minütigen Beifallsstürme nach der Aufführung hat Zofia Kochańska im Detail beschrieben. Doch kaum waren vier Jahre vergangen, da stellte er diesen Duisburg-Aufenthalt ganz anders dar. „Ich bin aus Prag zurückgekommen, wo ich am 21. (Freitag) bei der Premiere und am Sonntag bei der zweiten Aufführung von *König Roger* war", informierte er Kochańska. „Du musst wissen, dass ich nach diesem politischen Skandal in Duisburg *König Roger* gehasst habe. Diese 4 oder 5 Jahre habe ich die Partitur nie geöffnet – und diese Musik einfach vergessen!" (K 7, 327) In einem ähnlich dramatischen Ton vertraute er sich Josef Munclinger an, dem Regisseur der Prager Inszenierung: „Meine letzte Erinnerung an Roger ist Duisburg – mit diesem widerwärtigen politischen Skandal, von wo ich nicht abgereist, sondern geradezu geflohen bin wie ein unfreiwilliger Bösewicht". (K 7, 352)

„Dieser widerliche Skandal in Duisburg hat mir Deutschland verschlossen" (K 7, 327), beklagte er sich bei Zofia Kochańska, wobei er offensichtlich vergaß, dass seine Werke am Ende der 1920er Jahre hier vielfach aufgeführt wurden, was er selbst übrigens mitteilte. Das *1. Violinkonzert* wurde zwischen 1925 und 1933 oftmals gespielt, in Weimar, Essen, Hagen, Leipzig, Baden-Baden und sogar dreimal in Berlin. Die *3. Symphonie* erklang 1927 in Frankfurt. Der Pianist und Komponist Felix Petyrek setzte Szymanowskis Werke oft auf sein Programm. 1929 erschien in Berlin die erste Schallplatte mit seiner Musik – Ewa Bandrowska-Turska hatte für die Firma Odeon *Roxanas Lied* aufgenommen.

Durch die NS-Machtübernahme gewann die Politik wieder Einfluss auf Szymanowskis Kontakte nach Deutschland, konkret, als er mit demselben Orchester, mit dem er drei Jahrzehnte zuvor in Berlin als Komponist debütiert hatte, als Pianist auftreten sollte.

Im Frühsommer 1934 lud ihn Wilhelm Furtwängler ein, die bislang in Deutschland nicht gespielte *4. Symphonie* aufzuführen. Die Beziehungen zwischen den Regierungen Polens und des Deutschen Reichs hatten sich verbessert, und so war auf diplomatischer Ebene entschieden worden, dass es aus Anlass dieses Konzerts auch einen Rundfunkauftritt mit Szymanowski geben sollte. Das philharmonische Konzert war für den 10. Dezember 1934 geplant, doch kurz vor diesem Termin brach in Berlin die „Hindemith-Affäre" aus, durch die Furtwängler gezwungen war, von allen Ämtern zurückzutreten, auch bei den Philharmonikern. Die Kunde erreichte Szymanowski in Paris, von wo aus er an die Botschaft in Berlin telegraphierte und darum bat, das Konzert zu verlegen. Er kam dennoch nach Berlin und ging zur Philharmonie, wo ihm der Direktor zu verstehen gab, dass es Bedenken hinsichtlich eines Erfolgs des Konzerts gebe, weil das Publikum damit begonnen habe, Eintrittskarten zurückzugeben, nachdem Furtwänglers Rücktritt bekannt geworden war. „Szymanowski wandte sich deshalb an mich", berichtete Botschafter Józef Lipski, „und legte die Angelegenheit in meine Hände" (K 9, 293 f.); aufgrund seiner Intervention wurde das Konzert auf den 1. April des nächsten Jahres verlegt. Der Komponist blieb aber in Berlin, um am 13. Dezember mit der Geigerin Eugenia Umińska das vereinbarte Rundfunkkonzert zu geben. Im folgenden Jahr fand das Konzert mit den Philharmonikern ohne Hindernisse statt und es wurden weitere Auftritte Szymanowskis in Deutschland erwogen.

1948 veröffentlichte Leonia Gradstein ihre Erinnerungen an das Berliner Konzert Szymanowskis. Ihr Bericht unterscheidet sich in fast allen Punkten von dem, was aus den Korrespondenzen und diplomatischen Dokumenten hervorgeht, die in den 1980er Jahren auftauchten – als ein Auftritt im Dritten Reich allerdings keine so negativen Gefühle mehr auslöste wie kurz nach dem Krieg.

Gradstein stellte den Komponisten als Opfer der Einflussnahme geschickter Diplomaten dar, die ihn überzeugten, die Einladung der Berliner Philharmoniker fast gegen seinen Willen anzunehmen, zum Wohl seines Landes. Als der Auftritt in der Philharmonie näher rückte, „wurde plötzlich bekannt, dass Furtwängler in Ungnade gefallen" sei. Weiter schreibt sie, dass der Dirigent nach Paris fuhr, wo „sich die beiden Künstler zum Frühstück beim Direktor der Pariser Oper, Herrn Rouché, trafen, mit dem Szymanowski damals bereits über die Aufführung von *Harnasie* konferierte. Das Gespräch war ehrlich und offen. Szymanowski erklärte kategorisch, von einem Konzert könne keine Rede sein, dass er, wenn auch noch Furtwängler ausfiele (? sic), nicht spielen werde. Niemand wusste aber einen Rat, wie man einen diplomatischen Skandal verhindern konnte. Es blieb dabei, dass Szymanowski nach Berlin fährt und dann ‚irgendwie alles schon werden wird'. Vielleicht würde er eine Krankheit vortäuschen können." (Gradstein, 8) In Wirklichkeit hatte man Furtwängler den Pass abgenommen, weshalb er nicht am nächsten Tag nach dem offenen Konflikt mit den Machthabern den Nord-Express besteigen und sich unangemeldet zum Frühstück bei Jacques Rouché einstellen konnte (er frühstückte tatsächlich mit Szymanowski beim Operndirektor, aber erst im Sommer 1936).

„Szymanowski kam nach Berlin und ging zur Probe", berichtete Gradstein.

> Er ließ sich das Vergnügen nicht nehmen, bei der Orchesterprobe zu spielen. Wie er später sagte, sei dies ein wahres Vergnügen gewesen. Ein durchschnittlicher Dirigent habe hier nichts verderben können. Szymanowski zitierte die Worte des Kritikers von Bülow: ‚Das Orchester spielte gut trotz Dirigenten'. Nach beendeter Probe suchte Szymanowski noch einmal den Intendanten auf. Und er tat das Allereinfachste und Edelste – er sagte die Wahrheit. Er erklärte dem Intendanten, in dem er – wie er sagte – Menschlichkeit erkannte, dass es ihm die Solidarität mit Furtwängler verbiete, bei einem gemeinsam geplanten Konzert aufzutreten und bat ihn, ihn von dieser Verpflichtung zu entbinden.

Von Verhandlungen des Botschafters ist hier gar nicht die Rede, und die Erinnerungen der Sekretärin Szymanowskis, die damals seine gesamte Korrespondenz führte – auch die zum Konzert am 1. April 1935 in Berlin – enden mit der Beteuerung: „Es muss wohl nicht hinzugefügt werden, dass dieses Konzert nie mehr zustande kam." (Gradstein, 8)

*

Während der Besatzungszeit, als Warschau Teil des Generalgouvernements war, war Szymanowskis Musik verboten, so wie die Musik anderer polnischer Komponisten. Man spielte sie aber heimlich. Jarosław Iwaszkiewicz notierte am 30. März 1942:

> Gestern fand hier eine geheime Festveranstaltung zum fünften Todestag von Karol Szymanowski statt. Es fanden sich um die vierzig Personen ein, wie gewöhnlich in der Wohnung Jerzy Waldorffs. Es spielten Drzewiecki und Ekier, an der Violine Dubiska, es sang Ewa Turska. Ich sprach einige einleitende Worte. (…) „Wir versammeln uns", sagte ich in etwa, „hier insgeheim, wie die ersten Christen in den Katakomben, um im Verborgenen Erinnerungen an unsere großen Künstler zu feiern." (Iwaszkiewicz 2007, 187)

In Polen

Stanisław Szymanowski, der sehr auf Fragen der polnischen Identität achtete, ließ sich gewiss von seinem Patriotismus leiten, als er entschied, dass sein geliebter Sohn nicht am Sankt Petersburger Konservatorium, sondern in Warschau studieren solle. Karol tat dies 1902 und nahm Unterricht bei Zygmunt Noskowski. Er unterbrach ihn nach zwei Jahren, hatte aber in dieser Zeit viele Kontakte geknüpft, weshalb er auch weiterhin fast jedes Jahr einige Wochen oder Monate in Warschau verbrachte. Dank Grzegorz Fitelberg und Władysław Lubomirski, dem damals wichtigsten Mäzen der Warschauer Philharmonie, konnte er schon bald als Komponist an die Öffentlichkeit treten, und zwar mit Orchestermusik – bei einem Konzert des „Jungen Polen" am 6. Februar 1906.

Das Konzert fand, obwohl es am 9. Februar wiederholt wurde, vor einem kleinen Publikum statt, meistens junge Leute, die von der Philharmonie Freikarten bekommen hatten. Dafür gab es viele Presseberichte und positive Meinungen der Kritiker. Der Name „Junges Polen", der in den ersten Besprechungen immer wieder genannt wird, erregte dabei mehr Interesse, als es die Namen der beginnenden Künstler alleine getan hätten. Begeistert äußerte sich über die Debütanten der wichtigste Warschauer Kritiker Aleksander Poliński, der Szymanowskis *Konzertouvertüre* am höchsten einschätzte. Der junge Künstler war schon damals besonders empfindlich, was kritische Bemerkungen über ihn anging, und stets erinnerte er sich an schlechte Erfahrungen am besten, weshalb ihm Polińskis Hinweis im Gedächtnis haften blieb, der das mangelnde öffentliche Interesse kommentierte und anmerkte, dass eine derartige Aufführung in Deutschland Menschenmassen angelockt hätte. Er irrte sich, doch Szymanowski glaubte, in Warschau würde man sich nicht genügend für ihn interessieren.

Im Frühjahr des folgenden Jahres fühlte er sich von einer Kritik Polińskis nach den nächsten Konzerten des „Jungen Polen" unangenehm berührt. Diese wenigen Erfahrungen genügten, um sich 1918 Iwaszkiewicz anzuvertrauen und ihm zu sagen, dass diese Stadt in ihm Antipathie hervorrufe. Vielleicht mochte er Warschau auch deshalb nicht, weil er es stets mit einem Berg voller Schulden verließ, die auf seine Stimmung schlugen. Als Komponist hatte er hingegen mehrmals Grund zur Zufriedenheit, er wurde bei Kammerkonzerten unter anderem von Kochański und Rubinstein und bei Symphoniekonzerten von Fitelberg aufgeführt (der 1909 die *1. Symphonie* und 1911 die *2. Symphonie* dirigierte).

Warschau

Als Szymanowski Ende 1919 nach Warschau kam, befand er sich in einer Stadt, die nach knapp anderthalb Jahrhunderten wieder Hauptstadt eines selbständigen Staates war. Sie wurde für ihn zu einem fast natürlichen Aufenthaltsort, obwohl er sie weiterhin nicht mochte. Er beteiligte sich am wiederentstehenden Musikleben und schrieb Iwaszkiewicz: „Ich fühle mich so lala. Die grundlegende Stimmung sind vielerlei Ärger und Irritationen." (K 2, 141) Wichtigster Grund zur Irritation war der Existenzkampf, zumal er durch Wirtschaftskrise und Inflation verschärft wurde. Doch gab es auch andere Gründe. Da er bald als führender Komponist galt, übernahm Szymanowski diverse Ämter. Dies erforderte die Teilnahme an Versammlungen, die ihn tödlich langweilten. Außerdem fühlte er sich seit seinen ersten Kontakten mit dem Warschauer Publikum nach dem Krieg nicht genügend geschätzt. Im Januar 1920, als bei einem Konzert der Saal nicht bis auf den letzten Platz gefüllt war, schrieb er empört an Zdzisław Jachimecki: „Zwischen mir und dem polnischen Publikum (zumindest dem Warschauer) gibt es keinen wirklichen Kontakt, ich bin für sie fremd, unverständlich, vielleicht sogar unnötig." (K 2, 46 f.)

In Polen

Seinen Gefühlen verlieh er in Interviews und Artikeln unaufhörlich Ausdruck, und zwar bei Äußerungen zu ganz verschiedenen Themen. Sein Umfeld war allerdings der Ansicht, dass er sich in einer privilegierten Position befinde. Begeistert von seiner Musik war der Operndirektor Emil Młynarski. Die Philharmonie wurde von Grzegorz Fitelberg geleitet, der die Musik seines Freundes konsequent propagierte. Die Geschwister Szymanowski gaben Konzerte, deren Zahl nicht gering gewesen sein dürfte, da ihnen in der Mitte der 1920er Jahre von weniger wohlwollenden Beobachtern vorgeworfen wurde, sie würden das Musikleben monopolisieren. Ein breiter Kreis einflussreicher Bekannter schätzte Szymanowskis Talent oder ließ sich zumindest von seinem unwiderstehlichen Charisma beeindrucken und half nach Möglichkeit. Seine Stellung in Warschau war in vielerlei Hinsicht hervorragend, doch in den Briefen jammert er ständig darüber, dass er sich gehasst und bekämpft fühle, im besten Fall nicht ausreichend gewürdigt. Im Dezember 1926 klagte er Zofia Kochańska sein Leid:

> Diese schreckliche Stadt ruiniert mich völlig mit den entsetzlichen, im Grunde kleinstädtischen Dingen, die sie beschäftigen, und mit dem falschen Anschein einer Großstadt! Und dann dieser ständige Hass rings um mich! Glaube nicht, dass dies Phantasien seien, ich spüre das in jeder Wortmeldung, fast in jeder Bewegung. Darauf bin ich krankhaft empfindlich geworden (natürlich spreche ich von den Musikkreisen). (K 3, 574)

Im Herbst 1924 mietete er zusammen mit seinem Vetter August Iwański eine Wohnung. Sie unterschied sich von dem Luxusappartement, das er vor vielen Jahren in Wien bewohnt hatte. Nun musste er sich mit einer bescheidenen Bleibe im vierten Stock begnügen. Das Warschauer „‚Appartement' Szymanowskis bestand aus einem nicht allzu großen Zimmer und einem angrenzenden klitzekleinen Schlafzimmer. Die Einrichtung setzte sich zusammen aus: Ottomane, Klavier, einige Stühle, kleiner Bücherschrank und ein von mir ‚beschlagnahmter' großer Eichentisch", beschrieb

Iwański ihre Heimstatt. (Iwański, 46) Iwaszkiewicz, der seine beiden Cousins oft besuchte, meinte: „Die Wohnung an der Nowy Świat war sehr unbequem. Besonders schwierig war es, den vierten Stock ohne Fahrstuhl zu erreichen, wobei infolge des steifen Kniegelenks diese Unannehmlichkeiten für Szymanowski mitunter sehr fühlbar wurden. Soweit es einzurichten ging, bemühte er sich deshalb, tagsüber so selten als möglich in die Wohnung zurückzukehren, um jeden unnötigen schweren Aufstieg über die vielen Stockwerke zu vermeiden." (Iwaszkiewicz 1982, 167 f.) Ein Vorzug war die zentrale Lage, die dem geselligen Leben entgegenkam. Szymanowski arbeitete vormittags, während er die Nachmittage und Abende mit Bekannten in Cafés oder Restaurants verbrachte. Als er aufhörte, bei seiner Mutter zu essen, nahm er seine Mahlzeiten im Restaurant „Astoria" drei Minuten von seiner Wohnung entfernt ein. Zur Philharmonie waren es 600 Meter und zum Konservatorium, dessen Direktion er 1927 übernahm, nur 300 Meter.

Die Wohnung an der Nowy Świat verließ Szymanowski 1929 und versuchte, mit seiner Mutter zusammen zu leben, aber dieses Experiment gelang – wie geschildert – nicht. 1930 zog er nach Zakopane, doch da er damals Rektor des Konservatoriums war, kam er häufiger nach Warschau. Hier war seine Adresse das eleganteste Hotel der Hauptstadt, das Bristol. Seinen Lebenswandel dort haben mehrere Personen beschrieben, darunter Anna Iwaszkiewicz:

> Durch das kleine Appartement, das er im 4. Stock des Hotels „Bristol" bewohnte, bewegten sich von morgens bis spät am Abend Massen von Menschen, die nicht nur keine Rücksicht darauf nahmen, dass jeder Mensch und vor allem jeder Künstler Ruhe zur Arbeit und Erholung braucht, die aber, ohne Federlesens Karols Freundlichkeit und Gastlichkeit ausnutzend, auf seine Rechnung aßen und vor allem tranken, was seine finanziellen Möglichkeiten zuweilen überschritt. Dabei trafen sich hier Personen, die nichts miteinander zu tun hatten, sich oft noch nicht einmal kannten, so dass eine unerträgliche Atmosphäre des Durcheinanders, des

Zechens, sinnloser Gespräche zufällig zusammengekommener Menschen herrschte, von denen jeder länger bleiben wollte als der andere und mit Zorn den nächsten neu eintretenden Gast beäugte. (Iwaszkiewiczowa 1974b, 237)

Neben dem Operndirektor Emil Młynarski und dem Leiter der Philharmonie, Grzegorz Fitelberg, war Karol Szymanowski in Musikkreisen eine erstrangige Persönlichkeit (begünstigt auch dadurch, dass Ignacy Paderewski Polen 1922 verlassen hatte). Im Herbst 1926 machte er sich Hoffnungen auf den Posten eines Direktors der Philharmonie, was jedoch aufgrund der Finanzkrise scheiterte. 1927 wurde er zum Direktor des Konservatoriums ernannt. Er war sich bewusst, dass er nicht zum Staatsbeamten geschaffen war, doch suchte er eine Wohnung für seine Mutter, die bei ihrem Schwiegersohn – der von seiner Frau, ihrer Tochter, sitzengelassen worden war – ausziehen musste, und das Konservatorium verfügte über einige Dienstwohnungen. Eine gewisse Rolle dürfte auch sein Ehrgeiz gespielt haben, da man ihm – so wie einige Monate zuvor in Kairo – nicht etwa die Stelle eines von vielen Professoren, sondern die des Direktors anbot. Und somit erklärte er sich einverstanden, obwohl seine engsten Freunde diese Entscheidung für sinnlos hielten. Das bisherige Leben des 45-jährigen Künstlers deutete darauf hin, dass er keinen Deut organisatorische Talente besaß und noch dazu unfähig war, Entscheidungen zu fällen und konsequent zu handeln. Er besaß allerdings die Gabe, sich seines Umfeldes zu bedienen. Als er sich nach drei Monaten Amtszeit völlig ausgebrannt fühlte, teilte er im neuen Studienjahr seine Pflichten auf den für den Lehrbetrieb zuständigen Organisten Bronisław Rutkowski und den Verwaltungsdirektor Tadeusz Błażejewicz auf. In der Warschauer Presse wurden Beschwerden darüber laut, dass der Direktor sich fast überhaupt nicht im Konservatorium aufhalte, was der Wahrheit entsprochen haben dürfte, da er selbst die Versuche beschrieb, seine schöpferische Arbeit mit der Verwaltungsarbeit in Einklang zu bringen: „Stell Dir vor, dass ich mir buchstäblich Zeit zum Komponieren stehle, dabei bin, mit Eifer einen Takt zu schreiben", schilderte er Zofia

Kochańska, „doch in diesem Augenblick klopft ein Jüngling aus dem Konservatorium mit Papieren zur Unterschrift bei mir, nach einer Weile werde ich ins Departement gerufen, dann Schüler mit idiotischen Kompositionen, die verbessert werden müssen und an die ich wirklich meine eigene schöpferische Energie verschwenden muss. Das lässt sich nicht beschreiben! Man könnte völlig überschnappen." (K 4, 176)

Im nächsten Herbst begann Szymanowski das neue Studienjahr, um jedoch schon Mitte Dezember Urlaub zu beantragen und für zwei Monate in ein Sanatorium nach Österreich zu fahren. Im Sommer entschloss er sich, von seinem Amt zurückzutreten, in dem er es 30 Monate ausgehalten hatte, davon 19 in Warschau und 11 fernab vom Konservatorium und ohne Kontakt dorthin. Einige Monate erfreute er sich des freien Künstlerlebens ohne jede Verpflichtung, doch als man im Sommer 1929 bei ihm Tuberkulose diagnostizierte, begab er sich nach Davos, wo er die Schuld für seinen Gesundheitszustand auf das Konservatorium schob. „Ich war etwa 3 Jahre lang schwer tuberkulosekrank, und unter diesen Umständen hat man mir eine so furchtbare und schwere Arbeit aufgebürdet! (...) Jede Prüfung und jede Sitzung kosteten mich ein Stückchen meiner geschwächten Lungen" (K 5, 381 f.), beschwerte er sich bei einem befreundeten Ministerialbeamten.

Vom destruktiven Einfluss des Konservatoriums auf seinen Gesundheitszustand war er so fest überzeugt, dass er sich nicht überreden ließ, sich erneut mit dessen Angelegenheiten zu befassen. Er zog nach Zakopane. Derweil wurden die oberen Klassen der Lehranstalt abgetrennt und man überlegte sich, wer Rektor der ersten polnischen Musikhochschule werden sollte. Gerüchten zufolge hatte Szymanowskis größter Feind die größten Chancen, der konservativ eingestellte Musikkritiker Piotr Rytel. Und so verging noch nicht einmal ein Vierteljahr, bis der Ehrgeiz über die Vernunft siegte, und Mitte September 1930 nahm Szymanowski Glückwünsche für seine Nominierung zum Rektor entgegen.

Er ging von vornherein davon aus, selten in Warschau zu sein, da ihn die Arbeit allzu ermüde. Tatsächlich verflog schon nach einigen Tagen Amtszeit sein Zustand anfänglicher Euphorie und er begann „eine leichte Übermüdung" (K 6, 396) zu spüren. Also nahm er immer weitere Urlaube, und die Behörden, die ihn von übermäßigen Pflichten entlasten wollten, reduzierten seine Lehrverpflichtungen von 6 auf 3 Stunden wöchentlich, obwohl seine Kompositionsklasse eine Fiktion war. „Er war kein Pädagoge im gewöhnlichen Sinn dieses Wortes. Er wirkte vor allem durch die Kraft seiner schöpferischen Individualität (…) Formal lehrte er kurz und ‚schlecht'" (150 lat, 168), erinnerte sich einer seiner damaligen Mitarbeiter. Obwohl er 17 Monate lang Rektor war, hielt er sich nur wenig mehr als sechs Monate in Warschau auf. Für ihn erledigte der mit ihm befreundete Pianist Zbigniew Drzewiecki die Amtsgeschäfte. Er war sich bewusst, weder eifrig noch gewissenhaft zu sein, doch bis zu seinem Lebensende war er überzeugt, dass er die Hochschule 1932 aufgrund einer Hetzkampagne seiner Feinde verlassen musste. Diesen Glauben teilte auch die Schar seiner Bewunderer, und das Bild des verfolgten Szymanowskis gaben sie meist mit pathetischem Ton an die nächsten Generationen weiter.

Zakopane

Angewidert von Warschau, entschloss sich Szymanowski 1930 seinen Wohnsitz nach Zakopane zu verlegen, wohin es ihn seit acht Jahren am häufigsten zog. Das Leben war dort günstiger als in der Hauptstadt, und seine Mühen mit der Familie ließen ihn umso lieber Zuflucht am Fuß der Tatra suchen. Er mietete eine Villa am Bach Młyniska und bezog sie am 24. Oktober. Noch am Abend des selben Tages schrieb er an seine Mutter: „Und so sitze ich den ersten Abend bei mir daheim!" (K 6, 422) Das Haus war um 1890 im Zakopane-Stil gebaut und 1925 „Atma" genannt worden, was im Sinne des hinduistischen Glaubens soviel wie Selbst oder Seele bedeutet. Für Szymanowski passte das genau. Die nächsten fünf Jahre lang betrachtete er die Villa „Atma" als sein Zuhause, hier fühlte er sich am geborgensten.

Zakopane

Nach Zakopane kam Szymanowski seit seiner Kindheit. Die (angeblichen) gesundheitlichen und (tatsächlichen) touristischen Vorzüge des kleinsten Hochgebirges, wie man die Tatra gelegentlich nennt, waren ebenso attraktiv wie die für Polen einzigartige Landschaft und die unvergleichliche Volkskultur. Während den Besuchern aus den Niederungen die Volkskunst der Podhale-Region jedoch stets gefiel, empfanden sie die Musik als hässlich. Was der junge Szymanowski von ihr hielt, ist nicht bekannt – vielleicht nahm er sie gar nicht wahr? Sein Interesse für die Musik der Góralen, der Bergbewohner, wurde erst nach vielen Jahren geweckt, und zwar fern von Zakopane. 1921 hatten ihn Jarosław Iwaszkiewicz und der mit ihm befreundete Literat Mieczysław Rytard mit der Idee angesteckt, ein Bühnenwerk über Góralen-Motive zu schreiben. Ein Jahr später weckte in Lemberg Adolf Chybiński sein Interesse für die „Exotik" der Podhale-Musik. Der Komponist machte sich also nach Zakopane auf und erlag rasch der „Zakopanitis", wie Stanisław Ignacy Witkiewicz die narkotische Wirkung des Orts bezeichnete: „Für schwache Menschen ist Zakopane fast so mörderisch (...) wie die Begegnung mit einer wahrhaft dämonischen Frau. Für wahre Geistestitanen (sofern diese überhaupt existieren) ist es ein Ort, an dem sich ihr Wesen kondensiert, wo sich ihnen neue Horizonte öffnen, wo das künstlerische, gesellschaftliche oder wissenschaftliche Schaffen neue Formen bildet und neue Werte hervorbringt". (Witkiewicz 1919) Szymanowski war so ein „Geistestitan", dem die „Zakopanitis" sehr dienlich war.

Als Szymanowski 1923, 1924 und 1927 nach Zakopane kam, mietete er die Villa „Limba" mit einem schönen Blick auf den Berg Giewont, das Symbol der Tatra. Hier entstanden alle seine von der Podhale-Musik inspirierten Werke. Diese Aufenthalte, insgesamt acht bis neun Monate, waren für sein Schaffen das, was für die Musik Bartóks dessen Balkanreisen waren. Szymanowski hörte den Góralen zu und schrieb sich ihre Melodien auf. Zwar war er kein Ethnograph wie Bartók, doch in seinem Umfeld gab es Spezialisten, mit denen er alle Fragen besprechen konnte. Oft kam Chybiński zu Besuch. Das Tatra-Museum wurde von dem Sprachwissenschaftler

Juliusz Zborowski geleitet, der als erster in Polen Mundart und Volksmusik auf Wachswalzen aufzeichnete. Forschungen zur Musik der Podhale-Region betrieb auch der Ethnograph und Geiger Stanisław Mierczyński, der zudem gemeinsam mit Góralen musizierte. „Trachten, Sitten, Bauweise, Gesang, Musik, Tanz, Glauben und Legenden, alles war Gegenstand von Beobachtungen und Bemerkungen, die wir einander mitteilten", erinnerte sich Rytard. „Karol interessierte sich vor allem für Musik, Gesang und Tanz. Seine Bemerkungen hierzu waren – unterstützt durch die analytischen Forschungen Chybińskis und die praktischen Erfahrungen Mierczyńskis sowie durch eigene Aufzeichnungen – sehr aufschlussreich." (Rytard, 58) Schon zuvor hatten viele Komponisten Góralen-Melodien verwendet, doch das hatte mit der Podhale-Musik meist nicht viel mehr zu tun als die „türkischen Märsche" des 18. Jahrhunderts mit wirklicher türkischer Musik. Erst Szymanowski und sein Umfeld sollten dies ändern.

Für Ohren, die an Dur- und Moll-Tonleitern gewöhnt sind, klangen die Góralen-Melodien falsch – aufgrund ihrer erhöhten 4. Stufe der Tonleiter (die „lydische Quart", die in vielen Regionen Polens auftritt und generell als „volkstümlich" gilt), noch stärker aber wegen ihrer verminderten 7. Stufe. Es handelt sich um eine vielstimmige Musik, was auf dem Gebiet Polens die Ausnahme ist. Die Melodie wird von einer Person intoniert, woraufhin sich ihr zwei bis drei Stimmen um eine Terz nach unten oder oben verschoben anschließen. Manchmal wird auch in parallelen Quinten, seltener in Quarten gesungen, was für Gäste aus dem Tiefland meist entsetzlich klang. An diese Musik gewöhnten sich Szymanowski und sein Umfeld jedoch sofort, als sie die Kapelle der Familie Obrochta und den Gesang von Helena Roj hörten – die bald darauf Rytards Frau werden sollte.

„Wir kamen mit Szymanowski, den Iwaszkiewiczs und Mierczyński zu einem einzigartigen Kammermusikabend bei Obrochta dem Jüngeren zusammen", erinnerte sich Rytard.

> Karol ging hinkend durch die geräumige Stube, mit der unvermeidlichen Zigarettenspitze in der Hand, in der die

Zigaretten nie erloschen, eine von der anderen angesteckt, und hörte, schaute den Musikanten auf die Finger, spitzte an interessanteren, originelleren Stellen die Ohren, versuchte aus diesen merkwürdigen, primitiven Melodien schlau zu werden, zerlegte sie in einzelne Elemente. Er und Staś Mierczyński waren in ihrem Element.
Als Bartuś [Obrochta], darum gebeten, eine Phrase wiederholte, war Karol, wie ich mich erinnere, von gewissen, jedes Mal anderen Veränderungen in der grundlegenden Melodie überrascht. Die berühmte „Prima" [Solo] von Bartuś, der ganz in seinem Spiel aufging, wozu eine bestimmte Menge Wodka nötig war, das war eigentlich wie eine ganze Reihe von Varianten desselben Themas.
„Dieses Spiel ist eigentlich eine Art von Improvisation", urteilte Karol. Wir befanden uns in einer kleinen Gruppe, die Stube war nicht vom Tumult des Tanzes und vom Stimmengewirr vieler Góralen erfüllt. Der alte Musikant glänzte also vor uns mit all seiner Geigenvirtuosität. Einige Melodien spielte er solo. (Rytard, 13)

Die Podhale-Folklore eröffnete Szymanowski die Lösung eines Problems, vor dem er zu Beginn der 1920er Jahre gestanden hatte, als er beschloss, eine nationale Musik zu schaffen, die jedoch weitmöglichst von dem in Polonäsen, Krakowiaks und Mazurken verwurzelten Stereotyp entfernt sein sollte. Anregend mochte auch sein, dass die Góralen-„Exotik" zuvor schon Architekten und Maler mit gutem Erfolg inspiriert hatte. Der Architekt Stanisław Witkiewicz hatte in den 1890er Jahren die Podhale-Kunst mit Jugendstilelementen verbunden. Seine Entwürfe, von denen die Kapelle „Jaszczurówka" der bekannteste ist, gefielen und fanden rasch Nachahmer. Der Mythos verbreitete sich, dass sich in der Podhale-Kultur Überreste aus der mittelalterlichen Piasten-Zeit erhalten hätten, weshalb man den Zakopane-Stil zum Nationalstil ausrief und die Unterstützung der Góralenkultur zu einer patriotischen Mission wurde. Auch Szymanowski glaubte daran, dass die Podhale-Musik urpolnisch sei und war sehr enttäuscht, als ihn

In Polen

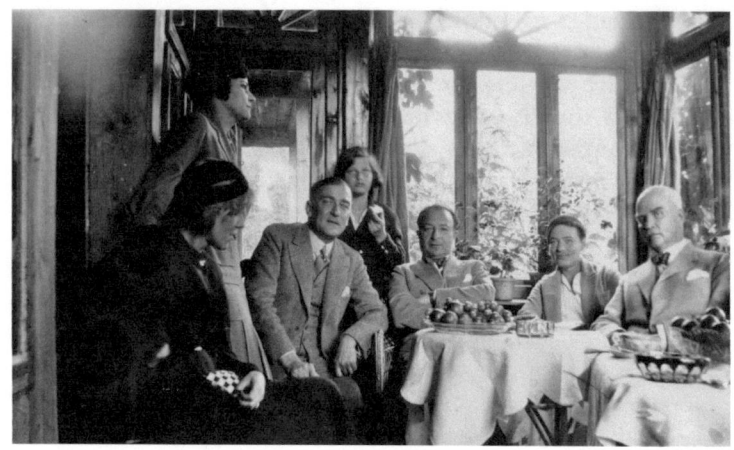

Abb. 5: Gesellschaft in der Villa „Atma" in Zakopane.
Von links: NN, Zofia Szymanowska, Karol Szymanowski, Zofias
Tochter Krystyna („Kicia") Grzybowska, Paweł Kochański, NN, der
Dirigent und Komponist Emil Młynarski.

Chybiński so wie auch andere Kenner der Materie aufklärten: Sie ist ein relativ neues Konglomerat unterschiedlicher Einflüsse und kein Reservat der Gesänge der alten Slaven.

Zakopane war ein Magnet für viele Künstler, weshalb sich Szymanowski in gesellschaftlicher Hinsicht hier bestens fühlte. Einige lebten hier auf Dauer, so der bekannteste Zakopaner Stanisław Ignacy Witkiewicz, der Sohn des Architekten, der, um Verwechslungen mit seinem Vater zu verhindern, seit 1918 das Pseudonym Witkacy (WITKiewicz ignACY) verwendete. Szymanowski hatte ihn 1904 kennengelernt, zehn Jahre später warf der Selbstmord von Witkiewicz's Verlobter einen Schatten auf ihre Freundschaft, da sie sich angeblich in den gutaussehenden Komponisten verguckt hatte. Ihre Kontakte rissen nun für einige Jahre ab, was Szymanowski belastet haben muss, da er in einem umfangreichen Brief von 1917 Witkiewicz neben Neuhaus als die ihm am nächsten stehende Person erwähnte. Die späteren Beziehungen beider Künstler gehörten nicht zu den einfachsten. „Karol äußerte sich zuweilen anerkennend über die – wie er dies bezeichnete – ‚diabolische Intelligenz' Witkiewiczs, mit der man bei der Diskussion manchmal nur schwer zurechtkommt". (Rytard, 38) Wenn man seine Prosa und seine Dramen liest, kann man sich leicht vorstellen, dass sich nicht nur Szymanowski einem solchen Denkvermögen gegenüber manchmal ratlos vorkommen musste. Schlimmer noch, Witkacy warf Szymanowski „Atonalität" vor, während der Komponist dessen Porträts für „schrecklich" hielt. Auch die vier Porträts, die Witkacy von seinem Freund anfertigte und ihm schenkte, gefielen ihm nicht.

Ähnlich wie die Pariser Boheme bestand auch die von Zakopane vor allem aus Malern, Dichtern und Schriftstellern, deren Lebenswandel der verbreiteten Vorstellung davon entsprach, wie Künstler leben. Man traf sich zu „Orgien", die darauf beruhten, keine geringen Mengen an Alkoholika zu konsumieren und nicht enden wollende Gespräche zu führen; von erotischen Exzessen war hingegen trotz des Namens keine Rede. Ein weiterer Wahl-Zakopaner, der Maler Rafał Malczewski (Sohn des Malers Jacek Malczewski), erinnerte sich an Situationen, die unter derlei Umständen von Witkacy arrangiert wurden: „Er konnte die Stimmen hunderter von Menschen nachahmen. Die Erörterungen Karol Szymanowskis, der in einem Sarg zu seiner eigenen Beerdigung fuhr, die natürlich in Krakau stattfand, waren ein Meisterwerk seines ganz besonderen und einzigartigen Humors." (Malczewski, 95) Witkacy interessierten Extremerfahrungen, die er mit Hilfe von Narkotika erwarb, doch um nicht abhängig zu werden, nahm er sie unter Kontrolle des Arztes Teodor Białynicki ein. Es ist wenig wahrscheinlich, dass Szymanowski mit ihm denselben Weg ging, auch wenn es im Roman *Abschied vom Herbst* heißt, dass der Komponist Ziezio Smorski – eine der vielen freien literarischen Variationen Witkacys über das Thema Szymanowski – ein exklusives Rauschmittel einnimmt: „Mercks Apotransphormin: ‚Specialité pour les musiciens, verschärft den Gehörsinn, exciting musical sensibility.'"

In Polen

Nach seinem Einzug in die Villa „Atma" war Szymanowskis Phase der Faszination für die Podhale-Musik bereits vorüber, doch musste er noch *Harnasie* beenden. In der Villa „Atma" schrieb er die *Zwölf kurpischen Lieder*, die *Litanei an die Jungfrau Maria*, die *4. Symphonie*, das *2. Violinkonzert* sowie die letzten *Mazurken*. Die Arbeitsbedingungen waren hervorragend, da das Haus abseits an einer sehr ruhigen Stelle lag und der Górale Feliks Bednarczyk sich um die Wirtschaft kümmerte. Kam eine größere Zahl von Gästen, sprang ihm eine der Nachbarinnen zur Seite, was häufig der Fall war, da Szymanowski seine Familie und Freunde gerne einlud.

„Ein großes Glück ist dieser ‚Sand' in Zakopane, in den man halbwegs den Kopf stecken kann" (K 8, 55), vertraute er sich im Frühjahr 1933 Anna Iwaszkiewicz an. Zakopane war ein Ort, an den er vor der Welt und seinen Sorgen entkam, doch seine gesundheitliche und finanzielle Situation verschlechterte sich mit jedem Jahr. Als er zwei Jahre später erkrankte, fehlte ihm Geld für Medikamente und es gab niemand, der ihm welches hätte leihen wollen, da seine Freunde in Zakopane eine ähnlich leichte Hand hatten wie er. Als er die Villa „Atma" im November 1935 verließ, hatte er bei seiner Vermieterin und bei seinem Bediensteten keine geringen Schulden.

Das engste Umfeld hatte Angst, dass der aufgebrachte oder auch nur geschickt ausgefragte Bednarczyk Fremden erzählen konnte, was er im „Atma" gesehen hatte. Für Szymanowski, der finanzielle Hilfe von Seiten des Staates und seiner Freunde erwartete, wäre dies höchst unangebracht gewesen. Doch es gelang, eine Kompromittierung zu verhindern. Zwar sind an die Zakopaner Jahre Szymanowskis viele Erinnerungen erhalten, doch berichtete man hier hauptsächlich von der Faszination des Komponisten für die Góralenmusik und erzählte sich unschuldige Anekdoten aus dem Leben der dortigen Boheme. Gründe für die Befürchtungen um den guten Ruf des Künstlers kann man sich höchstens denken, wenn man zwischen den Zeilen Hinweise über großen Alkoholkonsum sowie intensive Kontakte mit jungen Männern erahnt.

Die Verbindung des *Harnasie*-Schöpfers mit Zakopane war so stark, dass man 1939 überlegte, hier sein Herz einzumauern. Doch der Krieg brach aus und das in Warschau aufbewahrte Herz verbrannte im Warschauer Aufstand 1944. Erst 1976 wurde er in Zakopane verewigt, als nach dem Kauf der Villa „Atma" hier ein Szymanowski-Museum eröffnet wurde.

Werke und Meisterwerke

Kunst gibt es in Wirklichkeit gar nicht. Es gibt nur Kunstwerke.
Alfred Lichtwark, in: Pan 1897, Nr. 1

In den 1920er Jahren hatte Karol Szymanowski Erfolg als Komponist von Geigenwerken. Gespielt wurden vor allem die *Mythen* sowie *Notturno und Tarantella*; das *1. Violinkonzert* war seine beliebteste Orchesterkomposition. Als an der Wende zum 21. Jahrhundert der Modernismus wieder in Mode kam, wurde *König Roger* wiederentdeckt. Vor allem um diese Werke, um die populärste Symphonie *Lied der Nacht* sowie um das Oratorium *Stabat mater* soll es in diesem Kapitel gehen, also um Szymanowskis musikalische „Visitenkarten". Dabei ist Alfred Lichtwark darin zuzustimmen, dass es seine „(Kunst)Werke" sind, derentwegen man sich für einen Komponisten interessiert – diejenigen, auf die Musiker und Zuhörer am liebsten zurückkehren. Später soll es aus der Vogelperspektive um die „Kunst" gehen, um den Stil sowie um die Individualität von Szymanowskis Stil.

König Roger

„Die Bühnenmusik ist wirklich ein Zaubermittel" (K 1, 542), tagträumte Szymanowski im Sommer 1918 in einem Brief an Iwaszkiewicz, als sie sich Gedanken über eine Oper machten, zu der der Dichter nach Hinweisen seines Cousins ein Libretto schreiben sollte. Der 36-jährige Komponist hatte bis dahin zwei Bühnenwerke verfasst, eine Operette und ein düsteres Drama, doch es war kaum seine bisherige Erfahrung, die ihm die zitierten Worte diktierte.

Zehn Jahre zuvor, als er unter fortwährendem Geldmangel litt, hatte er beschlossen, sich in die Niederungen der leichteren Muse zu begeben, um einen finanziellen Erfolg zu feiern. So nahm er ein Libretto, dessen Handlung in Amerika spielte, über ein Fest mitsamt Lotterie, bei der ein wohlhabender Junggeselle als Hauptpreis winkte. Daher auch der Titel der seinerzeit entstandenen Operette – *Die Männer-Lotterie oder der Bräutigam Nr. 69* bzw. auch *Der Hauptgewinn*. Er komponierte eine riesige, fast 400 Seiten umfassende Partitur für ein gigantisches Orchester (das für ein durchschnittliches Musiktheater kaum realisierbar war), und zwar unter dem Pseudonym Whitney (diese Gattung passte schließlich nicht zu den Ambitionen des Künstlers, für den die Wagner-Tradition Vorbild war). Es ist unbekannt, in wie vielen Theatern die *Lotterie* abgelehnt wurde, jedenfalls gab der Komponist es relativ rasch auf, sich mit ihr zu beschäftigen, und erst 2007 wurde das Werk in der Krakauer Oper uraufgeführt.

1912 und 1913 komponierte Szymanowski den Einakter *Hagith* auf ein Libretto des damals gesuchten Dramatikers und Dichters Felix Dörmann. Es ging hier um die Rivalität des Alten und des Jungen Königs um die Macht sowie um eine junge Frau, Hagith. Wiener Künstler griffen damals mit offenkundigem Gefallen die verschiedensten Motive auf und unterlegten sie mit düsterer Erotik. Doch ein Bild oder ein Roman ist das eine, eine Oper, die in einem Hoftheater aufgeführt werden soll, ist das andere – nicht lange zuvor, 1905, hatte man es Gustav Mahler untersagt, Strauss' *Salome* aufgrund der Kombination von biblischer Thematik mit Sex auf die Bühne zu bringen. In Erinnerung daran warnte Emil Hertzka Szymanowski davor, dass auch seiner Oper mit einem solchen Libretto der Weg auf die Bühne versperrt sein würde, doch dieser vertraute in die Allmacht seines Protektors Lubomirski und ließ sich den Gedanken nicht ausreden. Hertzkas Vorhersagen bewahrheiteten sich allerdings: *Hagith* wurde erst 1922 in Warschau aufgeführt.

Seine bisherigen Erfahrungen mit Bühnenmusik dürfte Szymanowski 1918 also als wenig ermutigend angesehen haben, zumal er noch bis vor kurzem die Oper als veraltete Gattung betrachtet hatte. Doch er änderte seine Meinung, als er das Experimentaltheater von Tairow und Meyerhold sowie die Ansichten der russischen Symbolisten kennengelernt hatte, die ähnlich wie Nietzsche die Anfänge des Dramas in den dionysischen Mysterien sahen. Das dionysische Motiv wiederum war für Szymanowski höchst attraktiv, da es sich mit einem persönlichen Problem verband, das ihn damals beschäftigte und das ihn zu seiner künftigen Oper anregte. Nach zwei Bühnenwerken, die er mit dem Gedanken an finanziellen Erfolg und Karriere geschrieben hatte, entstand das dritte aus einem persönlichen Bedürfnis und ohne auf die Erwartungen des Publikums Rücksicht zu nehmen.

Einige Jahre zuvor hatte Szymanowski seine homoerotischen Neigungen entdeckt, präzisier gesagt – seine „ephebophilen" Neigungen, die in Konflikt sowohl mit den damaligen Sitten als auch mit der Religion standen, in der er aufgewachsen war. Dieses Problem konnte nicht direkt auf der Bühne dargestellt werden. In seinem direkt zuvor geschriebenen Roman *Ephebos* sublimierte er es und flocht es in Dialoge über die Kultur ein. In der Oper stellte er es in einen religiösen Kontext und sah es folgendermaßen: „Der Mensch verlässt die kalte und strenge Kirche (…). So befand er sich in der prallen Sonne: Er ist umgeben von schönen und ernsten Gestalten, von allen Seiten umfängt ihn unendlich mildes und einnehmendes Lächeln". (Pisma, Bd. 2, 99) Sowohl im Roman als auch in der Oper verteilt sich das *ego* des Autors auf zwei Protagonisten. In *Ephebos* sind dies der wunderbare Jüngling Alo und der berühmte Komponist Korab, in der Oper der verführerische Prophet der „neuen Religion" sowie der König (nur eine Person diesen Ranges konnte einen „Aristokraten des Geistes" verkörpern, für den sich Szymanowski hielt).

Auf Grundgedanke und Form von *König Roger* hatte Tadeusz Micińskis Drama W *mrokach złotego pałacu, czyli Bazylissa Teofanu* (In den Tiefen des goldenen Palastes, oder Basileios Theophanu) erheblichen Einfluss. Der emotionale Hintergrund waren die Erinnerungen an die Sizilienreise. Szymanowski hatte dort die Gelegenheit gehabt, den Königspalast in Palermo und die Überreste der antiken Kultur zu bewundern, woraufhin die Didaskalia deutlich anspielen. Den 1. Akt legt er in die byzantinische Capella Palatina, den zweiten auf den Hof des Palastes, in dem Roger II. im 12. Jahrhundert lebte. Den 3. Akt stellte er sich in den Ruinen des antiken Theaters vor.

Als er mit Iwaszkiewicz das zu schreibende Libretto durchsprach, ging der Komponist davon aus, dass der Verlauf des Dramas entschieden weniger wichtig sei als die von den Helden erlebten Gefühle. Der 23-jährige Dichter, auf dem Gebiet des Theaters ein absoluter Neuling, erhielt also umfangreiche Beschreibungen der Szenerie und der Gewänder der Helden sowie Hinweise auf eine ansatzweise Handlung und eine vor Begeisterung strotzende Charakteristik des „Zaubers" des Jünglings und seines „wunderbaren, geheimnisvollen Lächelns". Auf dieser Grundlage schrieb er das Libretto und gab es Anfang Juni 1920 seinem Cousin. Im September nahm der Komponist die Arbeit an der vorerst *Der Hirt* betitelten Oper auf und ergänzte mit Zustimmung Iwaszkiewiczs dessen Verse mit blumigen Formulierungen, um den Text an die Bedürfnisse seiner weitschweifigen Melodien anzupassen. Im August 1921 war das Musikdrama im Klavierauszug beendet – ein Werk über die Erlebnisse der Protagonisten, vor allem über die innere Zerrissenheit von König Roger.

Roger herrscht über ein christliches Königreich. In seinem Staat taucht ein geheimnisvoller Hirt auf, der einen anderen Glauben verkündet. Auf Bitten der Königin Roxane ist er bereit, ihn anzuhören, ehe er ihn – wie es das Volk will – für die Verbreitung von Häresie hinrichten lässt. Der Hirt kommt, bezaubert die Königin und zerstört des Königs inneren Frieden. Im 2. Akt kehrt der beunruhigende Fremdling wieder, von Roger zu Gericht gerufen. Nun verführt er die Menge und die Königin, bevor er sich mit ihnen ins Unbekannte entfernt. Im letzten Akt findet der König Roxane im Gefolge des Hirten wieder und wird zum Zeugen von Bacchanalien. In der ursprünglichen Fassung des Librettos sollte er sich diesem dionysischen Gefolge anschließen, doch später kam Szymanowski diese Symbolik „kindisch" vor, auch wenn sie den *Bacchantinnen* des Euripides folgte, die ebenfalls ihren Anteil am Einfall zur Oper hatten. Er entschied sich für das Unausgesprochene und orientier-

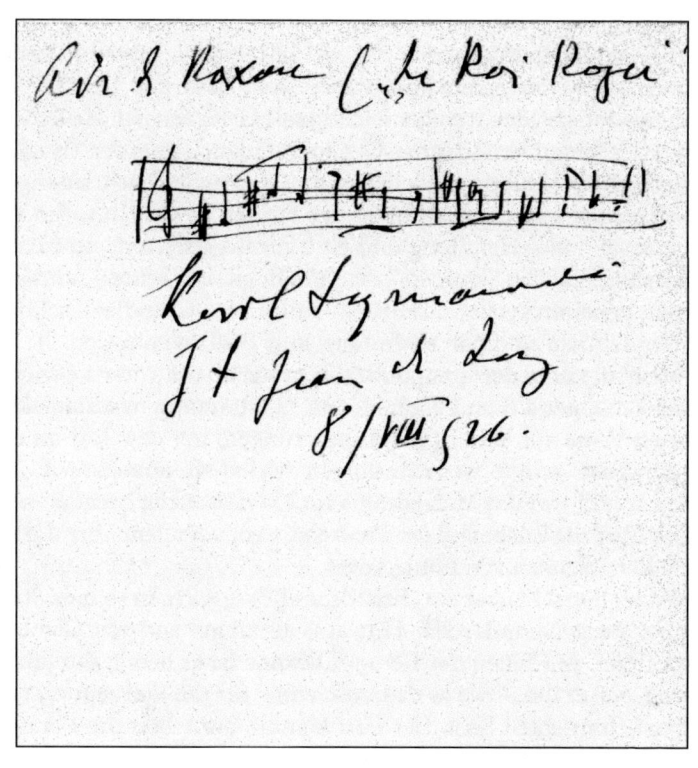

Abb. 6: Autograph mit den Anfangstakten von Roxanas Lied aus *König Roger*. Datiert St. Jean de Luz, 8.8.1926.

te sich an *Ephebos*, wo der Künstler Inok Dionysos sein Herz opfert. Denn als die Menge weicht und er alleine bleibt, singt Roger eine Hymne auf die Sonne und beendet sie mit den Worten: „Dem Abgrund meiner Macht entreiß' ich mein reines Herz und bring's als Opfer dar der Sonne!"

Szymanowski brauchte drei Jahre, um seine Skizze zu instrumentieren, natürlich mit großen Pausen. Er hatte viel zu schreiben, denn das Ganze dauert zwar nur anderthalb Stunden (ca. 30' + ca. 35' + ca. 25' mit einer Pause nach dem 1. Akt), doch die Orchesterbesetzung ist gewaltig. Die „verdammte Oper", wie er sich von der Arbeit entnervt im Herbst 1922 äußerte, war im August 1924 fertig. Auf die Partitur schrieb er „Mysterium in drei Akten", so wie Tadeusz Miciński sowie die russischen Symbolisten, und erst später ersetzte er das durch das Wort „Oper", vermutlich aufgrund praktischer Rücksichten.

„Karol ging oft in die Kirche von Jelisawetgrad, wo man sehr schön sang, er ging auch in die Synagoge zum Gesang der damals in Südrussland bekannten Sänger", erinnerte sich Iwaszkiewicz. (Iwaszkiewicz 2010b, 190) Aufgrund dieser Erfahrung macht die erste Szene großen Eindruck, wo der Chor ein Gebet voller Ernst, Mystik, gar Pathos singt. Später ist der Gesang des Hirts vokal am attraktivsten, und im 2. Akt Roxanes Lied. Szenisch eindrucksvoll sind die Episoden mit Ballett. Der Titelheld singt insgesamt rezitativisch, und nur ganz am Ende, in seiner extatischen Hymne an die Sonne, belebt sich seine Phrasierung. Die Partie der Roxane ist melismatisch, in ihrer Melodie orientalisch stilisiert; das erwähnte Lied aus dem 2. Akt ist das wohl bekannteste Stück aus der Oper, das von Koloratursopranen als *Lied* oder *Wiegenlied* aufgeführt wird und das es auch in einer Transkription für Violine und Klavier gibt.

„Mein Gott ist jugendschön gleich mir", deklamiert der Hirt im 1. Akt, und bei diesen Worten erreicht seine Gesangspartie erstmals einen ekstatischen Kulminationspunkt in diesem 1. Akt, der keinen Zweifel daran lässt, dass diese Worte Schlüsselbedeutung für das ganze Werk haben. Dieser Eindruck wird dadurch verstärkt, dass das Motiv noch mehrmals wiederkehrt. In späteren Szenen wird der Gesang des geheimnisvollen Verführers zu einer immer deutlicheren Stilisierung orientalischer Melodien, doch die ganze Zeit über befinden wir uns im Land der Epheben. Im letzten Akt gibt es hingegen Anspielungen auf die Musik des Tatravorlandes. Das ist kaum verwunderlich, da Szymanowski seine Oper bereits in Zakopane vollendete. Ob es aber nur ein Ausdruck der Faszination für die Podhale-Musik war, dass der Gesandte des „schönen Gottes" Merkmale eines Tatra-Bergbewohners – eines Góralen – erhielt?

Die Didaskalia legen eine deutliche Differenzierung der Akte nahe, indem sie auf die komplizierte Geschichte Siziliens Bezug nehmen, wo sich jahrhundertelang verschiedene Kulturen trafen. Den 1. Akt sah Szymanowski als den „byzantinischen", den zweiten als „arabisch-indischen" und den dritten als „antiken". Dramaturgisch sind alle drei Akte einander ähnlich: Zunächst wird auf den Hirt gewartet, dann hält der Fremdling eine „Predigt" und am Schluss tritt er von der Bühne ab – im 1. Akt alleine, in den beiden anderen mit Hilfe seiner Anhänger und der Königin. Auch die Stimmung ist im gesamten Drama relativ einheitlich, es dominieren Ruhe, Verständnis und Güte der wichtigsten Personen. Den einzigen stärkeren Kontrast im Ausdruck bringt die aggressive Menschenmenge im 1. Akt, als sie verlangt, den Fremdling zu erschlagen. Später verläuft sogar die „orgiastische" Szene ziemlich mild. Am abwechslungsreichsten ist in *König Roger* der Klang der Musik selbst: vom archaisierenden Chor bis hin zu den frappierend modern klingenden Orchesterclustern.

Es war vom Chorgebet zu Anfang der Oper die Rede. Es wird fast a cappella aufgeführt, begleitet von der Orgel, was die Stimmung religiöser Erhabenheit hervorhebt, während das Tamtam eine unbestimmte Gefahr ankündigt. Der Einzug von König und Königin wird von Streichinstrumenten im hohen Register begleitet – die Veränderung der Klangfarbe ist bemerkenswert. Im 2. Akt klingen die flackernden Geräuschcluster ungewöhnlich; erzeugt werden sie durch die gleichzeitig mit verschiedenen Artikulationen (Flageolett, Triller, Tremoli con sordino, sul ponticello und sul tasto) spielenden Streicher mit Unterstützung von Harfenglissandi und Halbtonfolgen in den Holzbläsern. Eine gänzlich andere Atmosphäre entsteht durch die Musik zum tänzerischen Gefolge, das gemeinsam mit dem Hirt die Bühne betritt – hier wird der Rhythmus akzentuiert; ihr zu Beginn der 1920er Jahre unkonventionelles 7/8-Metrum verleiht ihr einen exotischen Beigeschmack. Der 3. Akt beginnt mit einer Nachtmusik, in die sich Rogers Gesang flicht. Zur bacchanalischen Szene erklingt in Chor und Orchester ein „Chaos", das als Befreiung vom zeremoniellen, traditionsgebundenen Chorgebet aus der ersten Szene verstanden werden kann.

Dank Emil Młynarskis Begeisterung musste *König Roger* nicht lange warten, bis die Oper inszeniert wurde. Die Vorbereitungen zur Premiere in der Warschauer Oper waren jedoch mit vielen Schwierigkeiten verbunden. Zunächst stand durch Szymanowskis Verschulden der Termin in Frage, da er im Sommer 1925 eine Korrektur des Klavierauszugs ankündigte und der Verlag ihn nicht in den Druck geben konnte. Als er schließlich gedruckt war und die Sänger ihre Arbeit an den Rollen begannen, zeigte sich, dass sie mit den untypischen Vokalpartien ihre Mühe hatten. Zwei für die Rolle der Roxane vorgesehene Solistinnen sagten Młynarski ab, und erst Stanisława Szymanowska war bereit, die Aufgabe zu übernehmen. Hervorragend mit der Musik ihres Bruders vertraut, kam sie mit der Rolle zurecht, doch während der Aufführung ging ihre zarte Stimme auf der Bühne unter. Als nun alles fertig zu sein schien, kam es im Mai 1926 zum Staatsstreich und die Premiere musste auf den 19. Juni verschoben werden. Bald darauf begann die Universal Edition mit ihren Bemühungen, die Oper bei deutschen Bühnen unterzubringen, doch die Operndirektoren ließen sich von dem Libretto ohne dramatische Handlung abschrecken. Eine positive Entscheidung kam aus Duisburg, wo das Werk im Herbst 1928 aufgeführt wurde. Die dritte und letzte Inszenierung zu Lebzeiten des Komponisten fand am 21. Oktober 1932 in Prag statt. Nach dieser Aufführung schrieb Szymanowski an Zofia Kochańska:

> Das lässt sich mit nichts anderem in meiner Musik vergleichen – leider weder mit Harnasie noch mit den beiden neuen Konzerten, das heißt mit nichts, was ich nach König Roger

> geschrieben habe. Das ist sehr traurig!! Schon alleine der Klang des Orchesters und der Chöre ist stellenweise völlig erstaunlich und in seiner Spannung geradezu erschütternd. Ich kann mich von diesem Eindruck nicht befreien – aber auch von der Trauer – dass das doch schon Vergangenheit ist und dass ich sicherlich nichts Derartiges mehr zu schreiben vermag. Ich will mich für die absolut unerhörten Ovationen des Publikums nach dem 2. und dem 3. Akt nicht loben. Leider weiß ich, dass das kurzfristig ist: Diese wenigen tausend Menschen, die irgendetwas verstehen, werden nach einigen Vorstellungen aufgebraucht sein und es wird gewiss wieder vom Spielplan genommen werden. Derzeit gibt es dagegen kein Mittel! Diese Art Kunst passt nicht zur heutigen Ergriffenheit! (K 7, 327)

Szymanowski hatte Recht, die Umstände meinten es eine lange Zeit hindurch nicht gut mit seiner Oper. Ein Jahr nach seinem Tod schrieb Hans Heinz Stuckenschmidt, dass es in *König Roger* Mystik statt Drama und Logik gebe, so dass es „sich an ein Publikum richtet, das auf der Bühne keine gewöhnliche Sensation einer konventionellen Handlung erwartet. Die Zeit ist für dieses Werk noch nicht reif". (Stuckenschmidt 1938, 45) Nach dem Krieg wurde *König Roger* 1949 auf dem IGNM-Festival in Palermo aufgeführt, nicht weit von dem Palast entfernt, in dem sich die Handlung der Oper abspielt. In Polen wurde sie immer wieder einmal in verschiedenen Theatern gespielt, doch im Ausland sollte „Rogers Zeit" erst langsam kommen.

Als erste interessierten sich die Fernsehstationen für Szymanowskis Oper: BBC (1955) und RAI (1957). Mitte der 1970er Jahre kam *König Roger* zweimal auf Londoner Bühnen (1975 in Sadler's Wells, 1976 im Coliseum). Im folgenden Jahrzehnt erinnerte man sich in Deutschland daran (Dortmund 1984, Bremen 1988). Als wegweisend für die Popularität von *König Roger* erwies sich die Einspielung unter Simon Rattle, die 1998 bei EMI erschien. Im letzten Vierteljahrhundert wurde die Oper – konzertante Aufführungen nicht gezählt – auf 20 Bühnen Europas, Amerikas

König Roger

und Asiens gespielt (u. a. Montreal, New York, Amsterdam, Tokio, Barcelona, Paris, Santa Fe, Bilbao, London sowie auf den Festivals von Bregenz und Edinburgh). In Deutschland kam sie in Mainz, Bonn, Wuppertal und Nürnberg auf die Bretter. Im 21. Jahrhundert erschienen schließlich DVD-Aufnahmen (2007 Oper Breslau, 2009 Bregenz, 2015 Royal Opera House London).

Nach der Premiere in Bremen warf ein deutlich befremdeter Kritiker der Zeitung Die Welt dem Regisseur Krzysztof Zanussi vor, er habe die Homosexualität des Komponisten denunziert. Zwei Jahrzehnte später wurde dieses „coming out" zu einer der Hauptattraktivitäten für die Regisseure. Gerne wird die verführerische Macht des Hirts auf Roger hervorgehoben, auch wenn dies nach der Gewohnheit des Regietheaters die Notwendigkeit mit sich bringt, das Libretto zu modernisieren, doch noch stärker wirken sich persönliche Vorlieben auf das Werk aus, die ihm zuweilen auf schockierende, ja absurde Weise widersprechen. Die wohl größten Kontroversen rief Krzysztof Warlikowskis Inszenierung von 2009 in Paris hervor (die sich auf YouTube findet).[1] Der in Unterhosen im 1. Akt über die Bühne stolzierende Roger und die kleinen „Rogerlein", die im letzten Akt den „Sonnengruß" des Joga übten, brachten die meisten Zuschauer auf. Gelassener gingen die Musiker die Einfälle des Regisseurs an, und der Bariton Mariusz Kwiecień, heute der häufigste Interpret des Roger, erinnerte sich einige Jahre später: „Es gab so viele Kritiker, selbst polnische Kritiker, die sagten, ‚er [Warlikowski] habe das Stück nicht verstanden' und ich habe gesagt ‚wer versteht dieses Stück? Niemand versteht es'. Jeder findet darin etwas." Kwiecień ist kaum abzusprechen, dass er damit Recht hat, denn so wie jedes Werk, das voll von Unausgesprochenem und Unklarheiten ist, ermuntert *König Roger* dazu, in ihm verborgene Bedeutungen, Symbole und Kontexte zu suchen, so dass hier jeder findet, was er gerade sucht.[2]

---

1 http://www.muzykotekaszkolna.pl/1520-multimedia/2266-wideo/cat/2273/sub-cat/2277/item/53; https://www.youtube.com/watch?v=KjGbu1OK9h0).
2 http://operatraveller.com/2015/05/18/interview-with-mariusz-kwiecien.

Szymanowski erklärte den Opernverantwortlichen in Duisburg, dass Roger zwar eine historische Persönlichkeit sei, doch alles solle in einer absolut phantastischen Szenerie gehalten sein. (K 4, 342) Er konnte sich allerdings nicht vorstellen, wie sehr diese Phantastik Jahrzehnte später voranschreiten würde. Er konnte auch nicht voraussehen, dass das sorgfältig verschleierte homosexuelle Motiv in den Vordergrund rückt, wodurch sein Werk den Status einer der wichtigsten Gay-Opern erhalten sollte. Ehe es dazu kam, sah man in *König Roger* ein Werk mit religiös-philosophischer Botschaft, in dem die heidnische Erotik auf christliche Askese stößt. Man machte auf den Konflikt zwischen Verstand und Instinkt aufmerksam, der sich in der Seele des Hauptprotagonisten abspielt und sich aus der Philosophie Friedrich Nietzsches herleitet, der in der *Geburt der Tragödie* eine für Szymanowskis Generation höchst anziehende Unterscheidung der Kunst in zwei Elemente vornahm, das apollinische („klassische") und das dionysische („romantische"). Zum Erkennen der höchsten, da sinnlichen Wahrheit über die Existenz sollte Dionysos führen.

Vor allem aber fragte man sich, wer der Hirt ist – bzw. sein sollte. Szymanowski stellte sich vor, dass der Hirt an den androgynen Johannes der Täufer aus Leonardo da Vincis Bild erinnern sollte, mit seinem enigmatisch lächelnden Gesicht (und er litt, da er die Physiognomien und Figuren der damaligen Tenöre kannte). Schon in den ersten Worten, die Roxane singt, ist von seinem „geheimnisvollen Lächeln" die Rede, und bis zum Ende des Werks ist das noch ein Dutzend Male zu hören. Im 1. Akt erscheint der verführerische Fremdling als eine Verbindung von Christus mit Dionysos (im *Ephebos* verband Szymanowski Christus mit Eros). Diese Verbindung kehrte damals in den Schriften der russischen Denker oft wieder, wie auch in Dimitri Mereschkowskis Roman *Julian Apostata*, wo der Titelheld genau dasselbe mitteilt wie der Hirt: „Gott Dionysos ist das große Prinzip der Freiheit in unseren Herzen. Dionysos löst alle irdischen Banden, verspottet die Mächtigen, befreit die Sklaven..."³ Er steht vor Roger, vor dem Abbild Christi Pantokrator, sein Dialog mit dem König legt ebenfalls die Ähnlichkeit des vom „schönen Gott" Gesandten zu Christus nahe, da auf die Frage „Wer bist du?" die Antwort „Ein Hirt" fällt, die sich auf die allgemein bekannte Allegorie Christi bezieht. Roger und Roxane befinden sich in einer Situation, die an Pilatus und seine Frau denken lässt, die den angeklagten Jesus verteidigt. So wie in der Bibel fordert auch die Menge der Frommen in der Oper den Tod des Angeklagten. Im 2. Akt erscheint der Hirt als Dionysos und taucht die Untertanen Rogers in bacchantischen Wahn. Im 3. Akt lädt er Roger an seine „Sonnenküste" ein, indem er – an der Jahrhundertwende beliebt – die Vorstellung Christi und Apollos in sich vereint, was weitere Gedanken nahelegt, da beide ein Symbol des Lichts sind. Außerdem war Apollo bekanntlich Gott der Künste und der Künstler, was weitere Interpretationen zulässt.

Christus, Dionysos, Apollo – dies waren Szymanowskis Anregungen und Absichten. Die Kenntnis von Charakter und Leben des Komponisten lässt jedoch noch einen weiteren Blick auf die Helden der Oper zu, nämlich aus der Perspektive des Künstlers selbst. Der Hirt singt im 1. Akt nicht so sehr von seinem Gott, der – die Situation verkehrend – „jugendschön gleich mir" ist, sondern von sich selbst; dies wäre eine in der Operngeschichte durchaus beispiellose „Arie des Narziss". Roxanes Faszination vom Hirt erinnert an die Beziehung vieler Frauen zu Szymanowski (die dieser zustimmend akzeptierte). Die Königin verlässt Roger, dieser sucht sie vermeintlich, lässt sie aber schließlich gehen; wahrlich eine recht wunderliche Beziehung. Roger ist zwar König, doch sein Vorgehen und seine Reaktionen passen keinesfalls zum Verhalten eines tatsächlichen Herrschers, sondern erinnern vielmehr an des Komponisten eigenes Gefallen an Introspektion und Unentschlossenheit. Der königliche Berater Edrisi (Vorbild für ihn war der arabische Gelehrte al-Idrisi, der am Hof Rogers II. tätig

---

3 Dmitri Mereschkowski: Julianus Apostata. Historischer Roman. Übersetzt von Alexander Eliasberg. München 1912, S. 202.

war) scheint in Szymanowskis Augen das Ideal des Freundes zu verkörpern: Er dient seinem Herrn mit Rat, folgt ihm auf Schritt und Tritt und kritisiert ihn nie.

Harnasie

Die Faszination für die Podhale-Musik, der Ehrgeiz, ein nationales Bühnenwerk zu schaffen, und das Entzücken über die Góralen ließen Szymanowskis einziges Ballett entstehen – *Harnasie*. Ursprung war die Idee zu einem „Stücklein für das Theater", die Jarosław Iwaszkiewicz und Mieczysław Rytard 1921 äußerten. Zwei Jahre später, nach Rytards malerischer Hochzeit mit der Góralin Helena Roj, überredeten die Freunde Szymanowski, eine „Góralenhochzeit" zu komponieren. Hätte er diesen Gedanken aufgegriffen, so hätte er sich in der Gesellschaft Strawinskys befunden, der im selben Jahr 1923 *Les Noces* komponierte. Er hätte auch eine beträchtliche Zahl von Hochzeiten vermehrt, die in den 1920er Jahren in polnischen Theatern inszeniert wurden, als die szenische Darstellung von Volksbräuchen in Mode kam. Zwar steht im Mittelpunkt der Handlung von *Harnasie* eine Hochzeit, doch ist sie in eine eigene Dramaturgie eingebunden.

Eine junge Góralin, die mit einem wohlhabenden, jedoch ziemlich begriffsstutzigen Góralen verlobt ist, lernt den viel attraktiveren Harnaś kennen, der sie bei ihrer eigenen Hochzeit entführt. Das Motiv des legendären Räuberhauptmanns Janosik verleiht der Handlung Dramatik, während die Hochzeitsriten ein wirkungsvolles Bühnengeschehen ermöglicht. Die lyrische erste und die letzte Szene des Balletts spielen sich auf einer Bergwiese ab. Die zweite, dramatisch-handlungsorientierte Szene wird in einer Wirtschaft (oder auch in der Stube eines Góralenhauses) getanzt und gesungen. Szymanowski hatte auch einen komischen Handlungsfaden vorgesehen: Die verwitwete Wirtsfrau verliebt sich in den jungen Góralen, und als Harnaś ihm die frisch angetraute Braut entführt, nimmt sie bereitwillig deren Platz ein. Offensichtlich passte Frivolität aber nicht zu den damaligen Vorstellungen von einem

Harnasie

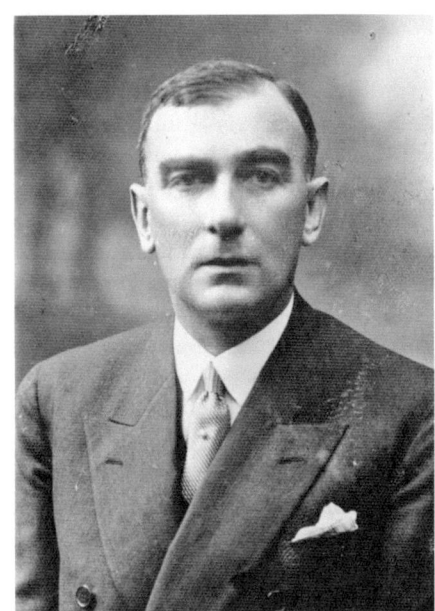

Abb. 7:
Karol Szymanowski
1923/24, als er schon
an sein Ballett *Harnasie*
dachte.

nationalen Ballett, denn auf Zureden seiner Freunde ließ sich Szymanowski dazu überreden, auf diese Episode zu verzichten.

Ähnlich wie bei *König Roger* war Szymanowski voller Begeisterung über das geplante Werk. Mit der Zeit erlahmte jedoch sein Eifer und die Hindernisse wuchsen. Erst im Spätherbst 1926 machte er sich an die Arbeit, die nur langsam voranging. Zehn Jahre nach dem ersten Gedanken war ein nicht ganz 40-minütiges Stück entstanden, das 1935 in Prag uraufgeführt wurde. Ein Jahr später war es in Paris zu sehen, mit Serge Lifar in der Rolle des Harnaś, die auf seinen Wunsch ausgebaut wurde. Das Publikum nahm das Ballett hervorragend auf, die französische Kritik mehr als gut, man sah in *Harnasie* eine effektvoll inszenierte Liebesgeschichte mit einem Triumph der Liebe im Finale. Gleich nach der Pariser Premiere interessierte sich die Hamburger Oper für das Werk und führte es im November 1937 auf, einige Monate nach dem Tod des Komponisten. Die Choreographie zum

Brautraub, wie *Harnasie* hier genannt wurde, hatte Helga Swedlund vorbereitet. Nach dem Krieg gab es außerhalb Polens lediglich eine Aufführung, und zwar 1957 in der Berliner Komischen Oper – mit zum Teil polnischen Künstlern. Das Werk ist heute nur in Polen beliebt, im Ausland wartet *Harnasie* noch auf seine Entdeckung.

Für einen Künstler, der die Neigung besaß, eher mosaikhaft Episoden aneinander zu reihen als symphonische Dramen mit langem Atem zu komponieren, war das Ballett eine ideale Gattung, da es viele kurze, miteinander kontrastierende Teile erlaubte. Es erforderte allerdings eine deutliche Rhythmik, zumindest von Zeit zu Zeit, was nicht zu Szymanowskis Stärken gehörte. Glücklicherweise ist der Podhale-Musik so viel Energie zu eigen, dass selbst er davon nicht unberührt blieb. Das erkannte auch Zdzisław Jachimecki, der nach der ersten Probe von *Harnasie* an seine Frau schrieb: „Die góralische Tanzrhythmik hat Karol gutgetan. Die Musik hat hier überwiegend große Kernigkeit und Geschlossenheit." (K 5, 100) Gelegentlich entfernt sie sich aber ziemlich von der Rolle, welche die Musik im traditionellen Ballett spielte, da sie eher Stimmungen heraufbeschwört als dass sie die Tänzer unterstützt. Und so erinnert ihr Klang zuweilen an den „rauschenden" Impressionismus, in anderen Augenblicken macht sie aufgrund des sehr dichten melodischen Materials den Eindruck eines äußerst beweglichen Clusters.

Die rhapsodische, notturnohafte Eingangsszene klingt, als hätten wir es mit einer programmatischen „Konzertouvertüre" *Redyk* (Almauftrieb im Frühjahr) mit vielerlei Klangmalerei zu tun. Das Oboensolo lässt an einen auf der Flöte spielenden Hirten denken, vor allem wenn es eine Melodie intoniert, die ganz deutlich die Podhale-Folklore aufgreift. Ähnlich „auf Góralenart" hat Szymanowski die Partien der übrigen Bläser komponiert. Wenn sich ihnen die Streicher anschließen, so klingen sie zunächst so wie in seinen anderen Orchesterwerken, doch langsam nehmen auch sie einen immer deutlicheren „Góralencharakter" an. So kommt es zu einer spannenden Synthese von „Góralenstil" und „Szymanowskistil" (*szymanowszczyzna*), wie die Art seiner Musik zu Szymanowskis Lebzeiten von seinen Verächtern abschätzig genannt wurde. Die Alpenglocken sind eine naheliegende Anspielung auf die Schafglocken. Die Solotrompete ist, dem vom Komponisten geschriebenen Programm zufolge, „Juhas mit der Trembita" (eine Naturtrompete der Karpatenregion), und das Geigensolo am Ende erläutert er folgendermaßen: „Der alte Musikant schlägt mit seinem Fuß den Takt und spielt eine tänzerische Melodie". Angeregt wurde er hierzu von Bartuś Obrochta, dem bereits beschriebenen Virtuosen aus Zakopane.

Nach einer Szene kurzen Schäkerns des Bräutigams und der Braut kommen die Karpatenräuber (*zbójnicy*) auf die Bühne, also die *harnasie*. Der Solist singt den Chałubiński-Marsch, das Orchester spielt immer marschartiger, doch wenn man als Zuhörer versuchen wollte, zu dieser Musik zu marschieren, so hätte man arge Schwierigkeiten, denn der 2/4-Takt wird immer wieder von einem 3/4-Takt durchbrochen. In der folgenden Szene erreicht die Musik ihren emotionalen Höhepunkt in dem für Szymanowski typischen Stil, passend zur wachsenden Leidenschaft zwischen Harnaś und der jungen Góralin. Der nächste Wendepunkt der Handlung beginnt mit dem „Räubertanz" auf die bekannteste Góralenmelodie des Karpatenvorlands, die man in ganz Polen kennt (*W murowanej piwnicy tańcowali zbójnicy*). Der alte Musikant kehrt zurück, und die junge Frau folgt ihm zögernd ins Dorf.

Im zweiten Bild wartet der Chor auf die Braut, die zentrale Person des Ritus. Die „Zeremonie, der Braut die Haube aufzusetzen", geht einher mit einem Kaleidoskop lyrischer Melodien, da dieser zentrale Hochzeitsritus in der Vergangenheit den Abschied der Braut vom sorglosen Jungfrauendasein und den Beginn der verantwortlichen Rolle als Gattin und Hausfrau bedeutete. Erst danach begann das eigentliche Vergnügen, und genau so kommt es in *Harnasie*. Ein Chor der Tenöre begleitet den Einzug der jungen Góralen, deren Tanz mit einem kurzen Vokalsolo beginnt, denn in der polnischen Volksmusik, auch in der Karpatenregion, geht dem Tanzvergnügen der Hochzeitsgäste stets ein kurzes Lied voraus. Die Musik bezieht sich ganz offensichtlich auf den Klang der Góralenkapellen, mit den für diese typischen wiederholten Quinten. Aus den Zitaten und Stilisierungen der Podhale-

Melodien entsteht ein Kaleidoskop von Motiven, die einander so schnell folgen, dass sie eine in Szymanowskis Musik davor und danach unbekannte Vitalität entwickeln.

„Karol war wieder auf einer Góralenhochzeit", schrieb Anna Iwaszkiewicz im Mai 1923 an ihren Mann, „er hat mir mit Begeisterung davon erzählt, besonders schwärmte er vom Anblick einer Rauferei von Góralen auf der Wiese vor dem Haus; anscheinend sah diese ineinander verknäulte Menschenmenge mit ihren weißen Hosen geradezu unglaublich aus, wie sie mit ihren *ciupagy* [axtförmige Bergstöcke] vor dem Hintergrund der grünen Wiese und der mondbeschienenen Berge herumwedelten". (K 2, 578) In *Harnasie* wird diese Situation zu einer weiteren Szene – „Überfall der *Harnasie* und Entführung der Braut". Szymanowski schrieb in die Partitur: „Ein wildes Räuberlied erschallt", der Chor bringt aber deutliche Ordnung in die Musik und nach dem vitalen Góralentanz erinnert der Effekt eher an die „gepflegten" Bacchanalien in *König Roger*; es ist Sache von Dirigent und Choreograph, ob die kurze Auseinandersetzung der Góralen mit den Räubern die erwünschte Wildheit erzeugt.

Die Harnasie verschwinden und entführen die Braut – natürlich mit deren Einverständnis. Die möglichen Beteiligten an einem für derlei Werke typischen Massenfinale haben sich zerlaufen. So wie in *König Roger* ist das Finale somit kameral. Der Tenor singt im Duett mit der Violine ein Solo, denn der Alte Musikant kommt zurück, allenfalls kann man noch verliebte Paare auf der Bühne erwarten. Kaum verwunderlich also, dass die ersten Zuschauer *Harnasie* als romantische Liebesgeschichte auffassten, allerdings in exotischem Umfeld und vor dem malerischen Hintergrund des „kleinsten Hochgebirges".

„Der Debussy der Geige"

„Seine Kompositionen für die Geige erzeugen zum Beispiel unerwartete neue Standards des Geigenspiels, was einen enormen Fortschritt für das Repertoire dieses Instruments bedeutet. Es

„Der Debussy der Geige"

ist nicht zu viel gesagt, dass seit Paganini kein Komponist die Geigentechnik so subversiv beeinflusst hat wie Szymanowski. Er war auf diesem Gebiet genauso ein Pionier wie Debussy es für das Klavier war", schrieb Hans Heinz Stuckenschmidt ein Jahr nach dem Tod des Komponisten. (Stuckenschmidt 1938, 39) Einige Jahre zuvor hatte Bronisław Huberman als erster Szymanowski den „Debussy der Geige" genannt. Der Komponist war sich seiner Leistung bewusst. „In einigen Werken für Violine und Klavier (…) habe ich mich bemüht, einen neuen Geigenstil zu finden, der sich von den beiden sakrosankten Stilen der virtuosen Musik und der Kammermusik unterscheidet, eine neue Ausdrucksform, die der modernen Musik besser entspricht. Dies war wohl ein Erfolg" (K 3, 50), stellte er 1924 fest. Dieser Erfolg hatte zwei Väter, da er aus der Verbindung von Paweł Kochańskis tiefer Kenntnis der Violine mit Szymanowskis Erfindungsgabe entstand. Gemeinsam beförderten sie die Geigenkunst des 20. Jahrhunderts auf eine neue Entwicklungsstufe.

Ehe es dazu kam, hatte Szymanowski konventionell, wenn auch erfolgreich komponiert. 1903 schrieb er seine *Violinsonate d-Moll*. Viele Jahre später äußerte er sich abschätzig über dieses Jugendwerk, doch war es das erste, das viele Interpreten fand, was kaum wundert, da es ein wirkungsvolles Werk voll von spätromantischem Pathos ist und keine größeren Schwierigkeiten enthält. Auf ihre Uraufführung – die sie Paweł Kochański und Arthur Rubinstein verdankte – musste die Sonate allerdings bis April 1909 warten. Erstmals eingespielt wurde sie 1954 von David Oistrach und Wladimir Jampolski. Die Schallplatte enthielt auch die Sonate César Francks – zu Recht, da die Ähnlichkeit beider Werke auf der Hand liegt.

1907 und 1908 beschloss Szymanowski, die Grundlagen des Geigenspiels persönlich kennenzulernen, aber für die Besonderheit seiner später entstandenen Violinmusik war seine Zusammenarbeit mit Kochański verantwortlich. Den Anfang machten ihre beiden um 1909 geschriebenen Miniaturen – das lyrische *Morgengrauen* (Świt) sowie der *Wilde Tanz* (Dziki taniec). Kochański komponierte hier jeweils die Geigenstimme, Szymanowski den Klavierpart (sie wurden viele Jahre später in Amerika unter dem Namen Kochański veröffentlicht, da Szymanowski damals durch einen Exklusivvertrag an die UE gebunden war). Im Herbst 1910 griff Szymanowski auf die dank Kochański gewonnene Erfahrung zurück (hierauf verweist die Vorliebe für das hohe Register und die große Zahl an Doppelgriffen) und komponierte bereits eigenständig die *Romanze D-Dur für Violine und Klavier*. 1912 in Wien veröffentlicht, wurde sie rasch von vielen Geigern in ihr Repertoire aufgenommen.

Im Frühjahr und im Sommer 1915 entstanden fünf Werke für Violine und Klavier, die Szymanowskis Komponistenruhm begründeten: *Notturno*, *Tarantella*, *Die Quelle der Arethusa*, *Narziss* sowie *Dryaden und Pan*. Sie waren es, die ihm den Beinamen „der Debussy der Geige" verschafften, da die Musik ihre ungewöhnliche Stimmung und ihre Bildhaftigkeit der außerordentlichen Verschiedenheit der Spielarten verdankt und insgesamt in leisen Tönen und pastellartigen Klangfarben gehalten ist.

Anfang und Ende des *Notturnos* sind langsam und passen zum Titel, der geheimnisvolle „nächtliche" Klang entsteht durch Tremoli, Triller, Glissandi und die Verwendung des Dämpfers. Ungewöhnlich ist die lange, sechs Takte umfassende Sequenz der Geige in parallelen Quinten, mit der das Werk beginnt und endet (in den letzten Quintentakten mit doppelten Flageoletts); dies verlangt keine geringen Fertigkeiten, für die gerade Kochański bekannt war. Der Rhythmus des lebhaften Allegretto scherzando erinnert an eine Habanera, wobei der Pianist laut Noten „quasi mandolina" zu spielen hat. Kochański war Jahre zuvor mit riesigem Erfolg in Spanien aufgetreten und seine Begeisterung für die dortige Musik war so groß, dass er die Habanera aus Bizets *Carmen* sowie Werke von Albéniz und de Falla für Violine und Klavier bearbeitet hatte. Vielleicht hatte er also das *Notturno* angeregt?

Die *Tarantella* ist eines der wenigen schnellen Werke Szymanowskis. Geiger werden dabei vor allem an Henryk Wieniawskis *Scherzo-Tarantella* erinnert. Spiess sah in ihr eine Reminiszenz an ihre gemeinsame Sizilienreise und erwähnte junge Leute in Taormina, die eine Tarantella tanzten. August Iwański vermutete, dass die Anregung „die ausgezeichnete Laune war, in die Szymanowski und Kochański durch eine Flasche besten

Cognacs versetzt wurden, den die ungezwungenen Gäste aus dem Schrank des abwesenden Hausherrn hervorzogen".[4] Es deutet vieles darauf hin, dass Iwański, dem Szymanowski die *Tarantella* widmete, die Flasche gefunden hatte.

Notturno und Tarantella wurden erstmals 1916 von Kochański und Szymanowski auf einem Wohltätigkeitskonzert aufgeführt. Verlegt auf eine für das Geigenrepertoire des 19. Jahrhunderts typische Weise, also als Kombination einer stimmungsvollen und einer anschließenden bravourösen Miniatur, wurden sie schnell zum meistverkauften Werk Szymanowskis und später auch zum meisteingespielten Werk. Seit 1937, als die erste Aufnahme von *Notturno und Tarantella* mit Yehudi Menuhin erschien, kamen immer wieder neue hinzu, und 50 Jahre nach dem Tod des Komponisten gab es schon 22. In Sachen Beliebtheit können damit allenfalls noch die *Mythen* konkurrieren, die Szymanowski in einem Brief an den amerikanischen Geiger Robert Imandt folgendermaßen beschrieb:

> Das soll kein Drama sein, das sich in aufeinanderfolgenden Szenen abspielt und von denen (jede) eine anekdotische Bedeutung hat, sondern es ist vielmehr der komplexe musikalische Ausdruck des durch seine Schönheit mitreißenden Mythos. Die wichtigste „Stimmung" des „fließenden Wassers" in Arethusa, des „stehenden Wassers" im Narziss (die unbewegliche und durchsichtige Wasseroberfläche), des Wassers, in dem sich die Schönheit des (Ephebien) Narziss widerspiegelt – dies sind die Hauptlinien des Werks, wobei ich zu einer größtmöglichen Freiheit der Eingebung bei Interpreten mit Talent neige, woran ich in Ihrem Fall nicht zweifele. (K 2, 672)

Die größte Beliebtheit erlangte *Die Quelle der Arethusa*. Wie in Ovids *Metamorphosen* zu lesen, wird die Nymphe Arethusa auf ihrer

---

4 Bei dem abwesenden Hausherrn handelte es sich um Józef Jaroszyński, den Besitzer von Zarudzie, wo Szymanowski, Kochański mit Frau und Iwański 1915 zu Besuch waren.

Flucht vor dem aufdringlichen Flussgott Alpheios von Artemis in eine Quelle verwandelt; der Legende nach befindet sie sich in der Nähe von Syrakus. Von den ersten Takten an ahmt das Klavier das Plätschern des Wassers nach und bildet den Hintergrund für eine der schönsten von Szymanowski komponierten Melodien.

Am leichtesten für Geiger ist *Narziss*. Nach Ovid entbrannte dieser schöne Jüngling in Liebe zu sich selbst und starb, da er den Blick nicht von seinem eigenen Antlitz lösen konnte. Die verträumte Geigenkantilene gelangt in zwei kleinen Höhepunkten zu einem intensiveren Ausdruck, was je nach Interpretation mehr oder weniger ekstatisch klingt und sogar an den alten, romantischen Szymanowski erinnern kann.

Der letzte Teil des Triptychons, *Die Dryaden und Pan*, ist der abwechslungsreichste, zugleich aber auch der am schwersten zu spielende. Als einziger hat er ein Programm, das Szymanowski in dem bereits zitierten Brief an Imandt so beschreibt:

> In den Dryaden kann man sich einen Inhalt im anekdotischen Sinn denken. Also Waldesrauschen in einer heißen Sommernacht, tausenderlei geheimnisvoller Stimmen, die sich in der Dunkelheit vermischen – die Spiele und Tänze der Dryaden. Plötzlich der Klang der Flöte Pans. Stille und Unruhe. Eine stimmungsvolle, verträumte Melodie. Pan erscheint, die auf unbestimmte Weise ausgedrückte Furcht der Dryaden – Pan entfernt sich in Sprüngen – der Tanz beginnt auf's Neue – dann beruhigt sich alles in der Frische und Stille der anbrechenden Morgenröte. Insgesamt ein musikalischer Ausdruck vollkommener Träumerei und Unruhe einer Sommernacht. (K 2, 672)

Ähnlich berichtete Kochański von diesem Programm, der nur noch das Quaken der Frösche hinzufügt, das gleich zu Beginn durch Vierteltöne nachgeahmt wird – die in diesem Werk erstmals in der Violinliteratur verwendet und notiert werden. Die hypnotische Phrase für Sologeige, die der Komponist in den Noten als „Flöte des Pan" gekennzeichnet hat, wird mit komplizierten und nicht leicht zu artikulierenden Flageoletts gespielt (sie werden erzielt, indem die Saiten leicht berührt, nicht niedergedrückt werden wie beim normalen Spiel). Am Ende folgt eine Ansammlung unkonventioneller Klänge, da der Solist Triller mit Doppelgriffen, Tremoli, Glissandi, Flageoletts und Vierteltöne ausführt, außerdem mit und ohne Dämpfer sowie mit der linken Hand pizzicato spielt.

Paweł Kochański war für sein außergewöhnlich lyrisches Spiel und den überaus schönen Ton bekannt; Carl Flesch hielt die „captivating sweetness" für das frappierendste Merkmal seines Spiels. Diese Vorzüge waren für Szymanowski eine unschätzbare Anregung; durch die Symbiose von Virtuose und Komponist schufen sie daraus einen ungewöhnlichen Stil. Die in den *Mythen* verwendete Spielweise war seit Paganinis *Capricen* bekannt, doch Szymanowski verwendete sie weder dazu, um Bravourstücke zu schreiben, noch wollte er romantisches Pathos erzeugen, sondern er schuf eine ungemein reiche Palette subtiler Klangfarben – weshalb diese Werke oft mit dem Impressionismus in Verbindung gebracht werden.

Die ungewöhnliche Stimmung wird durch gewissermaßen unwirkliche Töne erzeugt, Flageoletts und mit dem Dämpfer gespielte Phrasen – der Dämpfer lässt den Klang irgendwie nebelig, melancholisch werden. Eine andere Klangfarbe bringt das Pizzicato, das zwar seit alters her verbreitet ist, allerdings mit der rechten Hand gespielt, während Kochański Szymanowski das seltene, mit der linken Hand gerissene Pizzicato empfahl, das einen zarteren Klang erzeugt (und bei raschem Tempo leichter auszuführen ist). Der satte Klang erlaubt es, mit Tönen das Wasser auszumalen, den Eindruck beweglicher Klangbänder oder -flecken zu erwecken. Er entsteht durch das Tremolo-Spiel, also die rasche Wiederholung eines Tons oder mehrerer Töne. In den *Mythen* sind die Tremoli häufig und sehr verschieden; eine Neuigkeit waren zweitönige Tremoli in sehr kleinen rhythmischen Werten, die für den Geiger schwer zu spielen sind, aber einen Effekt haben, der täuschend ähnlich wie Wasserrauschen klingt. Der Verdichtung des Klangs und zugleich der Verstärkung des Ausdrucks dienen die Doppelgriff-Läufe, wobei einer der Töne mit Trillern oder Tremoli verziert ist.

Vergleichbar ist der Klavierpart gehalten, der ebenfalls von tönenden Farbfeldern wimmelt und so anspruchsvoll ist, dass es ungerecht wäre, ihn lediglich als Begleitung zu bezeichnen.

In den älteren Virtuosenstücken werden halsbrecherische Figuren und untypische Spielweisen meist vielfach vom Geiger wiederholt, was seine Künste noch wirkungsvoller in Szene setzen soll. In den *Mythen* ist es anders, da sie nicht Ziel, sondern Mittel sind – für ein Ziel, das ein Kaleidoskop sich ständig verändernder Farben und Klänge ist. Manchmal werden sie gleichzeitig eingesetzt – zum Beispiel Glissandi mit Trillern (eine damals kaum bekannte Neuheit), meistens folgen sie jedoch direkt aufeinander.

Die arabeske Kantilene bewegt sich oft im höchsten Register; auf der E-Saite gespielt, klingt sie wie träumerischer Gesang. Die Kombination der ungewöhnlichen Melodie mit der Harmonie führt zu einem bezaubernden Ausdruck, der eine umfangreiche Skala emotionaler Schattierungen umfasst, von Lyrizismus bis zu Ekstase. „Wenn sie richtig gespielt wird, macht diese Komposition großen Eindruck, weil sie so voller emotionaler Effekte ist", meinte Kochański. (Downes 2015, 264) Die ungewöhnlichen Klänge verbinden sich zu einer raffinierten, alles andere als tonalen Harmonie. Ermöglicht wurde dies durch die Fähigkeiten Kochańskis, der mit Leichtigkeit selbst die schwierigsten Doppelgriffe spielte. Im romantischen Repertoire bestehen Doppelgriff-Läufe meistens aus parallelen Terzen, Sexten und Oktaven, während in den *Mythen* auch andere Intervalle auftreten. In *Die Dryaden und Pan* ist ihre Vielfalt außergewöhnlich, sie reichen von Vierteltonintervallen bis hin zu Oktaven.

Szymanowski widmete die *Mythen* Zofia Kochańska, und gut zehn Jahre nach ihrem Entstehen vertraute er ihr an: „Ohne sein [Pawels] direktes Einwirken hätte ich nicht nur nicht für die Geige schreiben können, sondern auch wollen. (…) Wozu hier um den heißen Brei herumreden. Paweł und ich haben mit den *Mythen* und den Konzerten einen neuen Stil, einen neuen Ausdruck des Violinspiels geschaffen, etwas in dieser Hinsicht völlig Epochales." (K 6, 113) Diese Werke waren zwar „im neuen Stil" geschrieben, wurden aber rasch populär. Dies verdankten sie nicht nur ihrer musikalischen Attraktivität, sondern auch der hervorragenden Redaktion durch Kochański. Bei der Ausarbeitung des Fingersatzes achtete er darauf, dass diese Werke selbst in den schwierigsten Passagen gut zu spielen waren, auch wenn sie es erforderten, die Hände an etwas andere Haltungen zu gewöhnen als in der romantischen Musik. Carl Flesch stellte die *Mythen* über alle anderen Werke dieser Zeit, ähnlich hoch schätzte sie George Enescu. Zu Beginn der 1930er Jahre wollte der damals noch junge Roman Totenberg bei Enescu vorspielen, und danach gefragt, was er spielen wolle, schlug er *Die Quelle der Arethusa* vor. Enescu bot an, ihn zu begleiten. „Schade, dass ich kein Exemplar mit dem Klavierpart mitgenommen habe", reagierte Totenberg, bekam aber zu hören: „Es gibt bestimmte Werke, die man auswendig kann."[5]

Im Winter und Frühjahr 1918 schrieb Szymanowski die *Drei Paganini-Capricen* op. 40 für Violine und Klavier in Zusammenarbeit mit einem anderen Geiger, Wiktor Goldfeld, den er kurz zuvor in Jelisawetgrad kennengelernt hatte. Sie waren im Dezember 1917 gemeinsam aufgetreten und beschlossen nach diesem Konzert in der Absicht weiterer gemeinsamer Auftritte, die Capricen zu arrangieren – genau ein Jahrhundert, nachdem Paganini sie veröffentlicht hatte. Sie spielten sie im April 1918, doch danach trennten sich ihre Wege für immer. Die Werke sind Paraphrasen der Capricen Nr. 20 D-Dur, Nr. 21 A-Dur sowie des berühmtesten in diesem Zyklus, des Themas mit Variationen Nr. 24 a-Moll. Die erste Caprice ist dem Original in der Geigenpartie am nächsten, doch die Hinzufügung des Klaviers macht es zur romantischen Miniatur. In der zweiten, kürzesten gibt es die meisten Veränderungen. In der wirkungsvollsten dritten erreichte Szymanowski im Finale die größte Freiheit, während er die Geigenstimme etwas vereinfachte.

---

5   Diese Episode erzählte Totenberg seinem Schüler Marcin Markowicz, der sie mir im Sommer 2014 anvertraute. Nota bene: Das mag sehr wirkungsvoll klingen, doch Enescu war für sein phänomenales fotografisches Gedächtnis bekannt und so war dies für ihn absolut nichts Besonderes.

Szymanowski trug sich mit der Absicht, weitere Capricen zu bearbeiten, dachte auch an eine weitere Sonate, doch für Violine und Klavier schuf er nur noch eine Miniatur. Im Juli 1925 war er gemeinsam mit den Kochańskis Gast von Dorothy Jordan-Robinson. Sie wohnten in einer Villa, deren Name zum Titel des Werks wurde: *La Berceuse d'Aïtacho Enia*. Das Haus befand sich in dem damals modischen Ferienort Saint-Jean-de-Luz am Atlantik, unweit des Orts, wo Maurice Ravel geboren wurde und wohin er im Sommer gerne fuhr. Vermutlich deshalb die Anspielung auf seine Musik in Szymanowskis Wiegenlied – eine Paraphrase von *Le Gibet* (Nr. 2 aus *Gaspard de la Nuit*), das im Jahr 1908 genau in Saint-Jean-de-Luz entstanden war.[6] Für den an Szymanowskis Musik gewohnten Hörer klingt die *Berceuse* fast asketisch.

Zu den 75 bis 80 Minuten Originalmusik für Violine und Klavier kann man noch drei Transkriptionen für diese Besetzung hinzufügen. Die erste stammt von Paweł Kochański, der 1926 *Roxanes Lied* bearbeitete. Die beiden weiteren entstanden bei Ferienaufenthalten, die Szymanowski mit Kochański 1931 im schweizerischen Zuoz verbrachte. Gemeinsam fertigten sie damals Transkriptionen des vitalen Tanzes aus *Harnasie* und des melancholischen Lieds *Zarżyjże koniu* aus Kurpie an.

Die Violinkonzerte

Der Sommer 1916 zeitigte ein weiteres, meisterliches Ergebnis der Zusammenarbeit mit Kochański – das *1. Violinkonzert*. Es wurde im August innerhalb von gerade einmal 12 Tagen skizziert, als einsätziges Poem mit Solovioline, das den früheren Orchesterwerken Szymanowskis kaum ähnelte und deutliche Verwandtschaft zum *Notturno* und zu den *Mythen* aufweist. Angeblich war das Gedicht *Mainacht* (Majowa noc) seines damaligen Lieblingsdichters Tadeusz Miciński die Anregung hierfür, was glaubhaft ist, da das Konzert

---

6 Hierauf hat mich der Geiger und Pianist Kolja Lessing aufmerksam gemacht.

mit Notturno-Musik beginnt und endet und die Bläser über dem begleitenden Rauschen der Streichinstrumente „Vogelmotive" spielen.

Die Solovioline ist nicht so pastellfarben wie in den *Mythen*, doch in dieser Besetzung ermöglicht das Orchester ein Kaleidoskop ungewöhnlicher Klänge, vor allem wenn es Instrumente mit so charakteristischem Klang gibt wie Celesta oder auch Harfe, auf der man ähnlich wie auf der Geige Flageoletts spielen kann. Auf der breiten Palette der Stimmungen überwiegt der Lyrizismus, obwohl man einen Moment lang aus der Ferne einen dekadenten Walzer zu hören meint und in den Spielanweisungen immer wieder die Empfehlung *dolcissimo* auftaucht, also „so süß wie möglich". Die biegsame, ornamentierte Melodie der Solovioline wird zeitweise ekstatisch – und zwar so suggestiv, dass sie lange beim Hörer nachhallt.

Die Uraufführung des Konzerts war, natürlich unter Beteiligung von Kochański, in Petrograd für Anfang 1917 vorgesehen, doch dazu kam es nicht. Erstmals erklang das Werk 1922 in Warschau, gespielt von József Oziminski, dem Konzertmeister der Philharmonie und Kochańskis Nachfolger in diesem Amt. Kochański selbst führte es erst 1924 mit Leopold Stokowski in Philadelphia und New York auf. In den folgenden Jahren nahmen weitere Geiger das Konzert in ihr Repertoire auf, zu einem großen Bewunderer wurde Bronisław Huberman, der es mehr als zehn Mal spielte, u. a. in Wien und Berlin. Er stellte rasch fest, dass die Besetzung unpraktisch ist, da sie das Engagement zusätzlicher Musiker erfordert, und so verringerte auf seine Anregung hin und in Abstimmung mit Szymanowski Erwin Stein die Besetzung ein wenig – die Universal Edition hat auch diese Version seit einiger Zeit im Programm. Huberman war ein Star, der Menschenscharen in die Konzerte zog, weshalb seine Rolle für die Karriere von Szymanowskis Musik unschätzbar war. Er stand in engem Kontakt zum Komponisten, und sie spielten gelegentlich gemeinsam die *Mythen*. Dabei handelte es sich allerdings nicht um eine künstlerische Vertrautheit wie zwischen Szymanowski und Kochański. Denn nur dieser konnte ihn zur Arbeit anregen und mobilisieren, was ihm noch einmal gelingen sollte, so dass das 2. *Violinkonzert* entstand.

Anfang 1932 trennte sich Szymanowski vom Konservatorium und spürte einen deutlichen Zuwachs an Schaffenskraft. Im März, als er erfuhr, dass die Kochańskis den Sommer in Polen verbringen wollten, äußerte er die Hoffnung, dass „vielleicht eine neue Sonate auftauchen wird – noch eher gar ein zweites Konzert!" (K 7, 128) Die Lust auf die Zusammenarbeit mit dem Freund war auch bis zum Sommer nicht vergangen, und im August, innerhalb von knapp vier Wochen, entstand ein neues Konzert, zunächst wie gewöhnlich als Klavierskizze mit hineingeschriebenen Instrumentationshinweisen. Zur Instrumentation raffte sich Szymanowski im März des kommenden Jahres auf, doch diese von ihm ungeliebte Arbeit kostete ihn viel Zeit, so dass er die Partitur erst Anfang September fertigstellte. Kochański schrieb derweil die Kadenz.

So wie das erste ist auch das *2. Violinkonzert* ein rhapsodisches, einsätziges Werk. Der stimmungsvoll-lyrische Anfang könnte die Rückkehr zu dem von Szymanowski viele Jahre zuvor geprägten Stil ankündigen, doch schnell tritt ein Rhythmus in den Vordergrund, der den Charakter der Musik deutlich verändert. Die Harmonie ist einfacher und traditioneller, so wie auch die Themen. Der Stil des solistischen Spiels ist weniger wirkungsvoll als im ersten Konzert, das Orchester ist bescheidener. Dafür sind vielfach Motive zu hören, die Góralenmusik stilisieren und daran erinnern, dass das *2. Violinkonzert* in Zakopane entstand, in der Villa Atma.

Bei der Arbeit an diesem Werk waren beide Musiker ernsthaft krank. Szymanowski behandelte mit kläglichem Erfolg seine Tuberkulose, Kochański klagte über starke Schmerzen unklarer Herkunft. Als er am 6. Oktober 1933 das Konzert erstmals in Warschau spielte, war dies sein letzter öffentlicher Auftritt. Mitte Januar des folgenden Jahres starb er, ein Opfer des Krebses. Bei der Drucklegung der von Kochański ausgearbeiteten Partitur musste Szymanowski die Widmung ändern: „À la mémoire du Grand Musicien, mon cher et inoubliable Ami, Paul Kochański".

Die Streichquartette

Im Spätsommer 1917 benachrichtigte Szymanowski Paweł Kochański, dass er ein Streichquartett schreibe. Der Geiger nahm dies mit Genugtuung zur Kenntnis und schrieb dem Freund: „Erinnerst Du Dich, wie wenig Du Quartette mochtest und sagtest, dass Dich dies nicht befriedige, dass es in ihnen zu wenig Klang gebe?" (K 1, 506) Er ermunterte ihn zur Arbeit und versicherte ihm, er habe die Geige gut genug kennengelernt, um sich an diese Besetzung zu trauen. An seinem neuen Werk arbeitete Szymanowski in Tymoszówka und später in Jelisawetgrad, unter den immer dramatischeren Umständen revolutionärer Unruhe. „Ich habe nichts anderes zu tun", vertraute er Spiess an. „Auf diese Weise beschäftige ich meinen Geist einige Stunden am Tag mit etwas anderem, was mir moralisch gut tut." (K 1, 508)

Anfangs plante er ein klassisch viersätziges Quartett mit einer abschließenden Fuge. Im November meldete er Spiess, dass das Stück zu drei Vierteln fertig sei und er es beenden wolle, doch drei Wochen später müssen sich die äußeren Umstände so sehr verschlechtert haben, dass er in seinem nächsten Brief schrieb: „Der Mensch lebt nicht mehr von einem Tag auf den anderen, sondern von Stunde zu Stunde. (…) Diese Gewöhnung an katastrophale, andauernde Sensationen, so dass von einer langfristigeren Lebenslinie überhaupt keine Rede ist". (K 1, 517 f.) Vielleicht beschränkt sich das Werk aus diesem Grund auf drei Sätze – zwei lyrische und einen motorischen zum Abschluss, denn das Scherzo, das eigentlich an zweiter Stelle stehen sollte, rutschte schließlich ans Ende.

Die beiden ersten Sätze gehören in die Welt der *Mythen*, obwohl die relativ einfache Melodie der Variationen im 2. Satz (In modo d'una canzona) von deren poetischer Stimmung abweicht. Die aus Szymanowskis damaliger Musik bekannte Atmosphäre entsteht durch Tremoli, Figurationen in kleinen rhythmischen Werten, Glissandi, Spiel mit Dämpfer, Artikulation *sul tasto* (also das Spiel direkt über dem Griffbrett, das einen stilleren und sanfteren Ton erzeugt) sowie Flageoletts. Das erste Thema des Finales (Scherzando alla burlesca) bezieht sich auf das Fugato aus dem Scherzo von

Beethovens 5. *Symphonie* und beginnt imitatorisch, als wolle es die Verwandtschaft mit diesem Werk und mit der Tradition überhaupt noch hervorheben. Frappierend für die Interpreten ist allerdings, dass jede Stimme in einer anderen Tonart notiert ist: A-Dur, Fis-Dur, Es-Dur und C-Dur. Dieses Experiment war zu dieser Zeit zwar sehr radikal, sieht aber moderner aus als es klingt, da die Grundlage dieser Polytonalität ein auf kleinen Terzen (c, es, fis, a) aufgebauter Vierklang ist. Die Harmonie der vier klingt somit sanft, fast konsonierend. Das Ganze endet dann so einfach wie möglich – in C-Dur.

Zehn Jahre später schrieb Szymanowski noch ein weiteres Stück für diese Besetzung. Beide Quartette darf man gewissermaßen als „Wettbewerbsstücke" bezeichnen. Für das erste erhielt Szymanowski im Januar 1923 den Hauptpreis beim Wettbewerb des Ministeriums für Religiöse Bekenntnisse und Öffentliche Bildung in Warschau; bemerkenswert ist, dass er behauptete, das Werk sei ohne sein Wissen eingereicht worden. Das zehn Jahre nach dem ersten geschriebene *2. Streichquartett* entstand als Reaktion auf einen Wettbewerb, den im Sommer 1927 die Musical Fund Society in Philadelphia ausschrieb. „Zosieńko..., was für ein Genuss wäre es, auch nur diese letzten 2000 $ zu bekommen!!" (K 4, 176), erging er sich in einem Brief, den er der fertigen Partitur des Quartetts an seine Freundin beilegte und sie bat, diese aus New York einzureichen, damit niemand zufällig erführe, dass er an dem Wettbewerb teilnimmt. Zu Szymanowskis Bedauern wählte die Jury aus mehr als 600 eingereichten Werken Béla Bartóks *3. Streichquartett* und Alfredo Casellas *Serenade für fünf Instrumente* aus, denen beiden der Hauptpreis zugesprochen wurde, während sich den zweiten der Engländer H. Waldo Warner und der Italiener Carlo Jachino teilten – unter ihnen wurden die 10.000 Dollar aufgeteilt, die als Preisgeld vorgesehen waren, die höchste Summe, die dieser Wettbewerb bis dahin für ein Kammermusikwerk ausgelobt hatte.

So wie sein Vorgänger besteht auch das *2. Streichquartett* aus drei Sätzen, diesmal mit Sonate, Rondo sowie Variationen und Fuge – sogar einer Doppelfuge. Der erste Satz erinnert wieder an die „Welt der *Mythen*", die beiden nächsten lassen daran denken, dass Szymanowski in dieser Zeit mit großer Begeisterung dem Spiel der

Góralen lauschte. Die letzten Takte klingen fast wie die Stilisierung einer Podhale-Kapelle.

„Das Lied von der Nacht"

Im Sommer 1914, direkt nach der Rückkehr von der Reise mit Stefan Spiess, die sie bis nach Algier und Tunesien geführt hatte, begab sich Szymanowski über Paris nach London. Gerade war dort das Buch des 30-jährigen englischen Diplomaten Harry Luke *The City of the Dancing Dervishes*[7] erschienen, das Szymanowski sicher in die Hände fiel. Es könnte auch Gesprächsgegenstand im Salon der Drapers gewesen sein: Dafür sprechen nicht nur das damalige Interesse für die mystischen Strömungen des Islams in den künstlerischen Kreisen Londons, sondern auch die frischen Erinnerungen Szymanowskis und seine „persischen" *Hafis Liebeslieder*, die Draper im Juni mit Arthur Rubinstein als Partner aufführte. Nach der Rückkehr aus London nach Tymoszówka nahm Szymanowski sie sich wieder vor, ergänzte sie um weitere Lieder und orchestrierte sie, außerdem verwendete er das Gedicht eines weiteren persischen Dichters und Mystikers des 13. Jahrhunderts – Dschalāl ad-Dīn Muhammad ar-Rūmī – gewiss unter Einfluss von Lukes Buch oder der dadurch angeregten Gespräche über die Sufi-Zeremonie, mit der jedes Jahr in Anatolien an den Tod des geistigen Patrons des Ordens der tanzenden Derwische erinnert wird.

Anfang des 19. Jahrhunderts hatte Joseph von Hammer Rumis Lyrik relativ frei ins Deutsche übertragen. Viel später übersetzte Tadeusz Miciński diese Paraphrasen ebenso frei ins Polnische, und diesen Text wählte Szymanowski, als er ein Werk für Orchester, Gesangssolo und – erstmals – Chor skizzierte.[8] Im Dezember begann

7 Harry Charles Lukach, The City of Dancing Dervishes and other sketches and studies from the Near East. London 1914.
8 Damit endeten die „dichterischen Variationen" auf Rumi nicht: Als in Wien in den 1920er Jahren die *3. Symphonie* erschien, wurde hier ein Text von Hans Bethge abgedruckt, eine Übersetzung von Micińskis Version mit Änderungen, die Szymanowski eingearbeitet hatte, um der Melodie gerecht zu werden.

er mit der Orchestrierung des neuen Werks, ließ sie aber bald darauf liegen. Gehindert wurde er zunächst vom ausufernden geselligen Leben in Kiew und später von der Arbeit an anderen Werken – den *Mythen*, dem *1. Violinkonzert*, den *Metopen* und den *Masken* für Klavier sowie den *Liedern einer Märchenprinzessin*.

Es ist unklar, ob er zu seiner „sufitischen Symphonie" zurückgekehrt wäre, hätte er sich nicht in Petrograd aufgehalten, wo 1916 Alexander Siloti erklärte, sie gerne aufführen zu wollen. Durch diese Aussichten mobilisiert, informierte er bald darauf den Dirigenten: „Die Symphonie dauert 20–22 min. und man könnte sie eine symphonische Dichtung nennen. (Sie hat einen zweiten Titel ‚Chant de la Nuit'). Doch da ich eine organische Abscheu gegenüber symphonischen Dichtungen hege (als Titel) – so möge sie besser eine Symphonie bleiben (in der Reihenfolge die dritte)." (K 1, 473) Tatsächlich war das neue Werk einsätzig wie eine symphonische Dichtung. Es besteht aber aus drei deutlich verschiedenen Abschnitten: langsam – quasi-scherzando (vielleicht auch quasi-tänzerisch) – langsam.

„Das Tenorsolo in der Symph. hat sehr große Bedeutung und dauert etwas weniger als die Hälfte der Aufführungsdauer der ganzen Symphonie. Ich denke, dass dies für den Sänger sehr dankbares Material ist; es ist eher melodisch als deklamatorisch und erfordert eine relativ große und schöne Stimme mit lyrischer Färbung", erklärte der Komponist Siloti. „Der Chor ist mit Ausnahme der Anfangspartie, wo er eine sehr wichtige Rolle hat, eher episodisch; der Stil eher harmon.[isch] als polyphon.[isch]; an einigen Stellen ohne verbalen Text". (K 1, 473) Unter den Bedingungen des realen Konzertlebens stellen sich der Solist und mehr noch der Chor aber als Problem heraus. Während der Uraufführung am 24. Oktober 1921 in London vertraute Albert Coates die Partie des Solisten dem Violoncello an und ersetzte den Chor durch die Orgel. Drei Jahre später in Warschau führte Grzegorz Fitelberg die Symphonie mit einem Tenor auf, doch erneut ließ er den Chor durch die Orgel spielen. Das erste Mal erklang die *3. Symphonie* mit Gesangssolo und Chor erst vier Jahre später in Lemberg, obschon die Tenorpartie dabei von der Sopranistin Stanisława Szymanowska gesungen wurde. Im selben

Jahr 1928 führte Fitelberg die *3. Symphonie* in Buenos Aires auf, und Leopold Stokowski spielte sie in New York – jedes Mal ohne Chor.

Die Anregung zur Verwendung des Chors sahen viele Kommentatoren in der Vision des dionysischen Gefolges aus Friedrich Nietzsches *Die Geburt der Tragödie*. Schon der Titel lässt an Gustav Mahlers *Lied von der Erde* denken (Szymanowski war von der *8. Symphonie* Mahlers begeistert, als er sie 1912 in Wien hörte). Der Gedanke an eine vokal-instrumentale Symphonie und die Verwendung exotischer Dichtung – beim *Lied von der Erde* sind es chinesische, beim *Lied von der Nacht* persische Gedichte – vergrößert vielleicht die Verwandtschaft dieser Symphonie mit Mahler, doch die Faszination für Exotik war Teil des Zeitgeistes. Das Motiv der Nacht kehrt in einigen Werken Szymanowskis wieder, die damals entstanden, etwa im *Notturno* für Violine und Klavier sowie in Miciński Gedicht *Mainacht*, der Inspiration für das *1. Violinkonzert*. Die Nacht regte seinerzeit aber viele Künstler an. Bezeichnenderweise interessierte sich Szymanowski ausgesprochen für die Astronomie; Spiess erinnerte sich, wie sie 1909 in Florenz den Halleyschen Kometen betrachteten und sein Freund nach dem Studium astronomischer Lehrbücher die Position des Kometen sehr genau beschrieb. Von seinen astronomischen Interessen konnte sich einige Jahre später seine Nichte überzeugen.

> „Warte, Kiciurko, schau mal...", sagte Wujcio [Onkel Karol]. Und so begann die erste Vorlesung über Astronomie. Wir standen auf der Kasprusie [eine Straße in Zakopane], die Köpfe nach oben gedreht, und schon wusste ich, wo der Große Wagen und der Polarstern sind. Später wiederholten sich diese Vorlesungen häufig, denn Wujcio begeisterte sich für Astronomie. Er las viele wissenschaftliche Bücher hierüber und wusste sehr viel auf diesem Gebiet. (Dąbrowska, 95)

Alle diese Anregungen – die kosmischen Mysterien Alexander Scriabins seien nicht vergessen! – dürften eine gewisse Rolle gespielt haben, doch für Rumis Gedicht sowie die hierzu geschriebene Musik ist der Hauptbezugspunkt die Zeremonie des Ordens der

Tanzenden Derwische, die auch „Maulana-Nacht" genannt wird und am 17. Dezember in der Ortschaft Konya im Süden der Türkei begangen wird, wo Rumi den Großteil seines Lebens verbrachte und starb.[9] Pilger und Ordensbrüder versammeln sich, um des Dichters Tod zu gedenken, doch nicht, um ihn zu beweinen. Denn dies ist keine Nacht der Klage und der Trauer, sondern die „Hochzeit des Maulana", also die Rückkehr des Dichters in den Zustand ewiger Harmonie und der Vereinigung mit dem Verehrten, mit Gott. Rumi hat gesagt, dass der Tod nichts beendet, sondern lediglich der Leib ins Grab steigt. Darum wünschte er sich nicht, dass man ihn verabschiede, sondern man solle in den Himmel blicken, wohin sein Herz fahre, um sich mit Gott zu vereinen.

Eine Schilderung des Beginns dieser „Nacht des Maulana" wären die ersten Takte der *3. Symphonie*, in denen an den physischen Tod des Dichter-Derwischs der dumpfe Klang des Tamtams erinnert, das seit dem 18. Jahrhundert symbolisch als Instrument des Todes dient (kurz zuvor hatte Richard Strauss es in dieser Rolle in seiner symphonischen Dichtung *Tod und Verklärung* eingesetzt). Höhepunkt der Zeremonie ist der ekstatische Tanz der Derwische, der das Kreisen des Kosmos nachahmt. In der Symphonie führen ihn das Orchester sowie der instrumental behandelte Chor aus, der „ach" singt oder mit geschlossenen Lippen summt. Die von der Klarinette gespielte Melodie ist die deutlichste Assoziation mit dem Orient in der *3. Symphonie*. Nach einer Generalpause vor den Worten des Tenorsolos „jak cicho" (wie still) beginnt das Finale, das den musikalischen und expressiven Kulminationspunkt des Werks bringt: Eine mystische Illumination, die das Geheimnis von Gott und Sein erhellt, eine ekstatische Verbindung des Dichters mit dem Verehrten, mit Gott, mit dem Kosmos.

Der Klang der *3. Symphonie* betört durch seine ungemeine Farbigkeit, was durch die Vielfalt der Instrumente im 100 Musiker umfassenden Orchester ermöglicht wird, die auf eine Art und

---

9 Das zehntägige, alljährlich stattfindende Festival gilt als eine der wichtigsten touristischen Attraktionen Anatoliens. Im Jahre 2008 nahm die UNESCO die Zeremonie auf die Liste des immateriellen Kulturerbes auf.

Weise verwendet werden, wie sie in Szymanowskis Zeit ungewöhnlich war. Anhänger des romantischen Ausdrucks lassen sich von der Ekstase des Werks mitreißen, die vom Geigen- und Vokalsolo über ein Crescendo des gewaltigen Ensembles steigt. Die Dramaturgie ist statisch, als würde die Musik von einer „farbigen" zu einer „ekstatischen" Phrase schwappen, in der die Raffinesse der Klangfarben in einem vernehmlichen *tutti* verschwindet.

Szymanowski war sich der Herausforderung bewusst (es gibt Seiten der Partitur, auf denen das Orchester auf 40 Systeme aufgeteilt ist) und fragte sich, ob das Orchester seine Erwartungen erfüllen würde. „Du hast keine Ahnung, was für eine Unruhe ich vor dem Hintergrund dieser Symph.[onie] empfinde", schrieb er im Herbst 1916 an Spiess. „Und gar nicht wegen ihrer event. Aufnahme durch Presse, Öffentlichkeit, Musiker – sondern hinsichtlich ihrer selbst. Manchmal habe ich den Eindruck, dass (…) es schrecklich klingen wird etc. etc. Diese Angst ist unglaublich quälend!" (K 1, 476) Es war jedoch das erste Orchesterwerk, dessen Instrumentierung er nicht mehr verbesserte.

Der verführerische Glanz des Orchesters

Der 3. *Symphonie* gingen die *Konzertouvertüre* und zwei Symphonien voraus, die heute als Repertoirekuriositäten aufgeführt werden, Jugendwerke eines bedeutenden Komponisten, zudem alle in zweiten Fassungen, nach Korrekturen. Denn Szymanowski, der nie einen Kurs in Instrumentation belegt hatte, lernte hier, verführt vom Glanz des Orchesterklanges, die Kunst des Orchestrierens, entweder nach der Methode der Nachahmung (vor allem der Partituren von Richard Strauss) oder von „trial and error" (bei der Verbesserung half ihm Grzegorz Fitelberg).

Er debütierte mit der virtuosen, durch ihren Klang betörenden *Konzertouvertüre E-Dur*. Versehen ist sie mit einem pathetischen Motto aus Tadeusz Micińskis Rhapsodie über den Ritter „Witeź Włast": „Ich werde Euch kein trauriges Lied spielen (…), sondern biete einen stolzen und grausamen Triumph", was die

Expressivität der Musik erklärt, denn in der Partitur stehen immer wieder Hinweise wie *con passione, estatico* etc. (das Motto entfernte Szymanowski, als er sechs Jahre später die Instrumentierung der Ouvertüre veränderte und Kürzungen vornahm). Die Uraufführung fand auf dem ersten Konzert des „Jungen Polen" am 6. Februar 1906 in Warschau statt, es dirigierte Grzegorz Fitelberg, der bald darauf dieses effektvolle Feuerwerk mit den Berliner Philharmonikern spielte. Nachdem er das Werk gehört hatte, meinte Harry Neuhaus, es sei insgesamt hübsch, wenn auch vielleicht Richard Strauss' *Ein Heldenleben* zu nahe. Das ist kaum verwunderlich, da im Sommer 1905, als Szymanowski an der Ouvertüre arbeitete, die Vettern ständig vierhändig die symphonischen Dichtungen von Strauss spielten.

Gleich nach dem Erfolg der Ouvertüre glaubte Szymanowski, für eine größere Form bereit zu sein und begann im Sommer 1906 seine *1. Symphonie* (f-Moll). Aufgrund der Notwendigkeit, Verbesserungen vorzunehmen, führte sie Fitelberg erst zwei Jahre nach der für Frühjahr 1907 in Berlin geplanten Premiere mit dem Orchester der Warschauer Philharmonie auf. Inzwischen hatte Szymanowski bereits die nächste Symphonie komponiert, die ebenso pathetisch, dicht und laut instrumentiert war.

Der erste Satz der *2. Symphonie* ist als traditioneller Sonatensatz komponiert, er beginnt mit einem Violinsolo, das noch häufig aus dem Klang des Orchesters hervortreten wird, das *tutti* in einer von dichter Chromatik gesättigten Harmonik spielt. Der zweite Satz besteht aus Variationen, deren Charakter und Anordnung sich an die für die klassische Form typischen Kontraste anlehnt. Das Thema und die beiden ersten Variationen sind also langsam. Die dritte ist mit „scherzando" überschrieben, die beiden nächsten sind tänzerisch. Wenn man die stilisierte Gavotte und das anschließende Menuett hört, kann man sich kaum des Eindrucks erwehren, dass hier Strauss' *Der Rosenkavalier* durchscheint, doch angeblich lag der Ursprung für diese Idee woanders. Arthur Rubinstein weiß zu berichten, dass Szymanowski von Stefan Żeromskis Roman *Popioły* (In Schutt und Asche) angeregt worden sei. Der deutsche Musikwissenschaftler Ludwig Finscher hat dies überprüft und festgestellt, dass es sicherlich um den Abschnitt mit der Beschreibung eines Balls geht, da hier nach dem Walzer eine Gavotte getanzt wird und die Romanhelden dann fliehen, was musikalisch an eine Fuge denken lässt – und tatsächlich, eine solche gibt es im Finale. Nach den ersten Aufführungen – zunächst am 7. April 1911 in Warschau unter Fitelberg, dem das Werk gewidmet ist, und dann in Berlin, Wien und Leipzig – war Szymanowski mit dem erreichten Resultat sehr zufrieden. Ein Jahrzehnt später wurde seine Begeisterung über die *2. Symphonie* durch Pierre Monteux abgekühlt, der ihn überredete, Kürzungen vorzunehmen und die Instrumentierung auszudünnen, weshalb die Kritiker in New York und Boston das Werk wohlgesonnen aufnahmen, auch wenn es dem Geschmack des amerikanischen Publikums damals nicht völlig entsprach.

Stabat Mater

Gegen Ende des Jahres 1924 erhielt Szymanowski zwei Aufträge. In Paris von der Prinzessin Polignac, in Warschau von dem wohlhabenden Kunstmäzen Bronisław Krystall. Polignac hatte dem Komponisten freie Hand bei der Auswahl des Themas und der Besetzung gelassen und sich lediglich vorbehalten, dass das Orchester nicht größer als 20–25 Personen sein durfte, denn mehr passten nicht in ihren Salon. Krystall hingegen präzisierte seinen Auftrag und wünschte sich ein Oratorium zur Erinnerung an seine Frau. Szymanowski nahm von Krystall eine Anzahlung entgegen und fragte Iwaszkiewicz nach einer Idee und einem Text für das Polignac-Werk, wobei er an das Thema „Beerdigung des Knechtes" dachte.[10] Vermutlich machte er sich Anfang Frühjahr 1925 an die Arbeit. Einen unschätzbaren Dienst erwies ihm damals Chybiński,

---

10 Im Untertitel bezeichnete er das Werk als „Bauernrequiem", später verwendete er durchweg diesen Titel. Es ist unwahrscheinlich, dass Krystall ein Werk über die Beerdigung eines Dorfjungen als Requiem zur Erinnerung an seine Frau akzeptiert hätte. Für Leser von Gombrowiczs *Ferdydurke* mag interessant sein, dass alle drei Künstler sich für das Motiv des Knechts interessierten – und nicht zufällig hatten alle drei homosexuelle Neigungen.

der ihn mit der Vokalmusik der Renaissance vertraut machte und ihm im Herbst 1925 die Noten von Palestrinas *Stabat Mater* zuschickte. Szymanowskis Werk – das *Stabat Mater* für drei Solisten, Chor und Orchester – war im März des folgenden Jahres fertig.

Viel mehr als vom dramatischen Text des christlichen Requiems fühlte sich Szymanowski vom lyrischen Ausdruck und vom Subjektivismus der Sequenz *Stabat mater* angesprochen, zumal er eine affektierte Übersetzung fand, die seinem poetischen Geschmack entgegenkam. Es handelte sich um eine Übersetzung, die ein gutes Jahrzehnt zuvor von Józef (und nicht, wie oft zu lesen: Czesław) Jankowski angefertigt worden war und für Szymanowski einen weiteren Vorzug besaß: Die Verteilung der Akzente kam hier dem lateinischen Original näher als in allen früheren Übersetzungen. So konnte die zu diesen Worten entstehende Musik auch mit dem lateinischen Text gesungen werden, was bei Aufführungen außerhalb Polens von Bedeutung war.

Wenn man den textlichen Inhalt des *Stabat Mater* berücksichtigt, so verwundert es nicht, dass in diesem Werk die Frauenstimmen überwiegen. Die vokale Besetzung besteht aus den Solostimmen Sopran, Alt und Bariton sowie aus einem gemischten Chor, von dem in zwei Sätzen lediglich die Frauenstimmen zu hören sind. Fragmente des *Stabat mater* werden vielfach zitiert und verarbeitet, und die eigentlich sehr einfache Melodie, die Szymanowski schuf, orientiert sich am mittelalterlichen Vorbild des Missale Romanum. Der Chor rezitiert seinen Text gelegentlich nur auf einem Ton, was an ein monotones Gebet erinnert; als er zuvor mit dem Gedanken an ein *Bauernrequiem* spielte, wollte der Komponist hier an die Volksreligiosität anknüpfen. Sopran und Alt singen eine deutlich umfangreichere Melodie, wobei ausgewählte Worte mit kleinen Melismen hervorgehoben werden.

Die für Szymanowski bescheidene Orchesterbesetzung mit doppelten Holzbläsern und lediglich sechs Blechbläsern könnte im ersten Augenblick vermuten lassen, dass hier der Auftrag der Prinzessin Polignac eine Rolle gespielt hatte, doch müssen auch hier immerhin 52 Musiker eingesetzt werden, also eindeutig zu viel für den Salon der Pariser Mäzenin. Diese relativ kleine Besetzung brachte den Komponisten jedoch dazu, einen eher dichten als vollen Klang zu wählen und ihn konsequent aufzugliedern. Die Sätze 2 und 5 haben die gleiche Besetzung – mit vollem Orchester –, in den übrigen werden jeweils verschiedene Instrumente ausgewählt. Die Orchesterbegleitung klingt geradezu kammermusikalisch. Vor allem Anfang und Ende in den von Sopran und Alt gesungenen Sätzen (also in den Sätzen 1 und 3) sind sehr sparsam instrumentiert, größtenteils unter Beteiligung von Solo-Holzbläsern. Die Streicher spielen oft *divisi*, in leiser Dynamik, mit Artikulationen wie *con sordino*, Flageoletts und *sul ponticello*, welche den Klang zusätzlich abschwächen und die Klangfarben verändern – damals in Orchesterwerken noch eine Seltenheit.

Die beiden Anfangssätze schildern die Situation am Kreuz. Der erste ist lyrisch, der Klang pastellfarben (Sopran, Frauenchor und chorische Holzbläser). Zur Abwechslung kehren im 2. Satz (geschrieben für Baritonsolo, vollen Chor und Orchester) die Ostinati wieder, ein gleichmäßig pulsierender Rhythmus sowie Glissandi, die der Musik einen brutalen und massiven Ausdruck verleihen; der das „Menschengeschlecht" der Sünder anklagende Chor und die Worte des Mitleids für den sterbenden Gekreuzigten lassen an das zur selben Zeit entstehende Ballett *Harnasie* denken. Die drei nächsten Sätze klingen wie intime Gebete. Im ersten singt das Altsolo im Duett mit dem Sopran, die Solisten werden vom Frauenchor begleitet. Der Orchesterklang verstärkt sich – weshalb der folgende Satz eine Überraschung ist: Er ist für a-cappella-Chor geschrieben, dem sich erst nach einer Weile die Solistinnen anschließen, nun in umgekehrter Reihenfolge. Das nächste Gebet erhebt der Bariton und zusammen mit ihm der komplette Chor, dessen Gesang zeitweise an eine psalmodische Rezitation erinnert. Im Orchester sind Motive zu hören, die eindeutig an Podhale-Melodien erinnern und vermutlich auch eine gewisse Archaisierung darstellen sollen, denn Szymanowski glaubte, dass die Góralen einen „altpolnischen" Stil aus ferner Vergangenheit bewahrt hätten. Dies führt zu einem dramatischen Höhepunkt, der die unheilvolle Aussage der Worte verstärkt, die das Jüngste Gericht ankündigen. Der letzte Satz bringt eine Beruhigung. Der Sopran singt eine Melodie, von der Szymanowski sagte, sie sei die schönste, die er geschaffen habe. Langsam gesellen sich die übrigen Stimmen hinzu, in den letzten Takten führt das wohlklingende volle Orchester zu einem krönenden, hellen Cis-Dur.

Die Uraufführung des *Stabat Mater* fand am 11. Januar 1929 in der Warschauer Philharmonie statt. Die Solopartien sangen Stanisława Szymanowska, Halina Leska und Eugeniusz Mossakowski, begleitet wurden sie vom Chor der Warschauer Oper, Dirigent war Grzegorz Fitelberg. Der Komponist hielt sich zu dieser Zeit zur Kur in Edlach auf und musste sich mit der Rundfunkübertragung begnügen. Erst im März in Posen konnte er das *Stabat Mater* im Konzertsaal hören.

Das Oratorium wurde hervorragend aufgenommen, es galt als außerordentlich schönes und berührendes Werk. Der konzentrierte Charakter der Musik und die religiöse Botschaft führten dazu, dass es trotz der großen Besetzung mit Solisten und Chor rasch weitere Aufführungen gab. Zu Szymanowskis Lebzeiten wurde *Stabat Mater* in Polen achtmal und im Ausland elfmal gespielt; damit war das Marienoratorium deutlich beliebter als die sufitische *3. Symphonie*, die nur sechsmal erklang (nicht immer mit Gesang).

*

In Szymanowskis Schaffen gibt es drei Kantaten; die Heldinnen aller sind – so wie im *Stabat Mater* – Mütter. An den beiden ersten, über Mütter, die wegen ihrer Kinder unglücklich sind, und die auf Texten seiner Schwester Zofia basieren, arbeitete der Komponist 1917, als die Themenwahl für ihn eine sehr persönliche Angelegenheit war. Es faszinierte ihn die Antike, mehr noch das dionysische Motiv erotischer Freiheit, was bald darauf in *König Roger* zum Höhepunkt führen sollte. *Agawe* über die Mutter des Königs Teb, die für ihren Kampf gegen den Kult des Dionysos mit Wahnsinn bestraft wird, ließ er als Skizze liegen. Dafür beendete er *Demeter* für Altsolo, Frauenchor und Orchester über eine Mutter auf der Suche nach ihrer verschwundenen Tochter; später sollte er es als „griechisches Stabat Mater" bezeichnen.

Viel später entstand eine weitere „Mutterkantate", dank Anna Iwaszkiewicz, die Szymanowski 1927 die *Litanei an die Jungfrau Maria* des jungen Dichters Jerzy Liebert gab. Szymanowski gefiel der Text sehr, doch die Arbeit an dem für Sopran mit Begleitung eines zart und pastellfarben klingenden Orchesters, dem sich im ersten Lied noch ein Frauenchor zugesellt, begann er erst im August 1930, woraufhin er sie bald unterbrach. Im Herbst 1933 kehrte er zur Komposition zurück, als sich herausstellte, dass zu dem aus Anlass seines 50. Geburtstags geplanten Konzert ein neues Werk aufgeführt werden sollte. Von den sieben Strophen der Litanei Lieberts hatte er zwei fast fertig, die er nun beendete – und dabei ließ er es bewenden.

Die Arbeit an der *Litanei* hatte er drei Jahre zuvor unterbrochen, da er sich mit einer Kantate beschäftigte, die die Eröffnung der Musikhochschule und seinen Antritt als Rektor begleiten sollte. Er wählte die Paraphrase einer mittelalterlichen Hymne an den heiligen Geist, die Stanisław Wyspiański 1905 geschrieben hatte. Das verzopfte Pathos des Gedichts *Zstąp Gołębico* (O Taube, steige herab) beeinflusste den Charakter der Musik, und so entstand ein pompöses, typisches Gelegenheitswerk für Chor und Sopransolo mit großem Orchester und Orgel. Die Uraufführung von *Veni Creator* fand am 7. November 1930 in der Warschauer Philharmonie statt, nach der feierlichen Eröffnung der neuen Hochschule in Gegenwart des Staatspräsidenten Ignacy Mościcki. Es war dies das einzige Mal, dass Szymanowski eine Partitur termingerecht fertigstellen konnte.

Die Lieder

Vokalwerke machen fast die Hälfte von Szymanowskis Œuvre aus. In ihrer Mehrzahl sind es Lieder – insgesamt 122 gibt es von ihnen, mit Klavier- oder Orchesterbegleitung. Sie entstanden auf polnische (literarische und volkstümliche), deutsche, russische, englische und französische Texte. Am Stück gehört, braucht man dazu mehr als vier Stunden, was möglich ist, seitdem 2004 eine Gesamtaufnahme der Lieder auf CD erschienen ist.[11]

Polnische Sänger wählen am liebsten die pathetischen und düsteren Jugendlieder (vor allem auf Texte von Kasprowicz), die reizenden und lustigen *Kinderreime* sowie die lyrischen Stilisierungen kurpischer Lieder, die Szymanowskis Liedschaffen beschließen. Im internationalen Repertoire finden sich am häufigsten die orientalisch stilisierten Liebeslieder, die vor allem im Ersten Weltkrieg entstanden.

Die frühesten, heute verschollenen Lieder schrieb Szymanowski auf Texte von Paul Verlaine und Friedrich Nietzsche. Von den späteren, zwischen 1900 und 1910 entstandenen veröffentlichte Szymanowski 20 Lieder auf polnische und 30 auf deutsche Gedichte. Diese Texte sind größtenteils trostlos, dunkel und affektiert, sie handeln immer wieder von Vorstellungen des Todes, der Trauer, der Einsamkeit, aber auch von Liebesphantasien. Diese Neigung zu Melancholie, sogar Verzweiflung und Trauer drückt einen Zustand aus, wie er für viele junge, reifende Menschen typisch ist, und sie wurde noch verstärkt durch die Kunst der Zeit, die sich genau auf diese Stimmungen konzentrierte.

Von diesen Jugendwerken kann man heute am häufigsten die finsteren *Drei Kasprowicz-Fragmente* von 1902 hören. Auf den 20-jährigen Szymanowski muss diese von Schuldgefühlen und metaphysischer Furcht durchdrungene rebellische Lyrik einen gewaltigen Eindruck gemacht haben, aber trotzdem entfernte er die lästerlichsten Akzente, vielleicht mit Rücksicht darauf, dass man Dichtung privat liest, Lieder aber in der Öffentlichkeit gesungen werden. Die Musik verstärkt das unheilvolle Pathos und Drama. Die Atmosphäre von *Heiliger Gott* wird deutlich vom Zitat einer Hymne geprägt, die in Polen seit Jahrhunderten während Begräbnissen und Seelenmessen für Verstorbene gesungen wird, aber auch, um Schutz vor Hunger, Seuchen und Krieg zu erflehen. Dieses Zitat kehrt mehrmals wieder, jedes Mal in einer anderen Harmonisierung, dem Prinzip nach jedoch modal, wodurch es

---

11 Szymanowski: Complete Songs for Voice and Piano, Channel Classics.

an alte Kirchenmusik denken lässt. Es erklingt auch in den letzten Takten des zweiten Liedes, dem dramatischsten des Zyklus – *Ich bin und weine*. *Mein Abendlied* beschließt das Triptychon ruhig. In melancholischer Stimmung malt der Dichter eine dörfliche Landschaft aus, und der Komponist ergänzt seine Worte mit einem lyrischen Mazurek.

Das erste Lied auf einen deutschen Text entstand 1905. Es könnte den Anschein haben, als sei dies nicht zufällig in diesem Jahr geschehen, da sich gerade Berlin in seinem Lebenslauf bemerkbar machte, doch das gewählte Gedicht hatte wenig mit der deutschen Kultur zu tun. Denn Szymanowski wählte Friedrich von Bodenstedts *Zuleikha*, das in Wirklichkeit die Übersetzung eines im 19. Jahrhundert entstandenen Gedichts des aserbeidschanischen Dichters Mirzə Şəfi Vazeh war. Bodenstedt nahm es in seinen 1851 veröffentlichten Band *Die Lieder des Mirza-Schaffy* auf, der so häufig neu aufgelegt wurde, dass er als populärste Sammlung orientalischer Gedichte im damaligen Europa galt. *Zuleikha* wurde auch das meistgesungene Lied Szymanowskis; seine Geschwister Stanisława und Feliks spielten es um 1930 für die Firma Parlophon ein.

Ein Jahr nach *Zuleikha* begann sich Szymanowski für richtige deutsche Dichtung zu interessieren, wozu ihn der dänische Musiker Knud Harder ermutigt hatte. 1906 bat ihn Harder, Lieder auf einige ausgewählte Texte zu schreiben und plante, sie in eine Sammlung aufzunehmen, die die Unterschiedlichkeit musikalischer Interpretationen derselben Texte darstellen sollte. Szymanowski schrieb nun *Stimme in Dunkeln* auf Worte Richard Dehmels und *Christkindleins Wiegenlied* zu Worten aus der Sammlung *Des Knaben Wunderhorn*. Dann fügte er noch zwei weitere hinzu (zu Worten Dehmels und Otto Julius Bierbaums) sowie *Zuleikha* und gab sie 1911 gemeinsam als *Opus 13* heraus. 1907 komponierte er einen weiteren Liederzyklus, der aus Werken zu Texten von Dehmel (Nr. 1–8), Alfred Mombert (Nr. 9 und 11), Gustav Falke (Nr. 10) und Martin Greif (Nr. 12) bestand. Drei Jahre später entstanden die *Bunten Lieder* auf Texte von Karl Bulcke, Alfons Paquet, Emil Faktor, Anna Ritter und Ricarda Huch.

Als er auf die dreißig zuging, schickte sich Szymanowski an, Liebeslieder zu komponieren. Den Anfang machte ein weiterer Zyklus von Liedern auf deutsche Texte, der im Herbst 1911 entstand. So wie bei *Zuleikha* war die Quelle orientalische Dichtung – Gedichte eines persischen Poeten des 14. Jahrhunderts, Hafis aus Schiras. Ins Deutsche wurden sie von Hans Bethge übertragen, dessen poetische Paraphrasen orientalischer Dichtung seit 1907 erschienen und fast zweihundert Komponisten inspirierten. Das bekannteste Werk mit Texten Bethges ist Mahlers *Lied von der Erde*, eines der neuesten der 8. Satz von Krzysztof Pendereckis *8. Symphonie* sowie dessen *Drei chinesische Lieder*. Szymanowski erinnerten Hafis' Gedichte gewiss an die sizilianische Reise einige Monate zuvor, vor allem seine Erfahrungen aus Taormina, obschon man auch vermuten könnte, dass ihn die von Erotik durchdrungene Atmosphäre des damaligen Wien beeinflusst haben könnte. Deutlich ist hier das erotische Motiv, dafür verliert die für die früheren Lieder typische Spannung an Bedeutung; der Künstler befreite sich allmählich von der jugendlichen Leidenschaft zu Leiden. Neben Augenblicken, in denen noch der Widerhall Strauss' zu hören ist, gelangen Stilisierungen orientalischer Musik in den Vordergrund.

Vier der ursprünglich sechs *Hafis' Liebeslieder* sang Karols Schwester Stanisława, begleitet von Arthur Rubinstein, erstmals im Februar 1912 in Wien. Zwei Jahre später fand der gesamte Zyklus in London Gefallen, wo Rubinstein ihn mit Paul Draper aufführte. Szymanowski kehrte bald darauf zu diesen Liedern zurück und schrieb zu drei „alten" Liedern, die er übernahm (*Życzenia / Wünsche, Zakochany wiatr / Der verliebte Wind, Taniec / Tanz*), fünf neue hinzu (*Serca mego perły / Meines Herzens Perlen, Wieczna młodość / Ewige Jugend, Głos twój / Deine Stimme, Pieśń pijacka / Trinklied, Grób Hafiza / Hafis' Grab*). Er bearbeitete sie für Orchester, und zwar so, dass man sich durch die Glissandi den Wind „vorstellen kann" und die Perlen in einer Passage von Glöckchen und Klavier „verschüttet werden". Absolut raffiniert instrumentiert sind Anfang und Ende des sechsten Lieds: Die Streicher spielen *divisi*, mit Dämpfern, sie tremolieren im *pianissimo* und *sul ponticello*, wobei die Palette der Klangfarben durch Flageoletts ergänzt

Die Lieder

wird, zu denen sich Hafenglissandi, das Rauschen des Klaviers sowie die gläserne Celesta gesellen. Indem er den Wert reiner Farben und leiser Töne entdeckte, schuf Szymanowski seine farbenreichste Orchesterpartitur. Er widmete sie seinem Freund, dem Komponisten Joseph Marx, den gewiss der „Wiener" Stil der drei älteren Lieder frappiert haben dürfte, die bisweilen an die Musik Mahlers und Schrekers erinnern. In den neueren hingegen weht durch die Ganztonskala und die orientalisch stilisierten Melodien ein Hauch von Exotik.

Im Herbst 1915 entstand ein weiterer Zyklus exotischer Lieder, diesmal zu Gedichten seiner Schwester Zofia, der er auch gewidmet ist: Die *Lieder einer Märchenprinzessin*. Von den ersten Takten an handelt es sich um ein Bravourstück für Koloratursopran. Die Fülle an Melismen, Trillern und Passagen lässt an die kurz zuvor komponierten *Mythen* denken, der Klavierpart an die *Metopen*. Auch diese Lieder wurden orchestriert: 1933 wählte Szymanowski drei aus (*Samotny księżyc / Der einsame Mond*, *Słowik / Nachtigall* und *Taniec / Tanz*) und bearbeitete sie so, dass die Proportionen zwischen den vom Orchester alleine gespielten Episoden, der Vokalise auf den Vokal „a" sowie den kurzen Fragmenten, in denen Text gesungen wird, daraus „Konzertkoloraturen" *en miniature* machten.

Die größte Beliebtheit unter den impressionistisch-orientalischen Liebesliedern Szymanowskis haben die *Lieder eines verliebten Muezzins* erlangt, zu Worten von Jarosław Iwaszkiewicz (wobei sie der Komponist auf Deutsch lieber *Lieder eines leidenschaftlichen Muezzins* betitelt hätte). Im Unterschied zu den „geigenhaften" Trillern der Prinzessin drückt der ornamentale Gesang des verliebten Muezzins verschiedene Gefühle aus, von Leidenschaft im ersten Lied bis zu Verzweiflung im letzten. Irdische Liebe wird hier mit der mystischen gleichgesetzt, das Begehren ist sublimiert – eine verständliche Zusammenstellung, wenn man daran denkt, dass diese Werke entstanden, als Szymanowski am *Ephebos* arbeitete, wo die Homoerotik idealisiert wird. 1934 orchestrierte der Komponist vier Lieder. In dieser Fassung werden die Ostinati von Perkussionsinstrumenten gespielt, die die Musik des Südens nachahmen, während der Klang des Orchesters überwiegend einen rauschenden, „impressionistischen" Hintergrund bildet, der manchmal nur den Gesang farbig unterlegt.

Die Übersiedlung ins unabhängige Polen bewirkte, dass Szymanowskis Schaffen nicht weiter von persönlichen Faszinationen und Stimmungen inspiriert wurde. Diese Veränderung signalisierten die *Słopiewnie*, deren Musik Echos des alten, sinnlich-orientalischen Stils mit einem anderen verband, der langsam entstand und sich auf polnische Motive und Rhythmen bezog, ja sogar auf die nationale Symbolik. Sie entstanden im Sommer 1921 auf Gedichte von Julian Tuwim, die wie archaisches Polnisch klingen, aber in einer ausgedachten Sprache geschrieben sind. Der fünfteilige Zyklus wird eingerahmt von langsamen, vermutlich am frühesten komponierten Liedern. *Słowisień* weckt Assoziationen an das Lied *Słowik / Nachtigall* aus den *Liedern einer Märchenprinzessin*. Im letzten, klagenden Lied über die legendäre „Wanda, die keinen Deutschen heiraten wollte" und sich deshalb in die Weichsel stürzte, ist ein weiteres Werk Szymanowskis „über das Wasser" zu hören – kürzer und weniger verziert als *Narziss*. *Zielone słowa / Grüne Worte* und *Kalinowe dwory / Schneeballhöfe* klingen am ehesten noch „Polnisch". Ein Widerhall der Podhale-Musik, die Szymanowski gerade kennenlernte, meldet sich in *Święty Franciszek / Heiliger Franziskus* zu Wort, in der Mitte des Zyklus. Die parallelen Akkorde lassen an orthodoxe Kirchenmusik denken, doch ähnlich war auch die Harmonik in der ersten Szene von *König Roger*, an dem Szymanowski zur selben Zeit arbeitete. Sieben Jahre später entstand eine Orchesterfassung der *Słopiewnie*, geschrieben für ein an Szymanowskis Geschmack gemessen kleines Ensemble, das lediglich aus einfach besetzten Holzbläsern, Waldhorn, Klavier und Streichern besteht. Am zurückhaltendsten klingt – wie zu erwarten – *Święty Franciszek*.

Einen anderen Weg beschritt Szymanowski, als er 1922 und 1923 die *Kinderreime* nach Gedichten von Kazimiera Iłłakowicz komponierte. Der Gedanke und die Art der Vertonung erinnern an Modest Mussorgskys Liederzyklus *Kinderstube*. Bei Mussorgsky sind ein Junge und ein Mädchen die kleinen Helden, bei Szymanowski sind es das Mädchen Krzysia und ihre Puppe. Die einfachen, kurzen

Die Lieder

Texte werden so gesungen, dass sie die Kindersprache nachahmen und typisch polnische Betonungen wiedergeben. Die Reime sind ganz unterschiedlicher Art, sie sind scherzhaft, ironisch, lyrisch, froh und vital, wobei für die Stimmung vor allem der Klavierpart zuständig ist. Er illustriert auch die gesungenen Worte und ahmt den Flug einer Hornisse nach (Nr. 2), Hummel und Käfer (Nr. 7), das Trappeln einer Maus (Nr. 17), das Bellen eines Hundes, der ein Ferkel in die Flucht jagt (Nr. 4). Komisch klingen das Gespräch mit „Frau Kuh" (Nr. 13) und der Spaziergang des Ferkels im Rhythmus eines Mazureks (Nr. 4). Es gibt auch lyrische Lieder – über die Heilige Christina, die keine Mutter hatte (Nr. 8) oder über die Königstochter, die den Prinzen heiraten muss (Nr. 6). Die 20 Kinderreime waren für die 11-jährige Tochter von Karols Schwester Stanisława gedacht, die diese reizenden Lieder im Februar 1924 in Warschau uraufführte. Ehe sie gedruckt werden konnten, verunglückte das Mädchen tödlich, so dass Szymanowski die Widmung verändern musste und nun schrieb: „Zur Erinnerung an Alusia".

Gegen Ende der 1920er Jahre erklärte Szymanowski mehrfach, dass die Folklore ihn langweile, wobei er vermutlich nur an die Musik der Podhale-Region dachte, und es war sein gutes Recht, nach der sich Jahre hinziehenden Arbeit an *Harnasie* genug von ihr zu haben. Er komponierte nun ein anderes „volksmusikalisches" Werk, die *Kurpischen Lieder* für Chor a cappella, eine Bearbeitung von Volksmusik, die ganz anders war als die am Fuße der Hohen Tatra. So wie bei dieser war auch die kurpische Volksmusik attraktiv, weil sie sich deutlich von den masowischen und kleinpolnischen Rhythmen und Melodien unterschied, welche polnische Komponisten seit vielen Generationen nachahmten. Die Góralen lebten weitab von Zentralpolen – und zu den von den Kurpie bewohnten Gebieten (südlich des damaligen Ostpreußen) erschwerten Wälder und Sümpfe den Zugang. Die Kurpie ließen sich nicht von der urbanen Dur-Moll-Musik beeinflussen und bewahrten ihre Pentatonik. Ihre Lieder waren größtenteils langsam, aber außerordentlich reich verziert. Sie besaßen auch ein anderes Rhythmusgefühl, denn in ihren Liedern kommen häufig Fünfertakte (2+3), Achtertakte (2+3+3 oder 3+2+3) und sogar wechselnde Metren vor.

Die meisten Lieder sind langsam, geradezu geheimnisvoll, wie die beiden beliebtesten *A chtóz tam puka* sowie *Wyrzundzaj się dziwce moje*. Zitate kurpischer Melodien, die Szymanowski aus der Sammlung Władysław Skierkowskis kannte, kommen jeweils nur zu Beginn vor, nicht immer wortwörtlich, und werden später verschiedenen melodischen und rhythmischen Modifikationen unterzogen, kunstvoll harmonisiert und auf die verschiedenen Stimmen des Chors verteilt, dessen Klang sich fortwährend verändert. Eine solche Vokalpartie gibt es in keinem anderen Werk Szymanowskis. Jede Phrase ist anders ausgearbeitet, die Stimmen sind kontrapunktisch. Oft wird sechsstimmig gesungen, es gibt aber auch Solopartien, wie dort, wo der Tenor vor dem Hintergrund des Chors die Musikanten bittet, einen Walzer zu spielen (im letzten Lied).

Zunächst, 1928, entstanden zwei Lieder (*Hej wółki moje* und *A chtóz tam puka*) für den Chor des Warschauer Konservatoriums. Sie gefielen so sehr, dass der um neun Jahre jüngere Komponist und Dirigent Stanisław Wiechowicz Szymanowski dazu überredete, den Gedanken auszubauen, so dass vier weitere Lieder entstanden. Als Zyklus von sechs Liedern erschien er 1929 im Verlag des Großpolnischen Verbands der Singscharen und gehörte schon bald zum eisernen Repertoire polnischer Chöre.

1930 schickte Skierkowski Szymanowski seine damals neueste Sammlung kurpischer Lieder. Und so entstanden zwei Jahre später *Zwölf kurpische Lieder* für Singstimme und Klavier, der letzte Vokalzyklus des Komponisten. Auch hier überwiegen die lyrischen Lieder, mit einer diskreten, aber harmonisch originellen Klavierbegleitung.

Jarosław Iwaszkiewicz bemerkte einmal die „vogelhafte Einrahmung" des Liedschaffens seines Cousins. Und er machte auf die große Distanz aufmerksam, welche den affektierten jungpolnischen *Łabędź / Schwan* (1904) von den 28 Jahre später komponierten wehmütigen Phrasen über die Kraniche unterscheidet, die über die kurpischen Einöden fliegen.

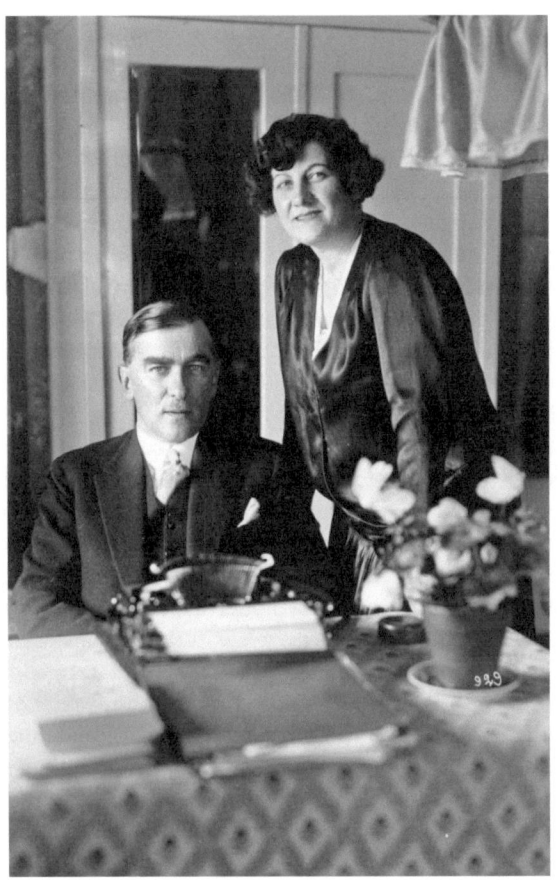
Abb. 8: Karol Szymanowski mit seiner Schwester Stanisława, die viele seiner Lieder öffentlich aufführte, Warschau 1930.

Werke und Meisterwerke

*

Der geringsten Aufmerksamkeit der Interpreten erfreuen sich die nachdenklichsten, geradezu asketischen Lieder, die offensichtlich nicht zu den verbreiteten Vorstellungen über Szymanowskis Musik passen. Dieses Schicksal traf die *Drei Lieder zu Worten von Dymitr Dawydow*, die im Herbst 1915 auf stimmungsvolle Gedichte des Gatten von Natalia Dawydowa entstanden und von Szymanowski auf Russisch als *Drei Romanzen* bezeichnet wurden. Bei den im Frühjahr 1918 komponierten *Vier Liedern* zu Worten des indischen Dichters Rabindranath Tagore in deutscher Übersetzung von Jan Effenberg-Śliwiński handelt es sich um kontemplative Liebeslieder. Im Ausdruck noch zurückhaltender, geradezu finster sind die drei kurzen *Wiegenlieder*, die Anfang 1922 auf Texte von Iwaszkiewicz entstanden.

Im Herbst 1926 bediente sich Szymanowski zum ersten und einzigen Mal bei der englischen Dichtung. Er hoffte darauf, mit Liedern auf Texte von James Joyce aus der Sammlung *Chamber Music* die amerikanische Sängerin Cobina Wright interessieren zu können, mit der er angeblich flüchtig darüber gesprochen hatte. Doch diese interessierte sich weniger für ein modernes, ehrgeiziges Repertoire als für das Gesellschaftsleben der New Yorker Salons, und so vergaß sie ihre Absprache mit dem Komponisten – sofern es sie je gegeben hatte – oder sie war von den Werken enttäuscht. Die Lieder sind nämlich von ihrem Ausdruck her zurückhaltend, atonal und sehr kurz, da sie jeweils nur eine bis zwei Minuten dauern. Und so führte Stanisława Szymanowska im Frühjahr 1928 in Warschau vier Lieder auf, die übrigen blieben Skizzen. Sie alle wurden – ergänzt – erst 1981 als *Sieben James Joyce-Lieder* veröffentlicht.

Der Komponist und Pianist

Die Klammer um Szymanowskis Werk bildet seine Klaviermusik. Für dieses Instrument entstanden die frühesten Werke, die schwierig oder gar besonders schwierig sind, und auch die letzten – die leichter sind. In seiner Jugend musste er sich kaum mit den Schwierigkeiten beschäftigen, die er Pianisten bereitete, da Natalia und Harry Neuhaus auf seine neuen Kompositionen warteten, und bald darauf auch Arthur Rubinstein, für die es keine unspielbaren Stücke gab.

Das Klavier war das Instrument, auf dem Szymanowski seit seiner Kindheit spielte, und zwar gerne, vor allem aber zu seinem eigenen Vergnügen. Er hatte nie den Ehrgeiz, ein Virtuose zu werden, und selbst sein Bruder Feliks galt als besserer Pianist. Doch nach seinem 30. Lebensjahr zwang ihn das Schicksal dazu, gegen Geld öffentlich aufzutreten. Seine letzten Werke schrieb er somit für sich und mit dem Gedanken an seine eigenen, relativ bescheidenen Möglichkeiten.

Stimmungsvolle und emphatische Jugendwerke

So wie die meisten im 19. Jahrhundert geborenen Komponisten schrieb Szymanowski seine ersten Werke für das Klavier. Beginnend mit den *Neun Präludien op. 1*, von denen die frühesten (Nr. 7 und 8) angeblich mit 14 Jahren entstanden, bis ins Jahr 1905 schrieb er immer wieder für dieses Instrument. Das *Opus 1* enthält neun Präludien, die aus einer größeren Zahl von Werken ausgewählt wurden und so wie fast das ganze Frühwerk Szymanowskis mit einer Ausnahme in Moll-Tonarten gehalten sind (h, d, Des, b, d, a, c, es, b); ihre Stimmung ist durchtränkt von dekadenter Affektivität.

Der Komponist und Pianist

Dem 20-jährigen Künstler brachten sie den ersten Erfolg in Gestalt einer Auszeichnung bei einem Komponistenwettbewerb in Warschau 1903, doch ein Jahr später sollte in Zusammenhang mit diesen Werken eine Episode viel wichtiger für seine Zukunft werden. Durch einen gemeinsamen Bekannten lernte Arthur Rubinstein die Stücke kennen. „Wie soll ich unsere Verblüffung beschreiben, nachdem wir die ersten Takte eines Prélude gespielt hatten? Das war ja die Komposition eines Meisters! Wie im Fieber blätterten wir die Noten durch – entdeckten wir doch hier einen bedeutenden polnischen Komponisten!" (Rubinstein, 147) Kurz darauf machten sie sich miteinander bekannt.

Die *Vier Etüden op. 4* sind trotz ihrer Bezeichnung, die technische Übungen vermuten lässt, ausdrucksvolle spätromantische Miniaturen. Sie erschienen 1906 im Druck, weshalb sie andere Pianisten in ihr Repertoire aufnehmen konnten, und von nun an wurde der Name Szymanowski längere Zeit hindurch vor allem mit der *Etüde b-Moll Nr. 3* in Verbindung gebracht. Rasch erlangte sie große Beliebtheit, die sie auch heute noch besitzt – es genügt, sich die große Zahl von Aufnahmen auf dem Videoportal YouTube vor Augen zu führen.

Die *Variationen b-Moll* „habe ich mit Noskowski" geschrieben, vermerkte Szymanowski einmal. Der Professor hatte ihm sicherlich Übungen in verschiedenen Stilen aufgegeben, was den Zwanzigjährigen dazu zwang, die melancholisch-pathetische Stimmung seiner bisherigen Musik zu verlassen. In Noskowskis Klasse komponierte Szymanowski auch sein erstes größeres Werk, die fast halbstündige *1. Klaviersonate c-Moll*. Die Atmosphäre, in der er an ihr arbeitete, rief Jahre später Ludomir Różycki in Erinnerung: „Als er seine Klaviersonate (die erste) schrieb, habe ich Szymanowski oftmals am Flügel angetroffen, wo er mit großer Detailbeflissenheit die Struktur der Klavierpassagen von Chopin und Scriabin studierte. In dieser Musik sah er das ganze Geheimnis des Klavierstils, hier wollte er es finden." (Różycki, 152) Erste Interpretin der Sonate war Natalia Neuhaus, die sie am 19. April 1907 in Warschau spielte, beim letzten Konzert des „Jungen Polen". Einige Jahre später führte Szymanowski sie selbst auf,

Stimmungsvolle und emphatische Jugendwerke

doch nahm er hier – wie sich Jarosław Iwaszkiewicz erinnert – im Wissen um seine viel bescheideneren technischen Möglichkeiten zahlreiche Kürzungen und Vereinfachungen vor. Dass er für befreundete Virtuosen komponierte, sich keinerlei Beschränkungen auferlegen musste und sich alleine auf seine Phantasie verlassen konnte, zeigen die *Variationen h-Moll*. Sie stecken voller hervorragender Einfälle, wobei dem Hörer wohl am stärksten der Trauermarsch (8. Variation) im 3/4-Takt mit achttönigen Akkorden und glockenartigen Vorschlägen im Gedächtnis bleibt.

Die Faszination für die symphonischen Dichtungen Richard Strauss' hatte Einfluss auf Szymanowskis Sicht auf die Klaviermusik, was die *Phantasie C-Dur* von 1905 zeigt, die anfangs auch *Grablied* heißen sollte. Die Erläuterung ihres „Inhalts" findet sich vermutlich in einem seiner ersten literarischen Versuche, in der *Skizze an meinen Kain*. Der junge Künstler schreibt hier mit dem für sein Alter typischen Pathos über die „Geburt des Kunstbedürfnisses", malt die Apotheose eines prometheischen Helden aus und erklärt dieses Motiv mit der in seinem damaligen Werk höchst seltenen Dur-Tonart des Werks.

Die folgenden Jahre über beschäftigte sich Szymanowski mit Orchesterwerken. Das Klavier tauchte nun in seinem Schaffen vor allem als Begleiter von Sängerinnen oder Sängern auf. 1909 holte er, geködert von 1000 Mark – denn so hoch war der Preis eines Wettbewerbs der Signale für die Musikalische Welt dotiert – eine Fuge aus der Schublade hervor, die er einige Jahre zuvor bei Noskowski komponiert hatte, schrieb ein Präludium hinzu und schickte das Ganze nach Berlin. Die ersehnten tausend Mark gewann er zwar nicht, doch das Werk wurde bemerkt und ausgezeichnet. Ein Jahr später kehrte er zum Klavier zurück und es entstand die *2. Klaviersonate A-Dur*. Rubinstein war gerade in Tymoszówka, als Szymanowski sie beendete, und er wurde auch zu ihrem ersten Interpreten – zunächst in Warschau am 7. Mai 1911 und dann am 1. Dezember desselben Jahres in der Berliner Philharmonie, wo die *2. Sonate* nach der *2. Symphonie* aufgeführt wurde. Die deutschen Kritiker kommentierten beide Werke wohlwollend, und einer von ihnen, der seinen Bericht mit den Worten „Äußerst anregend verlief ein Abend in der Philharmonie..." begann, äußerte die Hoffnung: „Wenn sich der Tonsetzer erst zu größerer Klarheit, zu weiser Beschränkung, zur Konzentration durchringt, wenn es ihm glückt, die überschäumende Lust an kontrapunktischen Künsteleien, an polyphonen Verzwicktheiten und orchestralen Gewaltsamkeiten einzudämmen, wird man auf ihn wohl starke Hoffnungen setzen dürfen".[1]

Die Sonate „war damals für andere Interpreten kaum spielbar. Ein für diese Zeit unwahrscheinlich schweres Werk, sowohl in musikalischer als auch in technischer Hinsicht", meinte der Warschauer Pianist Roman Jasiński. (Jarocki, 130) Nach Rubinstein trauten sich nur wenige, sie öffentlich aufzuführen, obwohl die Universal Edition sie 1912 herausbrachte. Zu diesen wenigen gehörte der Österreicher Felix Petyrek, der die Sonate in den 1920er Jahren in seinem Repertoire hatte und sie seinen Studenten empfahl. Später war er lange Zeit wohl der einzige, der sie öffentlich spielte, Swjatoslaw Richter. Szymanowski hatte das geahnt, als er sein damals neues Werk in einem Brief an Jachimecki skeptisch kommentierte: „Ich weiß nicht, wer das alles spielen wird, denn es ist lange und höllisch schwer". (K 1, 289) Er selbst wagte sich gelegentlich selbst an die Aufführung der *2. Klaviersonate*, doch war dann – wie Harry Neuhaus es fasste – „alles ‚so irgendwie' oder ‚ungefähr'", und an anderer Stelle „konnte man nichts verstehen". (Chylińska 2008, Bd. 2, 514)

Vor der Öffentlichkeit

Zu öffentlichen Auftritten ließ sich Szymanowski erst in den Kriegsjahren überreden. Zunächst in einer Situation, in der es sich für Personen aus seinen Kreisen ziemte, auf der Bühne aufzutreten, also ehrenhalber. Im April 1915 beteiligte er sich an einem Wohltätigkeitskonzert im Saal des Kaufmannsklubs in

---

1 Willy Renz. In: DIE MUSIK 11 (1912), H. 1, 55.

Kiew. Paweł Kochański spielte Werke von Bach, Tartini, Kreisler und Wieniawski, begleitet von seinem damaligen Mäzen Józef Jaroszyński, und Szymanowski begleitete ihn in der *Violinsonate*, der *Romanze* und dem gerade eben komponierten *Die Quelle der Arethusa*. Das Publikum war exquisit, unter anderem waren Reinhold Glière und Sergej Prokofjew gekommen.

Im Herbst begann er sich darüber Gedanken zu machen, das Klavier zum Geldverdienen zu verwenden. „Sollten ich und Paweł Erfolg haben, vielleicht gelänge eine Tournée durch Russland – oder etwas in der Art (ich als Begleiter) – und vielleicht gelänge es, auf diese Weise etwas zu verdienen!", breitete er seine Pläne vor Spiess aus. „Ich arbeite sehr viel – und stell Dir vor, auch am Klavier. Es geht mir darum, vielleicht ein paar eigene Sachen zu spielen (natürlich in den kleineren Städten)." (K 1, 458 f.) In dieser Zeit, zwischen 1915 und 1917, entstanden die *Metopen*, die *Masken*, die *Zwölf Etüden* und die *3. Klaviersonate*. Die Vorstellungskraft hatte allerdings wieder einmal die technischen Fertigkeiten des Komponisten übertroffen, so dass er diese Werke fast nie öffentlich aufführte. Als erstes wurden sie von professionellen Virtuosen gespielt, von Harry Neuhaus und von Alexander Dubiansky.

Wenn er von Zeit zu Zeit öffentlich auftrat, so begnügte sich Szymanowski am liebsten mit der Rolle des Begleiters. „Kochański spielte *La Fontaine d'Arethuse*", erinnerte sich eine Bekannte der Familie an das Konzert in Kiew. „Den wie immer bei Szymanowski außerordentlich schweren Klavierpart spielte der Komponist selbst, was ihm viel Mühe bereitete. Mit zusammengezogenen Augenbrauen, vor Anstrengung auf die Lippen beißend, bewältigte er die technischen Schwierigkeiten, doch am lustigsten war der Ausdruck des Entsetzens, mit dem er das Umblättern der Noten verfolgte, als wäre das, was er zu sehen bekäme, für ihn etwas völlig Neues." (Świderska, 79 f.) Vom Spiel seines Vetters erzählte Neuhaus später seinen Schülern: „Er war kein talentierter Pianist. Er war irgendwie ungeschickt. Sein Charakter, dieses sein ‚négligeable', kam besonders dann zum Vorschein, wenn er spielte. Manchmal ‚klapperte' er schrecklich. Direkt nach der Komposition eines neuen Werks spielte er es schlichtweg großartig. Wenn er eine

Komposition als bereits zu alt erachtete, spielte er sehr schwach. (…) Petri hat mir einmal berichtet, wie er Szymanowski in Zakopane hörte und von seinem hervorragenden Spiel erschüttert war. Alles hing von seiner Stimmung ab".[2] (Chylińska 2008, Bd. 2, 514)

Die *Metopen* und die *Masken*

So wie viele seiner Vorgänger, die sich auf ein Programm bezogen – und so tat er es bei den *Metopen* und den *Masken* –, stand Szymanowski vor der Notwendigkeit, mit Tönen Bilder, Situationen, Charaktere zu illustrieren oder anzudeuten. Dieses Erfordernis regt in der Regel die Phantasie an, und so kam es auch diesmal. Die beiden programmatischen Triptycha unterscheiden sich deutlich von der früheren Klaviermusik Szymanowskis. Die Palette der Klangfarben ist ungemein differenziert. Die komplexe, vielschichtige Konstruktion – eine der Hauptursachen für die technischen Schwierigkeiten – entsteht aus übereinandergeschichteten Figurationen mit Passagen, Skalen und Arabesken, Trillern, Tremoli und sogar Glissandi. Einen Gegensatz hierzu bilden Sequenzen mit scharfen, vielfach wiederholten Akkorden. Ekstatische Höhepunkte kommen selten vor und einige Episoden in den *Masken* klingen geradezu sarkastisch. Einen Teil dieser Neuerungen kann man darauf zurückführen, dass malerisch-literarische Ideen in Töne umgesetzt werden sollten, obschon man in diesen Werken keine einfache Tonmalerei suchen sollte.

In den beiden frühesten *Metopen* wird deutlich, wie sich Szymanowski den pastellfarbenen Klang der französischen Impressionisten aneignet. Ob dies ein Widerhall der „Bekehrung" war, der er in Paris durch Cuvillier erlegen war, oder vielleicht einer früheren Bekanntschaft, die er dank Rubinstein mit Debussys Musik gemacht hatte? Bezeichnend ist, dass in seinem

---

[2] Der deutsch-niederländische Pianist Egon Petri (1881–1962) zog 1926 von Berlin nach Zakopane, wo er bis 1939 Kurse gab, die bei Pianisten sehr beliebt waren.

Die *Metopen* und die *Masken*

Werkverzeichnis diese Werke als erste in französischer Sprache genannt werden (ähnlich betitelte er außerdem noch die *Mythes, Masques, Études* sowie die *IIIe Sonate*, ab dem 1. Streichquartett wechselte er wieder ins Polnische). Szymanowski gab ihnen nämlich den Titel *Poèmes antiques (pour piano)*, vielleicht unter dem Eindruck der seinerzeit beliebten *Poèmes antiques* von Charles Leconte de Lisle. Später strich er das durch und ersetzte es durch *Métopes*.

So wie in den für Violine und Klavier geschriebenen *Mythen* „malen" auch in den *Metopen* die Töne Wasser. In *L'île des sirènes / Die Insel der Sirenen* scheint die Musik Klang und Bild des bewegten Meeres wiederzugeben. Wasser war schon zuvor in der Klaviermusik vorgekommen, am deutlichsten in der französischen (*Reflets dans l'eau* von Debussy, *Une barque sur l'océan* sowie *Jeux d'eau* von Ravel). Musikwissenschaftler sehen hier eine Symbolik des Lebens oder der Veränderlichkeit, doch einem Komponisten, der für das Klavier schreibt, entstehen derlei „Wellen" fast automatisch unter den Fingern, wenn er Passagen, Arpeggios oder kompliziertere Figurationen spielt. Davon, dass es nicht weniger die Hand war als der Wunsch zur Tonmalerei, von der sich Szymanowski leiten ließ, kann man sich überzeugen, wenn man sich die Ausführung einiger Fragmente ansieht. Ähnlich wie dies bei Chopin und Debussy der Fall war, gibt es in den *Metopen* Episoden, in denen eine Hand auf den weißen und die andere auf den schwarzen Tasten spielt (die „Kadenz" im *Allegro assai* in *L'île des sirènes*, *Nausicaa* ab Takt 81, der Beginn von *Calypso*). Bezeichnend ist, wie sehr die Meinungen zwischen Musikwissenschaftlern und Pianisten hinsichtlich möglicher Einflüssen von Debussy auf Szymanowski auseinandergehen. Kenner der Geschichte neigen dazu, diese Abhängigkeit zu betonen. Pianisten meinen hingegen (und ich habe einige gefragt), dass man beim Spielen von Szymanowski kaum an Debussy denkt.

Das durch die Titel angedeutete Programm wird durch ein Motto bekräftigt, das den *Poèmes* beigefügt ist und entschieden den Wahrheitsgehalt von gern zitierten Worten Spiess' in Frage stellen, der meinte, diese Werke seien „unter dem Einfluss der Metopen von Selinunt" entstanden. Tatsächlich konnte Szymanowski im Frühjahr 1911 im Museum von Palermo die von den Friesen des

Tempels in Selinunt stammenden Reliefs bewundern, die mythologische Gestalten sowie Szenen darstellen, darunter Apollo, Perseus wie er die Medusa tötet, Zeus und Hera, die vom Stier entführte Europa. Das Programm der *Poèmes* stammte jedoch aus Homers *Odyssee* (es ist auf den beiden erhaltenen Autographen zu sehen), und er protestierte später auch nicht, als Jachimecki schrieb: „Man kann diese Musik weder von ihnen [den ‚beschreibenden Themen', also dem Programm] getrennt hören noch analysieren, sondern nur zusammen mit ihnen, durch sie". (Jachimecki 1927, 35)

Die *Insel der Sirenen* versah der Komponist mit einem Motto aus dem 12. Gesang:

> Als wir jetzo (…)
> Kamen im eilenden Lauf, da erblickten jene [die Sirenen] das nahe
> Meerdurchgleitende Schiff, und huben den hellen Gesang an:
> Komm, besungner Odysseus, du großer Ruhm der Achaier!
> Lenke dein Schiff ans Land, und horche unserer Stimme.

Der Gesang der Sirenen ist zu hören, wenn ihn der Pianist aus den Arabesken, Figurationen, Tremoli und Arpeggi herausgliedert (mancher hört in dieser Musik allerdings eher Stilisierungen von Vogeltrillern). In Takt 14 teilt der Komponist bei der höchsten Stimme mit: „cantabile e affetuoso, ben marcano la melodia", und in Takt 40 heißt es „cantando". Später, wie man sich beim Hinweis „lontano" denken kann, entfernen sich Odysseus und seine Gefährten von der Insel. Es ist aber schwer auseinanderzuhalten, in welchem Maße wir es hier mit einer Illustration zu tun haben und wie sehr mit einem emotionalen Programm, da die Spannung langsam steigt; und wie bei Homer zu lesen, wies Odysseus seine Gefährten in der Nähe der Sireneninsel an, sich an den Mast zu binden, um nicht ins Verderben zu stürzen, in welches der Sirenengesang die Schifffahrer stürzte, da es sie in Ekstase und die Schiffe auf Felsen geraten ließ.

Die *Metopen* und die *Masken*

Das zweite Tongedicht ist vom Motiv der sieben Jahre inspiriert, die Odysseus auf einer anderen Insel verbrachte, wo er von der in ihn verliebten Kalypso gefangen gehalten wurde. Die raffinierte Harmonik geht einher mit einem freien Rhythmus, wo sich das Metrum zuweilen mit jedem Takt ändert (2/8, 3/8, 4/8, 5/8, 6/8, 12/8, 9/16, 12/16). Das ausdrucksstarke melodische Motiv wird meist Odysseus zugeschrieben. Es kehrt in Calypso verändert und transponiert wieder, später wird es noch einmal deutlich gegen Ende der dritten Metope in Erinnerung gerufen. Die Begleitung hinterlässt den Eindruck, als könne man die Musik ein Wiegenlied nennen – was Spekulationen und Mutmaßungen zulässt, zumal der Komponist dieses Werk seiner Schwester Anna widmete.

Einen anderen Charakter hat Nausicaa – eine „Erzählung" über die Tochter des Königs der Phaiaken, die Odysseus gerettet und ihn an den Hof ihres Vaters gebracht hat. Der 6/8-Takt und die punktierte rhythmische Figur erinnern an eine Siciliana. Die Vortragsbezeichnungen *allegretto grazioso* zu Beginn des Werks und später *poco scherzando* und *leggiero* legen ebenfalls einen anderen Charakter der Musik nahe als in den beiden übrigen Metopen.

Als Szymanowski die *Poèmes antiques pour piano* schrieb, wählte er drei Episoden aus der Odyssee aus, deren Helden weiblichen Geschlechts sind, die in der von Homers Epos vorgegebenen Reihenfolge auftreten. Zunächst also die Sirenen, die erfolglos den Helden locken, dann Kalypso und Nausikaa, die ihn aus der Bedrängnis retten und deren Liebe zu ihm nicht erwidert wird. In diesen Jahren war Szymanowski sehr empfänglich für Anregungen, die sich aus persönlichen Erfahrungen und Erlebnissen ergaben. Unter Einfluss der homosexuellen Neigungen, die er bei sich entdeckt hatte, begann er Frauen mit deutlicher Geringschätzung zu behandeln, sogar mit Abneigung, als seien sie eine Gefahr für ihn. Es gibt zu denken, dass er mehr als ein Jahrzehnt später eine Rückkehr zu Homer erwog und ein Ballett *Die Rückkehr des Odysseus* komponieren wollte. Er war damals krank, lebensmüde und dachte ... an eine Heirat.

Die drei *Metopen* widmete Szymanowski drei Frauen: seiner Cousine Alina („Lola") Rościszewska, seiner Schwester Anna sowie Marianna Dawydowa.

Die drei *Masken* sind drei Pianisten gewidmet: *Schéhérazade* Alexander Dubiansky, *Tantris le bouffon / Tantris der Narr* Harry Neuhaus und *Sérénade de Don Juan / Don Juans Serenade* Arthur Rubinstein.

Angeregt wurden die *Masken*, die dramaturgisch viel komplexer sind als die *Metopen*, ebenfalls durch literarische Gestalten, die jedoch von verschiedenen Autoren stammen und bereits zuvor der Musik nicht fremd waren. Scheherazade ist die Erzählerin in den *Märchen aus Tausendundeiner Nacht* und zugleich Protagonistin von Werken Rimski-Korsakows und Ravels. Tantris ist ein Anagramm des Namens Tristan, bekannt aus Wagners Oper, für die sich Szymanowski bis ans Ende seiner Tage begeisterte, doch die direkte Inspiration für die zweite *Maske* war Ernst Hardts Drama *Tantris der Narr*. Nach der Premiere 1908 in Köln war es in vielen europäischen Theatern aufgeführt und mehrfach übersetzt worden, auch ins Polnische. Szymanowski besaß ein Exemplar, und durch eine Fügung des Schicksals hat es sich bis heute erhalten. Don Juan ist das Symbol eines Verführers und Lüstlings, in der Musik aber vor allem der Held aus Mozarts Oper (anfangs verwendete Szymanowski in seinem Titel übrigens Mozarts Schreibweise Don Giovanni). Für Szymanowskis Generation war es aber auch der Held einer symphonischen Dichtung von Richard Strauss. Sicherlich hatte sich der Komponist auch diesmal mehr oder weniger bewusst von persönlichen Beweggründen leiten lassen, doch kann man darüber nur spekulieren, und es sei lediglich gesagt, dass in jeder Maske die Beziehungen zwischen Mann und Frau einen relativ spezifischen Charakter haben, der alles andere als gewöhnlich ist.

Schéhérazade steht zwar am Anfang des Zyklus, ist aber am spätesten entstanden, nach Szymanowskis Aufenthalt in Moskau und Petrograd, wo Neuhaus *Sérénade de Don Juan* und *Tantris le bouffon* spielte. Das Stück ist am längsten (es dauert fast zehn Minuten) und am kontrastreichsten, als sei es aus unterschiedlichen Episoden montiert, die jemand, der programmatische Interpretationen mag, als Hinweis auf die „verschachtelte" Form der *Märchen aus Tausendundeiner Nacht* nehmen kann. Die Wiederholungen eines einzelnen Tons, die Tremoli, die Repetitionen von Akkorden oder kurzen Motiven, die für dieses Werk so typisch sind, lassen sich verschieden interpretieren. Für die einen verbildlichen sie den rücksichtslosen Wesir, der, von seiner ersten Frau verraten, alle weiteren nach der Hochzeitsnacht umbrachte. Andere suchen hier Symbole des Todes, der für Scheherazade eine ständige Gefahr ist. Der Interpret merkt jedoch, dass sie eine gewisse Narrativität erhalten und die aufeinanderfolgenden Episoden zu den „Märchen" werden, die Scheherazade dem Wesir erzählte, ganz so, wie es in der Schachtelerzählung zu sein pflegt.

Tantris le bouffon ist ebenfalls dazu angetan, in ihm Tonmalerei und Vieldeutigkeit zu suchen. Der Rhythmus lässt an einen Tristan in der Verkleidung eines hinkenden Landstreichers denken. Die lyrischen Episoden können Isolde schildern, aber ebenso gut – wie es manchmal heißt – die faktische Natur Tristans, der sich unter der Maske des Tantris verbirgt. Das Ende öffnet den Mutmaßungen Tür und Tor. Soll man es als Illustration des Finales von Hardts Drama ansehen, wo Tantris-Tristan von seinem Hund, aber nicht von seiner einstigen Geliebten erkannt wird? Oder tritt der Held aus Enttäuschung über die Natur der Frau ab, während Isolde vor Verzweiflung stirbt?

Sérénade de Don Juan beginnt mit einer virtuosen Kadenz, die eine Improvisation nachahmt, danach erklingt ein Thema mit deutlich spanischem Charakter. Komponiert im Oktober 1915, war dies nach dem Notturno die zweite Stilisierung spanischer Musik in Szymanowskis Schaffen. Vielleicht klingt hier das von Rubinstein gern gespielte Repertoire nach, vielleicht ist es aber auch eine Anspielung auf die vielen Amouren des Freundes, den er seit einem Jahr nicht mehr gesehen hatte und dem er diese Maske auch widmete.

Im Konzert kann man einzelne Teile der *Masken* oder *Metopen* aufführen, doch sind sie eindeutig als Zyklen gedacht. Sie beginnen mit dem längsten Werk, am Ende steht dasjenige mit dem deutlichsten Rhythmus. Beide Triptycha erschienen zwischen 1919 und 1922 im Druck und fanden rasch Interpreten. Nach der *Etüde b-Moll* aus Jugendtagen wurden die Masken zu dem am häufigsten aufgeführten und eingespielten Werk Szymanowskis, dessen Popularität nur noch von den Violinkompositionen *Notturno und Tarantella* und *Mythen* übertroffen wird.

Die *Etüden* und die letzte Sonate

„Etudes (technische Probleme). 12 kleine Klavierstücke, ein Ganzes bildend, technisch interessant, schwierig" (Szymanowski 1981, 25), schrieb Szymanowski an seinen Verleger über den im Sommer 1916 komponierten Zyklus. Alle sind sehr kurz, sie sind kaum länger als eine Minute, sind aber *attacca* miteinander verbunden, so dass das Ganze etwa eine Viertelstunde dauert. Die meisten stellen den Pianisten vor keine geringe technische Herausforderung, da sie die oftmalige Wiederholung schwieriger Figuren, Figurationen oder Akkordfolgen verlangen, was vor allem in den Etüden Nr. 1, 2, 3, 6, 7 und 12 der Fall ist. Eine Abwechslung von dieser virtuosen Bravour bietet die „impressionistische" Etüde Nr. 4, und die gleich darauffolgende Nr. 5 klingt wie eine Verneigung vor Chopin, der sicherlich das Vorbild für den Zyklus war. Diese fünfte ist die einzige Etüde, die Vorzeichen und mit Es-Dur eine eindeutige Tonart besitzt, die übrigen sind atonal. Im „goldenen Schnitt" befindet sich die längste, ausdrucksstarke Etüde Nr. 8, welche die Stimmung noch deutlicher verändert. Nr. 9 klingt wie eine „Maske" *en miniature*, Nr. 10 und 11 erinnern an die Metopen.

Im stürmischen Sommer 1917 entstand in Tymoszówka die *3. Klaviersonate*. „4 Teile, ein Einziges bildend. Klanglich ziemlich eigentümlich" (Szymanowski 1981, 25), schrieb der Komponist an Hertzka. Den Hörer frappiert vor allem jene „klangliche Eigentümlichkeit", da Szymanowski die aus den *Metopen*, den *Masken* und den *Etüden* bekannten Mittel dazu verwendete, ein ca. 20-minütiges Werk mit sehr dichtem Klang zu schaffen. Und so stellt die Sonate wie auch viele andere Werke Szymanowskis den Musiker vor gewaltige technische Schwierigkeiten, erfordert aber auch die Beherrschung einer musikalischen Dramaturgie mit starken dynamischen Kontrasten. Man hört die Musik „anbranden" und „abebben", was sie mal in die Nähe impressionistischer Sinnlichkeit, mal expressionistischer Leidenschaft rückt, ähnlich wie in der 3. *Symphonie*. Erst die Analyse der Noten erlaubt es, in diesem Werk den Ansatz traditioneller Formen zu erkennen, mit einem kontrastierenden Allegro, einem langsamen Satz und einem anschließenden Scherzo, das zum Finale führt. Dieses ist ambitioniert angelegt, als Fuge mit vier Themen (sie setzen in den Takten 345, 350, 355 und 360 ein), doch im dichten Klang und in der atonalen Harmonik verschwindet schon das erste Thema rasch und der Hörer verliert die kontrapunktische Idee aus dem Blick, meist schon nach dem Einsetzen der zweiten, spätestens der dritten Stimme.

Pianist aus Notwendigkeit

In den Nachkriegsjahren gab Szymanowski viele „verhasste Konzerte", da er Geld brauchte. Zunächst trat er immer wieder mit Kochański auf, meistens aber begleitete er seine Schwester Stanisława. Die Rolle des Solisten mied er, etwa als er bei einem Kompositionsabend in Paris 1922 persönlich seine Schwester begleitete, die Aufführung der Soloklavierwerke aber, die einen besseren Musiker erforderten, Zbigniew Drzewiecki anvertraute. Manchmal jedoch entschloss er sich zu einem Klavierabend, wie an einem gewissen Wintertag in Zakopane.

„Ich sitze hier in Zakopane (billiger und angenehmer als in Warschau) – doch ständig gehe ich natürlich bankrott, also habe ich mir mit meinen hiesigen Freunden ausgedacht, dass ich ein Konzert allein gebe", berichtete er im Januar 1924 an Zofia Kochańska.

> Ich kann kein Programm mit meinen Klaviersachen füllen, denn das ist zu schwer, ich werde also unerhörte Dummheiten spielen, ausschließlich Improvisationen!! Also

Der Komponist und Pianist

> *une grande blague* – wobei ich die Amusikalität von Zakopane nutze und – natürlich – das Gefühl, eine künstlerische Gemeinheit zu begehen – eine Erniedrigung – Prostitution! Ganz zu schweigen von den etwa zehn für das Spiel verlorenen Tagen, denn wie auch immer muss ich irgendwelche Préludes, Etüden und den *Don Juan* (ich spiele ihn!) zumindest ein bisschen üben! Unlängst war ich mit Stasia [Stanisława] in Posen, in Lemberg gewesen, in etwa einer Woche fahre ich wieder mit ihr nach Krakau, Lemberg, Tarnów und hierher (ich mag die Konzerte mit ihr übrigens sehr) – also den ganzen Winter, statt ernsthafter Arbeit, die verloren ist für diese Konzertchen (im Frühjahr werde ich mit ihr anscheinend nach Jugoslawien und Bulgarien fahren). (K 2, 719 f.)

Szymanowski trat nicht gerne auf, und er mochte es gar nicht, zu üben, weshalb die Berichte über sein Spiel die früheren kritischen Bemerkungen von Neuhaus bestätigen. Im September 1924, als er die französische Geigerin Germaine Liodon begleitete, schrieb Iwaszkiewicz: „Eine wirkliche Überraschung, die *Mythen* spielte sie hübsch, nur Karol der Schlingel war zu faul, die Begleitung zu wiederholen und griff so schrecklich daneben, dass es mir weh tat." (K 3, 171)

Wenn man die Berichte Stanisława Szymanowskas über die Vorbereitungen zu den Konzerten liest, die sie mit ihrem Bruder in Rom gab, wundert man sich kaum, dass es so kam.

> Es war am 29. Februar 1928 in Rom. Zuerst ein großes Symphoniekonzert mit der 3. Symphonie unter der Leitung von Fitelberg, und ein paar Tage später ein Kammerkonzert – Violinwerke (meist von Szymanowski) – Irena Dubiska, die Lieder – ich, am Klavier Karol HÖCHSTSELBST.
> Mit den Proben war es zum Verzweifeln – auf jede schüchterne Bitte nach einer Probe, „wenigstens ein kleines Pröbchen", entgegnete er ein ums andere Mal: „Mein Goldstück, wozu brauchen wir diese Probe?" Die Dubiska und ich jagten die-

sen Proben ewig hinterher und waren in Sorge. „Irenko, wozu brauchen wir diese Probe?" (Szymanowska 1938)

Bei Konzerten spielte er vor allem frühe Werke, auch noch die *1. Klaviersonate*. Die späteren Werke mied er, da sie für ihn zu schwer waren, doch wenn die Situation dies erforderte, fand er eine Lösung. Ein befreundeter Musiker äußerte sich einmal anerkennend über die Ausführung des schwierigen Klavierparts in den *Mythen*, woraufhin er von Szymanowski hörte, dass „das, was er spielte, eigentlich eine ‚erleichterte Komponisten-Ausgabe'" gewesen sei. (Chylińska 2008, Bd. 2, 415)

Trotz der technischen Unzulänglichkeiten muss sein Spiel – zumindest manchmal – die Hörer mitgerissen haben. An eine derartige Reaktion erinnerte sich Eugenia Umińska aus Bologna, wo sie 1934 mit dem Komponisten im Liceo Musicale auftrat.

> Schon die Architektur dieser alten Mauern, in denen Mozart und viele alte italienische Meister gelernt hatten, deren Porträts die Wände zierten, war ein zauberhafter Rahmen für die Musik und die Person Karol Szymanowskis. Das höchst feinfühlige Publikum ließ im Saal eine Stimmung von Intimität und Konzentration entstehen. Karol beendete das Programm mit einigen seiner Klavierstücke. Bei den letzten Werken trat das Publikum an die Bühne heran, [die Leute] lehnten sich gebannt an sie, gefesselt vom Interpreten. Die jüngeren Zuhörer stiegen direkt auf die Bühne, setzten sich Karol zu Füßen und baten ihn, noch zu spielen. Er spürte, wie vertraut er ihnen war. Er spielte lange, ohne müde zu werden, und schloss mit einer seiner letzten Mazurken, die damals noch nicht gedruckt waren.[3]

Die *Mazurken* begann Szymanowski 1924 zu komponieren. Jahre zuvor hatte er Komponisten kritisiert, die – wie er sich ausdrückte – unbeholfen versuchten, Chopin nachzueifern. Nun,

---

3 Eugenia Umińska; Festiwal Polskiego Radia 1997 (o. O.), S. 101.

da er ein Repertoire benötigte, das seinen eigenen technischen Möglichkeiten entsprach, aber auch, weil er seinen Aufruf zur „Entdeckung Chopins" umsetzte, schrieb er *Mazurken*. Bis 1926 entstanden 20 lyrische und lebhafte Miniaturen. Er orientierte sich in ihnen an Chopin und „kreuzte", wie er dies beschrieb, den masowischen Dreiertakt mit Podhale-Motiven im Zweiertakt. Manchmal ahmte er in ihnen das Spiel von Góralenkapellen nach, einige Motive waren Melodien aus dem Tatravorland nachempfunden. Zwei *Mazurken* aus den 1930er Jahren, die als letzte Opusnummer 62 erscheinen sollten, beschlossen sein kompositorisches Werk.

1933 nahm er die *Mazurken* op. 50 Nr. 13 und op. 62 Nr. 1 für die Columbia auf. „Die Aufnahmen waren entsetzlich anstrengend", erinnerte sich die dabei anwesende Leonia Gradstein. „Sie wurden viele Male wiederholt, da Szymanowski – trotz einer Stoppuhr – die Zeit nicht genau einhalten konnte. Als man endlich entschied, dass alles in Ordnung sei, war der Musiker wohl müder als nach einem ganzen Konzert. Mit den Aufnahmen war er nicht zufrieden und er bat sogar, die Plattenrohlinge zu zerstören, was man natürlich nicht tat." (Gradstein/Waldorff, 185)

Die *Symphonie Concertante*

Nachdem er 50 Jahre alt geworden war, hätte sich Szymanowski wahrscheinlich nicht dazu entschlossen, etwas Gewichtigeres für Klavier zu schreiben, wären nicht seine Existenzbedingungen gewesen. Im Winter 1932, nachdem er von seinem Amt im Konservatorium zurückgetreten war, fühlte er sich frei und euphorisch. Er fuhr nach Zakopane, von wo er bald darauf Grzegorz Fitelberg informierte: „Ich habe mich (aber das ist ein strengstes Geheimnis!) an ein Klavierkonzert gemacht. (...) Ich weiß nicht, ob es gut ist oder schlecht, aber ich schreibe es mit Freiheit, Vergnügen, ohne jeden Zwang – wie in jungen Jahren." (K 7, 123) Es war aber nicht das Konzert, das er seit Jahren Rubinstein versprach. Anfang Juni, als das Werk fertig war, betitelte er es *4. Symphonie „konzertierende"*. Aus drei kontrastierenden Sätzen bestehend, erinnert sie zwar

Die *Symhonie Concertante*

an ein Klavierkonzert, doch Szymanowski passte den Klavierpart an seine eigenen technischen Fähigkeiten an, und da diese nicht brillant waren, vergrößerte er die Rolle des Orchesters – daher der Titel, der die symphonischen Aspekte des Werks hervorhebt.

In einem Brief an Jachimecki beschrieb er das neue Werk und kündigte an, was er erwarten sollte. Die Stimmung des ersten Satzes (Moderato) empfahl er als „sehr heiter, fast fröhlich". Das vom Klavier in F-Dur gespielte melodische Thema klingt tatsächlich „unschuldig". Ihm folgt eine Änderung von Tempo, Ausdruck und Charakter der Musik, was zu Kontrasten führt, wie sie für den mosaikhaften Aufbau vieler Werke Szymanowskis typisch sind. Anstelle der ekstatischen Aufwallungen, die in seinen früheren Werken vorkommen, ist hier eine einfachere, energiegeladene Musik zu hören, die – je nach Aufführung – gelegentlich als geradezu brutal empfunden werden kann. Hörbar sind Echos von Góralenmusik, eine weitere Reminiszenz an das Entzücken über die Podhale-Folklore. Er hatte sich zwar eigentlich von der Folklore verabschiedet, doch offensichtlich begünstigte die Villa „Atma" „góralische" Erfindungen.

In einer ganz anderen Atmosphäre entwickelt sich das notturnohafte Andante molto sostenuto. Die Soloinstrumente – Flöte, Viola, dann die Violine und das Englischhorn – intonieren eine Melodie über einem zarten Streicherteppich (Tremoli, con sordino, sul tasto) sowie einer ebenso pastellhaften Begleitung durch das Klavier. Nach dieser „unendlich lyrischen (fast sentimentalen)" Episode folgt eine für Szymanowski außergewöhnliche, langatmige Steigerung der Musik: „ein großes crescendo und ein fast dramatisches ff". Die von Akkorden geprägte Solopartie wird von dem immer intensiver klingenden Orchester unterstützt. Dann bringt sich das Thema aus dem 1. Satz in Erinnerung und attacca schließt sich das Finale Allegro non troppo an. Es handelt sich um eine deutliche Stilisierung eines Obereks, der gegen Ende des Werks sein Tempo verlangsamt und sich zu einem Kujawiak verwandelt, um wieder zu beschleunigen und – fast das gesamte Orchester erfassend – zu einem Höhepunkt *fortissimo possibile* zu gelangen, was

Der Komponist und Pianist

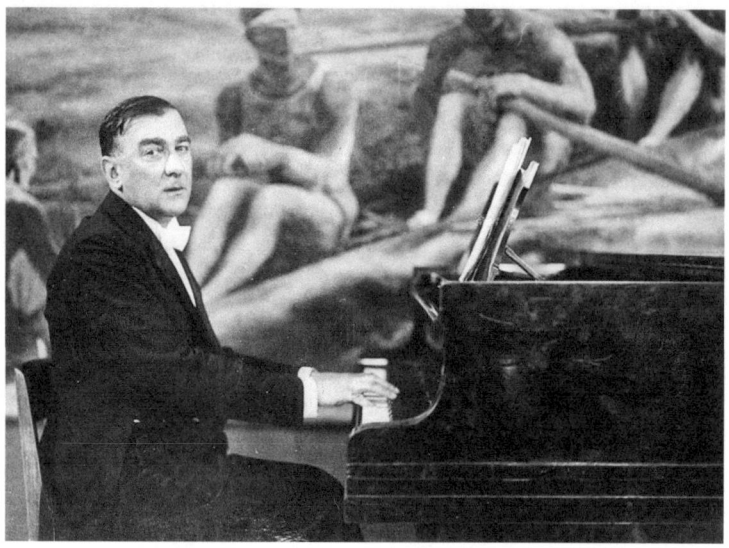

Abb. 9: Karol Szymanowski am Flügel, um 1930.

der Komponist in dem zitierten Brief an Jachimecki kommentierte: „ein stellenweise fast orgiastischer Tanz". (alle Zitate nach K 7, 335)

Die Einfachheit und die Rückkehr zur Tonalität enttäuschten die jungen Komponisten in Polen, woran sich lange danach Witold Lutosławski erinnerte. Zuhörer mit anderen Erwartungen hielten diese Musik jedoch für modern, also für schwer. Im Januar 1933 in Kopenhagen kommentierte Szymanowski mit Verwunderung die Bemerkungen eines dänischen Kritikers: „Mein Gott, ist das wirklich so ernst? Und ich wollte ein wenig ‚Unterhaltungsmusik' für ein breites Publikum schreiben!" (K 8, 26; 29)

Seine großen Hände erlaubten es Szymanowski, wirkungsvolle, große Akkorde zu spielen. Ein Problem war jedoch seine Fingerfertigkeit, an die er dachte, als er den Klavierpart relativ sparsam gestaltete. Dem Solisten, also sich selbst, gönnte er gleich zu Beginn ein effektvolles Thema, dann eine ausladende Kadenz gegen Ende des 1. Satzes und eine kürzere, die an die *Metopen* erinnert, am Ende des 2. Satzes. Dennoch entsetzte ihn die Vorstellung, in der Rolle des Solisten aufzutreten.

„Derzeit pauke ich täglich einige Stunden Klavier. Manchmal denke ich, dass daraus etwas wird, häufiger falle ich in Verzweiflung!", klagte er Fitelberg im Sommer 1932 sein Leid.

> Es besteht kein Zweifel daran, dass das für mich zu schwer ist. Ich werde also technisch elend spielen, damit musst Du rechnen! Ob es sich lohnt?! Gleich nachdem ich nach Warschau gekommen bin, wirst du das mit mir an 2 Klavieren üben müssen. – Vergiss nicht, dass ich noch nie mit Orchester gespielt habe!! So eine Entjungferung in meinem Alter – das ist riskant!! (K 7, 272)

Bald kam der Tag der Uraufführung, der 9. Oktober 1932 in Posen – und er veränderte Szymanowskis Einstellung zu Soloauftritten grundlegend. „Kannst Du Dir vorstellen, was das für mich für ein *événement* war", schrieb er an Zofia Kochańska.

> Alles ist hervorragend gelungen, bis dahin, dass ich das ganze Finale als Zugabe wiederholen musste! Lache mich nicht aus – ich spotte eigentlich selbst über meinen „Pianismus", aber ich gebe Dir mein Wort, dass die Menschen sich den Kopf zerbrachen, wie ich überhaupt so spielen kann. Ich verstehe es selbst nicht wirklich, wie ich dazu gekommen bin, dass ich das überhaupt halbwegs korrekt und mit einem gewissen Schwung spielen konnte. (K 7, 326 f.)

Die Begeisterung, mit der das Posener Publikum ihn aufnahm, ermunterte ihn zu Auftritten im Ausland. Rubinsteins Rat folgend, meldete er sich beim Konzertbüro von Marcel de Valmalète in Paris, einer der beiden wichtigsten Agenturen in Frankreich, und bald darauf schlug man ihm Gastspiele in mehreren Ländern vor. Einige andere ausländische Aufführungen verdankte er dem Außenministerium, das Konzerte organisierte, um polnische Musik zu propagieren. Zwischen Oktober 1932 und November

Der Komponist und Pianist

1935 hatte Szymanowski somit die Gelegenheit, seine *4. Symphonie* nicht weniger als 25 Mal zu spielen. 1934, als die beiden amerikanischen Mäzenatinnen ihre finanzielle Unterstützung zurückzogen, wurden diese Konzerte zu seiner Haupteinnahmequelle.

Am häufigsten, nämlich 15 Mal, spielte er es mit Fitelberg, doch er führte sein Werk auch unter der Leitung von Pierre Monteux (in Paris, Amsterdam und Den Haag) sowie Malcolm Sargent (in London) auf. Ein gemeinsames Konzert mit Furtwängler kam, wie im Kapitel „Deutschland" beschrieben, nicht zustande. Für jemanden, der meinte, die musikalische Welt Warschaus würde ihn hassen, trat er außergewöhnlich oft in dieser Stadt auf, acht Mal, und das innerhalb von nur 27 Monaten. Der erste Ort außerhalb Polens, wo man die *4. Symphonie* hören konnte, war Kopenhagen, es folgten Bologna, Moskau, Zagreb, Bukarest, Paris, Amsterdam, Den Hag, Sofia, London, Lyon, Stockholm, Oslo, Bergen, Berlin, Rom, Lüttich und Maastricht.

Die Reisen wurden von Leonia Gradstein organisiert, was meist nicht einfach war, da Szymanowski, von Stimmungen abhängig, manchmal bis zum letzten Augenblick nicht sicher war, ob er fahren kann – oder will.

> Trotz von vornherein festgelegter Daten für Konzerte und Verpflichtungen (…) verschob Szymanowski die Entscheidung zur Reise fast bis zum letzten Moment. Und so schreibt er am 30.10.1935 aus Zakopane: „Ich weiß nicht z. B. ob ich sicher nach Belgien fahren kann. – Ich glaube, dass Sie das sofort Ficio [Fitelberg] sagen müssen – damit er darauf eventuell vorbereitet ist. Vielleicht wird eine Veränderung der Luft, der Stimmung plötzlich gut auf mich wirken (damit rechnet sogar Dr. Totwen ein bisschen) – vielleicht aber wird mich das auch schwächen. Konzerte, Orchesterproben sind sehr anstrengend, werde ich es schaffen? Nun, schauen wir …"

Aus diesen Gründen, und obwohl Pass, Visen und andere Formalitäten sogar vorzeitig erledigt waren, unternahmen wir die letzten Vorbereitungen zur Reise ins Ausland, bei

denen ich assistierte, in einer Stimmung von Nervosität und Erregung.
Szymanowski packte selbst. Und mit diesem Packen gab es keine geringe Arbeit! Nie, selbst bei bestem Willen, konnte er sein Gepäck auf ein vernünftiges Maß beschränken. Im Zuge des Packens schwollen die Koffer an, von denen mehrere (für gewöhnlich drei) bereitstanden. (Gradstein/Waldorff, 171)

In einem Brief an die Berufspianistin Helena Casella schrieb Szymanowski über sein Klavierspiel: „Was die technischen Unzulänglichkeiten angeht, so vermag ich sie dank meiner Fähigkeit, ‚ruhig Blut' zu bewahren, mit großer Geschicklichkeit zu kaschieren. Der Gesamteindruck ist durchaus zufriedenstellend. Dies gibt mir also den Mut, ‚ins kalte Wasser zu springen'." (K 7, 363) Es gibt eine Aufnahme eines Großteils der 4. *Symphonie*, die vom dänischen Rundfunk gemacht wurde und einen gewissen Eindruck von seinem Spiel vermittelt, wobei allerdings Zweifel an jener Geschicklichkeit entstehen, Unzulänglichkeiten zu maskieren. Aus anderen Berichten ist bekannt, dass das Klavierspiel Szymanowskis von Zuhörern und Kritikern manchmal ausgezeichnet bewertet wurde, andere Male aber auch nur freundlich. Die Kritiken nach der Aufführung in Paris waren zurückhaltend, in Lüttich spielte er schwach, verspielte sich sogar. Wer ihm wohlgesonnen war, schob das auf seine Krankheit und Müdigkeit. Die Lektüre der Briefe legt jedoch noch einen weiteren Grund nahe: Er hasste es, zu üben.

Als er sich dazu entschloss, mit der 4. *Symphonie* aufzutreten, zog Szymanowski es vor, der einzige Pianist zu sein, der dieses Werk in seinem Repertoire hatte, um keine besseren Konkurrenten neben sich zu haben. Dies gelang ihm fast, da zu seinen Lebzeiten lediglich drei Pianisten die 4. *Symphonie* aufführten – Seweryn Eisenberger mit Artur Rodziński in Cleveland, Jan Smeterlin mit Nikolaj Malko in London und Alexander Kamiensky mit Fitelberg in Leningrad und Moskau, alle drei in der Saison 1933/34. Rubinstein, dem das Werk gewidmet war, nahm es erst 1943 in sein Repertoire auf, während einer Tournee durch die USA mit dem

Orchester aus Philadelphia unter Leitung von Eugene Ormandy. Er sicherte sich auch die Schallplattenersteinspielung, als er die Symphonie 1952 mit dem Los Angeles Philharmonic unter Leitung von Alfred Wallenstein aufnahm.

Die Musik

In den außerhalb Polens verfassten Musikgeschichten wird Szymanowski zur Gruppe der „slawischen Expressionisten" gezählt und Scriabin zur Seite gestellt. Manchmal gehört er zur „folkloristischen" Richtung, und dann wird er in der Gesellschaft von Bartók, vielleicht auch Strawinsky genannt. Dabei war er für die Zeitgenossen vor allem ein Komponist, der sich Klassifizierungen entzog, der zu keinem der damaligen -ismen passte. Kurz nach seinem Tod schrieb Stuckenschmidt: „In der Galerie der modernen Komponistenporträts präsentiert das intellektuelle Profil Karol Szymanowskis vielleicht den komplexesten Anblick"; ein Grund hierfür war nach Meinung des deutschen Kritikers die außerordentliche Unterschiedlichkeit und Veränderlichkeit seiner Musik. (Stuckenschmidt 1938, 36) Mehr als sechs Jahrzehnte später hatte ein englischer Kritiker einen ähnlichen Eindruck, nachdem er die Gesamtaufnahme der Lieder gehört hatte: „Was für eine Reise hier angeboten wird. Diese Sammlung bietet eine Art musikalische Luxusreise für das Jet-Set-Zeitalter – heute expressionistisches Österreich, morgen slawische Phantasie, am Tag danach Hochromantik in Deutschland, und dann ein Wochenende in den exotischen Reichen des Nahen Ostens."[1]

Der verschlungene schöpferische Weg

Szymanowski schöpfte seine Inspirationen aus verschiedensten Quellen. Wer ihm nicht wohlgesonnen ist, sagt: Er unterlag ver-

1 Richard Fairman: Szymanowski Complete Songs for Voice and Piano. In: GRAMMOPHONE Nov. 2004, http://www.gramophone.co.uk/review/szymanowski-complete-songs-for-voice-and-piano.

schiedenen Einflüssen. Zu Beginn des 20. Jahrhunderts, als die alten Konventionen gebrochen wurden, waren die Wege vieler Maler und Komponisten ähnlich verschlungen, manchmal änderten sie ihren Stil noch häufiger und radikaler als Szymanowski.

Der „modernistische" Anfang

Die frühesten Werke entsprossen dem Gefühlsleben eines jungen Menschen, der vom romantischen Verständnis der Kunst als eines künstlerischen Bekenntnisses durchdrungen war. Die Lieder wurden von affektierter und pessimistischer Lyrik angeregt, und diese Stimmungen dominierten auch in den Klavierwerken. Man kann sich vorstellen, dass dies vor mehr als hundert Jahren dem jungen Szymanowski in den Augen der Umwelt den Nimbus des Ungewöhnlichen verlieh, was gut zu den Vorstellungen vom sensiblen und einsamen Künstler passte. Bezeichnend, dass eine etwas größere Verschiedenheit in seinen Werken erst während des Unterrichts bei Zygmunt Noskowski begann; der Professor war sich offensichtlich bewusst, dass man von einem professionellen Komponisten die Fähigkeit erwartete, Musik mit unterschiedlichem Charakter zu schreiben.

Der mit Bach, Beethoven und Chopin großgewordene Jüngling, der zudem eine hochtrabende Vision von Kunst besaß, saugte die ihm zugänglichen Neuigkeiten auf und ahmte sie nach, hauptsächlich aus dem österreichisch-deutschen Bereich. Zunächst faszinierte ihn Richard Wagner.

> Wagner habe ich erstmals in Wien kennengelernt, als ich 13 Jahre alt war. Ich habe dort zum ersten Mal (nur) Lohengrin gehört. Interessant ist, dass ich in dieser Zeit auch andere Opern kennengelernt habe (Gounods Faust, Carmen, Traviata usw.). Sie haben auf mich jedoch keinen Eindruck gemacht – selbst Carmen lernte ich erst später schätzen. Der Schlag, der mich aus dem Gleichgewicht brachte, war dieser Lohengrin – und er entschied über mein weiteres Leben.

Von nun an wurde Wagner zum einzigen Gegenstand meiner Träume. Und in den Klavierauszügen lernte ich ihn bald ganz kennen. (K 1, 175)

Nicht viel später wurde schon die Musik seiner Zeitgenossen zum Gegenstand seiner Begeisterung – Richard Strauss, Max Reger und Franz Schreker.

Der 20-Jährige, der auf einen Erfolg bei Kritik und Öffentlichkeit in Berlin, später in Wien hoffte, kam hervorragend mit dem Stil zurecht, der von den Enthusiasten der modernen Kunst geschätzt wurde, wovon die *Konzertouvertüre*, die beiden ersten Symphonien sowie die Oper *Hagith* zeugen. Diese Werke schrieb er für gewaltige Klangkörper und mit Vorliebe machte er von den Tutti Gebrauch. Den Effekt „espressivo" und „con passione" – Hinweise, auf die Ausführende in seinen Partituren ständig stoßen – verstärkte er durch freie Tonalität, immer dichtere Chromatik und quasi-kontrapunktische Schichtung der Stimmen.

In *Hagith* gelangte er zu den Grenzen komplexen Klanges und gesteigerter Expression. Davon hatte er dann genug, und so kam er zu der Auffassung, dass er sich zu sehr an Strauss angenähert habe, weshalb die deutsche Musik für ihn ihren Reiz verlor. Bald darauf brach der Krieg aus, der ihn von den Wiener Zentren der musikalischen Welt trennte.

Die erste Wendung: Nach Süden und in den Orient

An der Wende zum 20. Jahrhundert erlagen viele Künstler der Orient-Mode, was man in Werken von Debussy, Ravel, Mahler, Busoni, Puccini oder auch Strawinsky hört. Auch viele Dichter ahmten orientalische Motive nach, und es war dieser Weg, auf dem der Orientalismus in Szymanowskis Musik geriet. Zunächst im Lied *Zuleikha* (1906) und ein paar Jahre später in *Des Hafis Liebeslieder* (1911). Der Orient wurde damals stilisiert, indem man Melodien komponierte, die sich in Halbtönen und mit geringem Tonumfang bewegten, und dies mit Melismen verzierte, die Mikrotöne vor-

Die Musik

spiegelten. Die übrigen Elemente, vor allem die Harmonik, blieben typisch europäisch. Nicht anders ging Szymanowski vor, weshalb kaum Wunder nimmt, dass ein Kritiker, nachdem Paul Draper *Des Hafis Liebeslieder* in London aufgeführt hatte, sie als typisches Zeugnis des deutschen Stils kennzeichnete.

Es war eine glückliche Fügung, dass Szymanowski genau zu dem Zeitpunkt, als er seine Zuneigung zur deutschen zeitgenössischen Musik verlor, die Gelegenheit hatte, sich der französischen und der russischen Musik zu nähern, und dies in einer Zeit, in der er für neue Erfahrungen besonders empfänglich war – auch aus persönlichen Gründen. Nach der aufregenden Reise in den Süden besuchte er im Sommer 1914 Paris. Er hielt sich hier zwar nur kurz auf, doch darf man annehmen, dass selbst in diesen wenigen Tagen, die er in der Gesellschaft von Charles Cuvillier verbrachte, der Gastgeber sein früheres Versprechen erfüllte und sich bemühte, den jüngeren Kollegen zur französischen Musik zu bekehren. Direkt danach in London begeisterte er sich über die Auftritte der *Ballets Russes* mit der Musik russischer und französischer Komponisten, besonders die Werke Strawinskys taten es ihm an. Hingerissen war er von einer Aufführung, in der die Hauptrolle von einem hübschen Jüngling getanzt wurde (Djagilews Solist war damals Vaclav Nijinsky / Wacław Niżyński, den Szymanowski zuvor im *L'après-midi d'un faune* und in *Petruschka* bewundert hatte). Diese Erfahrungen quittierte er mit unverhohlener Genugtuung in einem Brief an Spiess: „Dieser ganze Aufenthalt – unter vielerlei Hinsicht – und sogar in künstlerischer [! D.G.] – hat mich sehr entschieden beeinflusst." (K 1, 445) Zu den Eindrücken aus Paris und London kamen bald darauf intensive Kontakte mit der russischen Musik. Szymanowski begeisterte sich für Rimski-Korsakows Oper *Der unsterbliche Kaschtschej*, und er spielte mit Vergnügen Stücke von Balakirew. Kochański führte ihn in eine Welt neuer Klänge ein. Gefiltert durch die Vorstellungskraft des Komponisten, veränderten sie den Stil seiner Musik am stärksten. Als er für Siloti die Partituren der *3. Symphonie* und des *Violinkonzerts* vorbereitete, musste er sich darauf einstellen, dass sie in Petrograd aufgeführt werden, wo die Erwartungen andere waren als in Wien oder Berlin.

Die erste Wendung: Nach Süden und in den Orient

Das Schicksal war ihm hold, denn 1913 war Rimski-Korsakows Lehrbuch der Instrumentation erschienen, „von dem er sich selbst in diesen schwierigen Jahren nicht trennte", wie sich ein damaliger Bekannter erinnerte. (Błażkow, 6)

Ein Signal für den Wandel war die neue Art, die Werke zu beiteln, wodurch sie in eine Welt fern von spätromantischen Sonaten oder Romanzen gestellt wurden. Die *3. Symphonie* erhielt den poetischen Titel *Lied von der Nacht*. Die Kammer- und Solomusik wurde illustrativer und programmatischer, wie sich dies in den drei Triptycha *Mythen*, *Metopen* und *Masken* deutlich hören lässt. In den Liedtexten wurde die leidende „nackte Seele" durch den nackten, vom Tanz ergriffenen Körper ersetzt. In seiner Instrumentation rückte Szymanowski vom nachromantischen Lärm ab; sein Orchester nahm in Des Hafis Liebesliedern, im *1. Violinkonzert* und in der *3. Symphonie* ungewöhnliche Farben an. Doch weiterhin blieb er seiner Neigung zur Ekstase und massiven Klangentwicklungen an den Kulminationspunkten treu.

Langsam erschöpfte sich jedoch auch diese Inspiration, und Szymanowskis Interesse für den Süden und den Orient wurde schwächer. Er kehrte zu den traditionellen Vorbildern der Instrumentalmusik zurück und schrieb die *3. Klaviersonate* und das *1. Streichquartett*. Außerdem komponierte er, angeregt von den technischen Möglichkeiten des Klaviers, die *Etüden*. Antiorientalische Motive griff er noch einmal in den Kantaten *Demeter* und *Agave* auf, auch in den beiden Liederzyklen zu Texten von Tagore und Iwaszkiewicz, und da er die Musik weiterhin als persönliches, in Töne gefasstes persönliches Bekenntnis auffasste, entstand die Idee für den künftigen *König Roger* – obschon er in der Zwischenzeit den Roman *Ephebos* schrieb, in dem es natürlich um sich selbst und seine Sehnsüchte ging.

Die äußeren Bedingungen begünstigten eine schöpferische Arbeit immer weniger. Durch die Revolution war Russland kein Ort mehr, mit dem man irgendwelche Zukunftshoffnungen verbinden konnte. Szymanowski litt, was er in einem Brief an August Iwański ausdrückte, der Mitte Juni 1917 in Kiew entstand: „Kein gesellschaftlicher oder anderer Enthusiasmus ist in der Lage, mir dieses Gefühl eigenen ästhetischen Werts zu ersetzen, auf dessen Grundlage ich bislang gelebt habe. Mein philosophischer Pessimismus ist leider nur zu begründet. In mir erwachen Charakterzüge, die ich bislang bei mir nicht vermutet habe – Unlust, Abscheu, fast Hass." (K 1, 504) Auf den Ausbruch der schöpferischen Kräfte in den vergangenen Jahren – dem Gipfelpunkt von Szymanowskis Möglichkeiten – folgte ein vierjähriger Zeitraum der Stagnation. Die Arbeit an *König Roger* nahm er erst in Polen auf und skizzierte ihn in immer größerer Ungeduld, bis er schließlich eine Oper instrumentierte, die einer Welt angehörte, von der er sich längst getrennt hatte.

Die zweite Wendung: Nach Lechistan

Nachdem er seine heimatlichen Gefilde verlassen hatte, war das erste Werk, das Szymanowski schon in Warschau komponierte, die Schauspielmusik *Mandragora*, die seiner früheren Musik überhaupt nicht ähnelte. Bald darauf entstanden die – ebenfalls witzigen – *Kinderreime*. Seiner eigenen Überzeugung nach blieb Szymanowski jedoch ein romantischer und ernster Künstler, und so befürchtete er vor der Aufführung von *Mandragora* 1922 in London, dass die Londoner Kritiker „die Suite ernst nehmen, was ein Unglück wäre". (K 2, 399) Von Zeit zu Zeit kehrte jedoch der Gedanke an eine heiterere, leichtere Musik zurück, obschon er so etwas nie mehr komponierte. Als er im Herbst 1925 das *Stabat Mater* fertigschrieb, kündigt er an: „Ich schreibe an die Casella, sie möge mir ein gutes französisches, komisches Libretto besorgen, und ich werde mir eine Oper ‚zum Verkauf' schreiben." (K 3, 391) Drei Jahre später interessierte er sich für das deutsche komische Libretto *Eva spielt mit Puppen* und unterschrieb sogar schon einen Verlagsvertrag, da er – wie er selbst erklärte – sich endlich einmal „musikalisch totlachen" wollte, ermüdet durch die „Feierlichkeit" seiner bisherigen Musik. Aus den Briefen lässt sich jedoch auch schließen, dass er davon abließ, nachdem ihn Fitelberg getadelt hatte: Er hatte Szymanowski daran erinnert, dass es sich, wolle er zum polnischen Nationalkomponisten

Die zweite Wendung: Nach Lechistan

werden, nicht zieme, sich mit Operetten die Zeit zu vertreiben, noch dazu für deutsche Theater.

Im neu entstandenen Polen wurde Szymanowski tatsächlich rasch zu einem Nationalkomponisten. Die Musik war für ihn jetzt nicht mehr ein persönliches Bekenntnis, und er begann damit, seinen „polnischen" Stil zu formen. Er wählte von nun an andere Texte, fast ausnahmslos polnische, und als er *Harnasie* komponierte, machte er die Gemeinschaft zum Helden. Er verwendete Marienmotive, die zum Kern der Vorstellungen von polnischer Identität gehören. Seine Musik wurde als polnisch, national dargestellt, obschon sie auch dann für konservative Menschen irritierend modern blieb. Angeregt war sie durch die „heimische Exotik" aus Gegenden, die früheren Komponisten nicht bekannt und die musikalisch noch nicht ausgeschlachtet waren – das Karpatenvorland Podhale und später Kurpie.

Die erste Etappe im Dienste der „Idee Polens", wie er dies bezeichnete, waren die *Słopiewnie*. Der Podhale-Klang meldete sich in den *Mazurken* zu Wort, im *2. Streichquartett*, im *2. Violinkonzert* und in der *4. Symphonie*. Höhepunkt dieser Richtung und zugleich nach Chopin und Moniuszko ein Symbol für „polnische Identität" wurde das Ballett *Harnasie*.

Die Entdeckung der Góralenmusik ermöglichte es Szymanowski, den Weg zur nationalen Kunst einzuschlagen, die er am liebsten die „lechische" nannte. Dieses Wort stammte vom Namen Lech, dem legendären Begründer des polnischen Staates, von dem auch der türkische Name Polens kommt, der in Polen gerne verwendet wird – Lechistan. Das „Lechentum", womit die „urpolnische Identität" gemeint war, korrespondierte mit dem falschen Glauben daran, dass sich in der Region Podhale – wie oben bereits erwähnt – musikalische Überreste aus uralter Zeit erhalten hätten. Aus der Suche nach einem anderen Weg zum „Lechentum", nämlich durch eine Vergangenheit, die sich auf alte religiöse Musik stützte, entstand das *Stabat Mater*.

Die Musik

Eine eigene Stimme

Die romantische Abkunft (und der romantische Charakter) Szymanowskis führten dazu, dass ihn am meisten interessierte, ob Musik den Zuhörer bewege. Als Komponist (und Ästhet im Alltagsleben) war er vor allen für den Klang sensibilisiert. Sein ganzes Leben lang war er ein „romantischer" Künstler, mit der Zeit wurde er aber auch zu einem „impressionistischen" Stimmungsmaler. „Die Musik Karol Szymanowskis kenne ich seit langem", schrieb 1933 Dimitri Schostakowitsch, „Lyrismus, Verträumtheit, Kontemplativität sind die größte Stärke seines Talents."[2]

Dazu führte die in dieser Epoche außergewöhnliche Dominanz der Melodien. Diese sind ganz verschieden. Manchmal erinnern sie an die „unendliche Melodie" im Geist der Spätromantik. Dann wieder lassen die arabesken Kantilenen an den Orient denken. Es gibt auch einfache Phrasen, die in der Volksmusik oder in religiösen Gesängen wurzeln. Dies wurde bereits zu seinen Lebzeiten erkannt, und aus Anlass des 50. Geburtstags von Szymanowski antwortete Joseph Marx folgendermaßen auf die Frage, worin das Persönliche dieses Künstlers besteht:

> Vorerst in einem ganz eigenen Ausdruck des Melodischen, im nervösen Differenzieren des Gefühls irgendwie an Chopin erinnernd, chromatisch und rhythmisch noch viel freier entwickelt, vielleicht dem Tonfall der polnischen Sprache, ihrer Wort- und Satzmelodie nachkomponiert. Dadurch wirken die Lieder „Słopiewnie" op. 46 ohne polnische Themen ebenso national wie die Mazurken op. 50, in denen sich Urmotive der Volksmusik mit naturalistischen und kompliziertesten harmonischen Stilelementen verbinden. Überhaupt, diese wunderbar persönliche, schwebende, in allen Farben einer Vorhaltschromatik schillernde Harmonik! Oft erscheint sie

2 Šostakovič o vremeni i sebe. Hg. v. Michail Michajlovič Jakovlev, Mosk'va 1980, S. 35.

einem das Persönlichste an Szymanowskis Kunst. (Marx 1933, 134)

Die phantasievolle, reiche Harmonik ist in den frühen Werken oft spätromantisch chromatisch. In den Zeiten der *Mythen* präsentiert sie sich gelegentlich atonal. In den auf volks- und kirchenmusikalische Vorbilder zurückgehenden Werken ist sie vereinfacht, da dies die folkloristischen Bezüge erforderten. Lediglich in *Harnasie* wird die „schillernde Harmonik" gelegentlich durch Dissonanzen verschärft.

Szymanowskis Musik kontrastierte deutlich mit der Brutalität der Expressionisten, und mit Ausnahme einiger Tanzepisoden in den *Harnasie* finden sich hier kaum einfache, deutliche Rhythmen, wie sie für den Neoklassizismus typisch sind. In den 1920er und 1930er Jahren stand der Komponist somit außerhalb der in Deutschland, Österreich und Frankreich dominierenden Strömungen.

Lyrik und Ekstase sind die deutlichsten Eigenschaften von Szymanowskis „eigener Stimme" (wie Tadeusz A. Zieliński sein 1997 veröffentlichtes Buch über ihn nannte). Und sie hat noch ein Merkmal – Sanftmut. Swjatoslaw Richter spielte die *Mazurken* gelegentlich so, als seien sie Nocturnes. Von den „gepflegten" Bacchanalien im *König Roger* war bereits die Rede gewesen... Während des polnisch-bolschewistischen Kriegs schrieb er jedoch auch einen Militärmarsch. Ehe Witkacy viele Jahre später in *Unersättlichkeit* über den „aufgebrachten" oder „höllisch kavalleristischen Marsch" des Freundes spottete, teilte ein Rezensent, der Gelegenheit hatte, ihn zu hören, folgende Eindrücke mit:

> (...) man kann annehmen, dass K. Szymanowski in seinem feierlichen Marsch die Absicht hatte, das schwierige Problem zu lösen, die mitleidlose Rhythmik des Marsches mit einer exquisiten Perspektive zu kombinieren (...) Diese Absicht (sofern sie existierte) wurde insgesamt positiv gelöst. Eine relativ edle melodische Linie mit breitem Atem sowie eine Instrumentation, die keinen Schatten von Alltäglichkeit be-

sitzt, verleihen dem Ganzen einen eher vornehmen Charakter, der Mittelteil, ein Trio, hat sogar etwas Intimes an sich.³

Resonanz

Als Komponist innovativer und raffinierter Musik, die grundsätzlich die Vorlieben des breiten Publikums außer Acht ließ, tat Szymanowski so, als rechne er nicht mit großer Resonanz, doch das Gefühl, nicht ausreichend gewürdigt zu werden, verließ ihn nie. Er quälte damit seine Freunde, die ihm durchweg Glauben schenkten. Einige bemühten sich gar, ihm die Ursachen dafür zu erläutern, so wie Joseph Marx:

> Szymanowski ist der bedeutendste polnische Komponist nach Chopin, und gehört auch als zeitgenössischer Tonsetzer in die erste Reihe neben Ravel und Strawinsky. Daß er trotz großer Begabung, imponierendem Können und individuellem Raffinement der Technik nicht so populär wurde wie die beiden ihm künstlerisch nahestehenden Kollegen, hat seinen besonderen Grund: das Schaffen des Polen ist bei aller ursprünglichen Erfindung, ja sogar musikantischen Haltung irgendwie stark überfeinert und dadurch auch in höherem Sinn volksfremd selbst dort, wo er polnische Nationalthemen verarbeitet. Der Hörer hat es nicht so leicht wie bei einem glitzernden Klavierstück von Ravel oder einem wilden russischen Originaltanz Strawinskys. (Marx 1933, 133)

Dem neurotischen Narziss fehlte es stets an Belegen für Anerkennung, während der Nachhall der Klagen über die gleichgültige, ja feindliche Haltung des Umfelds ihm gegenüber die meisten posthumen Erinnerungen dominierte und das Bild eines Künstlers verfestigte, der bei seinen Zeitgenossen kein Verständnis

---

3 GAZETA WARSZAWSKA, zit. nach Pisma, Bd. 2, 262 f. Szymanowski schrieb 1920 zwei Märsche, die sich nicht erhalten haben.

gefunden habe und vom Staat geringgeschätzt worden sei. Bis heute ist von seinem fast hoffnungslosen, einsamen und von niemanden unterstützten Kampf um Erfolg zu lesen, ja sogar – welch Ironie! – von seinen Verdiensten um das polnische Musikschulwesen und die Erziehung der Jugend. Ausländische Autoren haben dies etwas kritischer gesehen, doch erst die jüngere Generation hat damit begonnen, die zwölf veröffentlichten Bände mit Korrespondenz genauer zu lesen und sich von der verführerischen Macht des Schöpfers von Mythen freizumachen – die ganz offensichtlich nicht nur für Violine und Klavier entstanden.

Dabei betrat Szymanowski das Musikleben wirkungsvoll, als Mitglied der ersten Komponistengruppe in der Geschichte der polnischen Kultur. Von Anfang an hatte er ausgezeichnete Interpreten, und Władysław Lubomirski stellte ihm die besten Bühnen Warschaus und Berlins zur Verfügung. Das Publikum bei diesen Konzerten war vielleicht nicht zahlreich, doch die Kritik verewigte sie und schreckte noch nicht einmal davor zurück, den jungen Komponisten ein Genie zu nennen. Im Alter von 30 Jahren kam er zu einem der renommiertesten Verlage, durch den seine Werke allgemein zugänglich wurden. Er war 45 Jahre alt, als er in einem seiner Musik gewidmeten Buch lesen konnte, er sei der bedeutendste, ja der einzige polnische Komponist von europäischem Rang nach Chopin.

Seine Werke wurden von großartigen Pianisten gespielt. Unschätzbar waren in dieser Hinsicht die Geschwister Neuhaus, bald darauf auch Arthur Rubinstein. Die *Etüde b-Moll* spielte Ignacy Paderewski und seit Mitte der 1920er Jahre, als Szymanowskis Schaffen größer war, nahmen immer weitere Virtuosen seine Werke in ihr Repertoire auf.

Einen noch größeren Erfolg hatte die Violinmusik. In die hunderte ging die Zahl der Aufführungen der *Mythen*. Im Dezember 1932 informierte Jozsef Szigeti die UE, dass er 55 Mal *La Fontaine d'Arethuse* und 45 Mal *Roxanas Lied* gespielt habe, und nach einem Konzert schrieb ein Kritiker, „Szymanowskis *Quelle* habe mit seiner Popularität Schubert-Wilhelmis *Ave Maria* überholt". (K 7, 359) Yehudi Menuhin spielte die *Mythen* bei seinen Konzerten 1932 in

Stuttgart, Berlin, Paris, Mailand, Lüttich, Brüssel und New York. Die Geiger bahnten beiden Violinkonzerten rasch den Weg in die Konzertsäle. Einer der ersten, die vom *1. Violinkonzert* begeistert waren, war Bronisław Huberman, der insgesamt mit neuer Musik nicht viel anfangen konnte und den Castelnuovo-Tedesco, Korngold und auch Prokofjew erfolglos zu überreden versuchten, ihre Werke aufzuführen. 1926 studierte Georg Kulenkampf das Konzert ein und führte es in Berlin, Essen, Warschau und wieder in Berlin auf. Das *2. Violinkonzert* wurde noch zu Lebzeiten des Komponisten von sieben Virtuosen gespielt.

Einen seiner Musik so ergebenen Dirigenten wie Grzegorz Fitelberg hatten in dieser Generation weder Strawinsky noch Bartók. Szymanowskis Werke wurden auch von Pierre Monteux, Willem Mengelberg, Leopold Stokowski, Serge Koussevitzky und Ernest Ansermet dirigiert. Die Statistik der symphonischen Aufführungen außerhalb Polens – von einzelnen Werken bis hin zu ganzen Kompositionsabenden – gibt Wien (9) den ersten Platz, gefolgt von Berlin (6), New York (6), Paris (5) und London (4), zu denen 40 weitere Städte Europas, Nord- und Südamerikas hinzugezählt werden können, in denen seine Symphonien und Konzerte erklangen. Die Opern und das Ballett wurden neben Warschau in Darmstadt, Duisburg, Prag und Paris inszeniert, und direkt nach dem Tod des Komponisten in Belgrad und Hamburg.

Langsam gelangte er auch in die „Tonkonserve". In der ersten Hälfte des 20. Jahrhunderts waren die Pianola-Rollen bereits etwas veraltet, aber immer noch so weit verbreitet, dass Walter Gieseking in der Mitte der 1920er Jahre *Tantris le bouffon und Serenade de Don Juan* auf Rolle einspielte. Als Schallplatten immer beliebter wurden und auch Repertoire aufgenommen wurde, das als elitär galt, spielte Ewa Bandrowska 1929 mit dem Berliner Symphonieorchester *Roxanes Lied* ein. Auf den Platten fanden damals nur wenige Minuten lange Werke Platz, so dass René Benedetti, als er 1932 *La Fontaine d'Arethuse* aufnahm, Kürzungen vornehmen musste, da das Werk länger als fünf Minuten dauert. Ein Jahr später teilte Jozsef Szigeti es auf die beiden Seiten einer Platte auf. 1933 erschien die erste Aufnahme eines Klavierwerks von Szymanowski – natürlich der *Etüde b-Moll*. Als er starb, bestand die Diskographie seiner Werke vor allem aus Violinstücken (drei Aufnahmen von *La Fontaine d'Arethuse*, der Berceuse und beider Transkriptionen von Kochański). Außerdem waren *Zuleikha*, zwei kurpische Chorlieder und das *Präludium* c-moll für Klavier erhältlich.

Szymanowski wurde von seinen Kollegen geschätzt, vor allem von Bartók, der ihn in den 1920er Jahren für den bedeutendsten lebenden Komponisten hielt. Er nutzte dessen Ideen bei seinen eigenen Violinkompositionen und spielte zusammen mit Zoltan Székely das *Notturno* und die *Mythen*. Ein Jahr nach Szymanowskis Tod zitierte er zur Erinnerung an die gemeinsamen Auftritte in seinem *Violinkonzert*, das er für Székely schrieb, *Die Dryaden und Pan*.[4] Über fehlende Anerkennung musste er sich auch im Umfeld von Arnold Schönberg nicht beklagen. „In den Jahren 1917 und 1918 hatte ich die Gelegenheit, in Wien häufiger mit einer Reihe fortschrittlicher Musiker aus dem Schönberg-Kreis zusammenzutreffen, u. a. mit R. Kolisch", erinnerte sich Stefania Łobaczewska, damals Studentin der Musikwissenschaft bei Guido Adler. „Damals zirkulierten in diesem Milieu Szymanowskis Kompositionen aus der Kriegszeit, die frisch bei der Universal Edition erschienen waren und dort zu den wichtigsten unter der damaligen musikalischen Avantgarde gezählt wurden."[5] Auf den Festivals der Internationalen Gesellschaft für Neue Musik wurden Szymanowskis Werke häufiger aufgeführt als Bartók, Schönberg, Strawinsky, Debussy, Ravel, Berg und Webern.

Es gibt viele Berichte über die freundliche, ja sogar begeisterte Aufnahme seiner Musik, und das aus verschiedenen Gegenden Europas. Nach der Aufführung der *4. Symphonie* meldete Jan Smeterlin ihm aus London:

---

4 Auf dieses Zitat hat mich Kolja Lessing aufmerksam gemacht. Zum Einfluss Szymanowskis auf Bartók siehe Alistair Wightman: Szymanowski, Bartók and the Violin. In: THE MUSICAL TIMES 122 (1981), Nr. 1657 (März).

5 Łobaczewska, 267. Im Wiener Schönberg-Verein wurden in den 1920er Jahren *Des Hafis Liebeslieder* (drei Mal), die *Violinsonate op. 9*, die *Romanze für Violine und Klavier* (drei Mal) sowie die *Masken* gespielt.

Die Musik

> (...) die Musiker lieben Deine Symphonie – im Saal war unter anderem Artur Schnabel, der stark beeindruckt war – und das war keine Lüge, er sagte mir eine Menge angenehmer Dinge, die allerdings banal waren – dass er dieses Konzert hundert Mal mehr möge als alle Konzerte von Prokofjew z. B. usw., er zieht es sogar Deinem 1. Violinkonzert vor. (...) Das war ein voller Erfolg, was das Publikum betrifft, doch die Presse existiert nicht – man bräuchte viele Exemplare der Partitur für solche verstockten Kritiker, die meist sagen, dass sie davon nichts verstanden haben. Doch im Vergleich mit den Besprechungen nach dem Konzert Ravels im letzten Jahr – hat das noch gut ausgesehen!! (K 8, 39)

Das Leben nach dem Leben

Zwei Jahre nach Szymanowskis Tod brach der Krieg aus, und in der zweiten Hälfte des letzten Jahrhunderts veränderten sich die Erwartungen gegenüber der Musik so sehr, dass sein Schaffen an den Rand gedrängt wurde. Für die Konservativen war es immer noch zu modern, für die Anhänger der Avantgarde zu traditionell. 1951 versicherte der „Record Guide", dass Szymanowskis Musik „is unlikely ever to be popular; but those with a taste for recondite art will continue to be fascinated by its rarefied and ecstatic beauty"[6]. Unter den Interpreten, vor allem den Pianisten, galten seine Werke als schwierig, und ihre Konkurrenz war enorm. Szymanowskis Musik lebte somit vor allem in Polen und dank polnischen Musikern weiter; vor dem Vergessen retteten ihn insbesondere die *Mythen*.

Für die Musikhistoriker, insbesondere in Deutschland, war Szymanowski ebenso wenig interessant wie Sibelius, Britten oder Ravel. Bestenfalls bekam er einen Absatz in den Kapiteln über die Musik Ostmitteleuropas, da er für Wissenschaftler kaum von

---

6 Edward Sackville-West, Desmond Shawe-Taylor: The Record Guide, Collins, 1951, S. 591. Zit. nach Cesetti 2009.

Interesse war, die sich vor allem für Innovationen interessierten. Er ließ sich in seinem Schaffen von Intuition und dem eigenen Geschmack leiten, ohne System, so dass die Theoretiker in seinen Partituren keine „Rätsel" zu suchen hatten, die für formalisierte Analysen geeignet gewesen wären. Seinen Komponistenkollegen lieferte er kein Werkzeug, wie es etwa die Zwölftontechnik gewesen war, vor allem in ihrer Webernschen Variante, so dass er sich als Patron der Avantgarde nicht eignete. Schlimmer noch, man hielt ihn für einen wenig originellen Künstler, der keine deutlich ausgeprägte Persönlichkeit besaß. Seine Musik erfreute sich der zweifelhaften Meinung, sie sei ein Kaleidoskop von sich überlagernden Einflüssen, was sie in den Augen der Moderne diskreditierte, die rücksichtslose Originalität suchte.[7] Dabei berief man sich auf die Stimmen der ersten Rezensenten, die beim Hören der für sie neuen Werke insbesondere das heraushörten, was sie an bereits bekannte Musik erinnerte, ehe sie dem Komponisten vorwarfen, Einflüssen zu erliegen; hätte man ihn damals angeklagt, die Tradition gnadenlos zu zerstören, so hätte er bei der Nachwelt eine bessere Meinung genossen.

Besonnener verhielten sich die Engländer zum Imperativ der Innovation und rücksichtslosen Originalität, und so verdankt der *Mythen*-Schöpfer vor allem ihnen seine internationale Resonanz. 1980 erschien die erste ausländische Monographie über Szymanowski von Jim Samson, bald darauf folgten weitere englischsprachige Veröffentlichungen (eine von ihnen wurde ins Deutsche übersetzt – *Szymanowski in seiner Zeit*, München 1984). Für die Präsenz im Leben, nicht nur in der musikalischen Literatur, sind jedoch die Interpreten entscheidend. Den wichtigsten Impuls, sich für die Musik Szymanowskis zu interessieren, hat in den 1990er Jahren Simon Rattle gegeben. Für die Plattenfirma EMI spielte er *König Roger*, die beiden Violinkonzerte sowie einen Großteil des symphonischen Œuvres von Szymanowski ein. Die Platten hatten sensationellen Erfolg. *König Roger*, an den man sich langsam auch in Deutschland erinnerte, wurde bald zur bedeu-

---

[7] Die Rezeption von Szymanowskis Musik ist in dieser Hinsicht untersucht worden von: Cesetti 2009.

Die Musik

tendsten Gay-Oper erklärt, was dem Werk und seinem Urheber zusätzlichen medialen Glanz verlieh. Szymanowski wurde im Zuge einer Mode für die frühe Moderne entdeckt, ähnlich wie Franz Schreker und Alexander Zemlinsky.

Ein gutes Jahrzehnt später erklärte unerwarteterweise Pierre Boulez sein Interesse an Szymanowski, als die Deutsche Grammophon ihm zu seinem 85. Geburtstag im Jahre 2010 vorschlug, Werke für eine „Geburtstagsplatte" zusammenzustellen. Er wählte ein notturnohaft-mystisches Programm, mit der *3. Symphonie „Lied von der Nacht"* sowie dem *1. Violinkonzert* (das ja angeblich von der *Mainacht* inspiriert ist, was er sicher nicht gewusst hat). „Szymanowskis Musik hat mich seit jeher fasziniert, nur dass sie bislang nicht in meine ‚musikalische Landschaft' gepasst hat", erläuterte der Dirigent in einem Interview auf der CD. „Zum ersten Mal bin ich Anfang der 1940er Jahre auf sie gestoßen. Als junger Mensch habe ich die phänomenalen Interpretationen der *Mythen* durch den Geiger Jacques Thibaud gehört." In Interviews zum Erscheinen der Platte wiederholte er, dass für ihn der größte Vorzug dieser Musik sei, dass in diesen Werken klangliche Sinnlichkeit (wie bei Debussy) mit Mystizismus (wie bei Scriabin) zusammentrafen, „aber vor allem eine moderne Narration, die von den Schemata der traditionellen symphonischen Form befreit war".[8]

---

8 Zitat aus einem Interview von Pierre Boulez auf einer Begleit-CD zu der von Deutsche Grammophon 2010 veröffentlichten Einspielung.

Der Künstler

Genau genommen gibt es die Kunst gar nicht.
Es gibt nur Künstler.
Ernst Gombrich *(Die Geschichte der Kunst,* 1953)

Ich habe ihn einmal bewusst unvermittelt gefragt: „Herr Karol, sagen Sie mir, warum sind Sie künstlerisch tätig?" Er antwortete ohne zu zögern, mit dieser Einfachheit, die stets seinen größten Reiz ausmachte: „Nur darum, weil es mir Vergnügen bereitet..." (Kasprowiczowa, 6)

Dieses Vergnügen war jedoch von einer Weltanschauung umgeben, die er zu einer Mission erhob. Szymanowski wuchs in der Überzeugung von der eigenen Außergewöhnlichkeit auf, er hielt sich für eine besondere Person, die dazu berufen war, ausschließlich der Kunst zu dienen – also seinen Träumen und Phantasien. In seiner Überzeugung von der geistigen Überlegenheit des Künstlers über die restlichen Menschen bestätigten ihn seine Lieblingsautoren. Friedrich Nietzsche ließ die Vision eines Künstlers entstehen, der in einer prometheischen Aufwallung der Menschheit seine Kunst opfert. Eine dekadente, sinnliche Passivität rühmten Walter Pater und der Anhänger einer Ästhetisierung des Lebens – Oscar Wilde. Szymanowski sah die Kunst als „Sendung und Priestertum" (wie Iwaszkiewicz über Szymanowski schrieb; Iwaszkiewicz 2007, 191) und wählte in seiner Jugend die Pose eines Künstlers und Bohemien, später eines Dandy. Er wollte ein großer Komponist und Lebenskünstler sein.

Die Überzeugung der modernistischen Strömungen um die Jahrhundertwende von der Bedeutung der Kunst für die künftige Erlösung der Menschheit und ihre außergewöhnliche Rolle als ihr Priester und Geheimniswächter begleitete Szymanowski bis an sein Lebensende. Davon ist in vielen Erinnerungen zu lesen, etwa in einer aus der Mitte der 1930er Jahre: „Er erzählt mir seinen [*König Rogers*] Inhalt und sagt dann mit einem Lächeln, in dem etwas Beileid und etwas Mitleid ist: Die Menschen verstehen dies nicht."[1]

Der Komponist bei der Arbeit

> Wenn man sich im Hause oder in dessen Nähe herumtrieb, lesend, sich unterhaltend oder irgendwo im Schatten des Gartens sitzend, hörte man den ganzen Morgen über hartnäckig wiederholte Klänge, die aus den offenen Fenstern drangen. Karol komponierte immer am Klavier. Als ich ihm einmal eine diesbezügliche Frage stellte, sagte er, daß das Klavier ein solches Surrogat des Orchesters gebe, derart alle seine Möglichkeiten in sich zusammenfasse, daß er ohne dieses Instrument nicht auskommen könne. (Iwaszkiewicz 1982, 117)

So erinnerte sich Jarosław Iwaszkiewicz an den Sommer in Tymoszówka, als er Zeuge war, wie Szymanowski an *Hagith* arbeitete. Später, des Gutes Tymoszówka beraubt, nahm Szymanowski gerne Einladungen von Freunden an, die ihm im Sommer ein Haus mit einem Instrument anbieten konnten. Einen Ersatz für die „Komponierstube" der Jugend fand er auf dem Gut der Familie Zan in Gierkany und in der Lemberger Villa von Henryk Toeplitz.

Die Wohnung in Warschau „hatte viele Nachteile, doch einen großen Vorzug: Sie war ideal von der von draußen kommenden Musik, vom Lärm isoliert. Dies sicherte Karol Ruhe und Stille bei der Arbeit" (Iwański, 46), erinnerte sich sein Vetter August Iwański, der mit ihm zusammenwohnte. Im Herbst 1927 kam der junge Musiker Michał Kondracki zu Szymanowski: „Auf der Treppe hörte ich wohlvertraute Klänge. Szymanowski arbeitete an dem alten, ehrwürdi-

---

1 A. Janta-Połczyński, in: WIADOMOŚCI LITERACKIE 1938, Nr. 1, S. 7.

gen Klavier an seinem *2. Quartett*. (...) Die Arbeit ging schleppend. Mehrmals wiederholte er eine musikalische Phrase, vielleicht suchte er für sie passende Formen oder einen harmonischen Hintergrund. Es war die Reminiszenz einer Góralenmelodie ... Dann trat Stille ein. Szymanowski notierte."[2] Bei der Arbeit belauschte ihn einmal ein zufälliger Nachbar in Zakopane.

> Morgens weckten mich merkwürdige Klänge. Ich fuhr auf. Hinter der Wand erklang Musik – sehr seltsame Akkorde auf einem Klavier. Ich wusste: Da spielt Karol Szymanowski. Das war kein zu einem Ganzen verbundenes Werk. Es waren einzelne Akkorde, wie Versuche, wobei sich immer wieder ähnliche Motive wiederholten. Ich lauschte konzentriert und wusste, dass ich Zeuge bin, wie ein neues Werk entsteht. Eine männliche Stimme summte eine Melodie, dann kamen wieder die Töne des Klaviers. Anschließend hörte ich bereits ein zusammenhängendes Fragment, das auf den zuvor versuchten Motiven basierte. Innerhalb einiger Tage saß ich oft still in meinem Zimmer und spionierte so die künstlerische Arbeit von Karol Szymanowski aus. Wie ich später erfuhr, komponierte er gerade sein hervorragendes Ballett Harnasie. (K 6, 315)

Wenn er kein Instrument hatte, wie es in Hotels und Sanatorien vorkam, wo er mit den Jahren immer mehr Zeit verbrachte, arbeitete Szymanowski nicht.

Werke für größere Besetzungen entstanden zunächst in Gestalt einer Klavierskizze mit Anmerkungen zur Besetzung (ein sogenanntes Particell). Der Komponist schrieb sie später für Orchester aus, und nach den zahlreichen Erwähnungen in den Briefen zu schließen, langweilte ihn diese Arbeitsphase offensichtlich. Seine Arbeitsmethode lässt sich teilweise anhand der Skizzen zu *Harnasie* rekonstruieren, die er Irene Warden schenkte und die deshalb den Krieg überstanden haben. Wenn man sie mit der fertigen

---

2 Michał Kondracki: Wspomnienie o Szymanowskim. In: Prosto z mostu 3 (1937), Nr. 17, 6 (die gesamte Ausgabe dieser Zeitschrift ist Szymanowski gewidmet).

Partitur vergleicht, so dürfte es sich um eine frühe Phase gehandelt haben. Die Notierung ist insgesamt verkürzt, unvollständig, stellenweise sogar unleserlich. Die Bemerkungen betreffen vor allem die Instrumentation, und an vielen Stellen unterscheidet sie sich von der späteren Partitur. Manchmal geht es um die Form: „kürzen". Gelegentlich wurden später ganze Fragmente oder Stimmen hinzugefügt oder entfernt; manchmal sind die Unterschiede zwischen der Skizze und dem fertigen Werk enorm. Dynamische und agogische Zeichen sowie teilweise auch die Artikulation fügte er meist erst in der Reinschrift ein.

Das wichtigste Möbelstück im kleinen Warschauer Zimmer war ein großer Eichentisch, auf dem Szymanowski seine riesigen Partituren ausbreiten konnte. Dies hing mit seiner Neigung zu großen Besetzungen zusammen sowie damit, die Streicher in Gruppen aufzuteilen, ja sogar Solisten daraus herauszuarbeiten. Dazu war nicht nur ein passender Arbeitstisch nötig, sondern vor allem schwer erhältliches Notenpapier. In den 1920er Jahren erhielt er aus Wien Papier in entsprechend großem Format und mit der nötigen Zahl von Systemen, wobei es manchmal sogar auf seinen besonderen Wunsch hin gedruckt wurde.

Iwański, der vielfach Zeuge der Arbeit seines Cousins war, beobachtete:

> (…) er komponierte ausschließlich am Morgen, wobei er Systematik und Kontinuität liebte. Beim Komponieren konnte er niemandes Anwesenheit ertragen. Wenn er auch am Nachmittag arbeitete – abends oder in der Nacht arbeitete er nie –, dann nur, um an Skizzen zu feilen und sie in ihre endgültige Form zu gießen oder er saß an der Orchestrierung. Diese Beschäftigungen nahmen ihn sehr viel weniger gefangen, so dass er sie in der Gegenwart anderer Personen ausführen, ja sogar zugleich ein Gespräch führen konnte, natürlich nur über Alltägliches, was die geringste Konzentration der Gedanken erforderte. (Iwański, 46 f.)

Der Komponist bei der Arbeit

In den Erinnerungen der Freunde ist vom Eifer und der Disziplin Szymanowskis zu lesen. So erinnerte sich Anna Iwaszkiewicz an ihn aus Zakopane: „Trotz der sich oft wiederholenden, berühmten Góralen-‚Orgien', die zuweilen bis zum Morgen dauerten, fand er stets ein paar Stunden für die Arbeit am Schreibtisch oder an einem schrecklichen, gemieteten Klavier, dessen Klang eher an ein Cembalo erinnerte denn an einen Flügel." (Iwaszkiewiczowa 1974b, 237). Ähnlich formulierte es Jahre später Iwaszkiewicz: „Karols Geheimnis war, dass er immer, trotz durchwachter Nächte, morgens einige Stunden am Klavier verbrachte und komponierte. Nachdem er die tägliche Portion Arbeit absolviert hatte, widmete er den Rest des Tages mit reinem Gewissen den Cafés, Besuchen, dem Zakopane-Klub, Spaziergängen und Vergnügungen." (Iwaszkiewicz 2010a, 260) So war es häufig, doch leider nicht immer, denn die Briefe zeugen davon, dass er sich nicht selten nur mit größter Mühe zur Arbeit aufraffen konnte, und den Zustand, den er selbst als Faulheit bezeichnete, für den angenehmsten hielt.

Regelmäßige und sorgfältige Arbeit lag ebenso wie das Einhalten von Terminen nicht in der Natur Szymanowskis. Freunde und Verwandte betonten, dass er sich so verhielt, wie man es in der romantischen Vorstellung von einem Künstler erwartete, der nur dann arbeitet, wenn er eine Eingebung und Lust hat. Zeiträume verstärkter Aktivität waren getrennt von Monaten schöpferischen Schweigens, vermutlich Folge der bipolaren Störung, an der er litt und bei der sich mit der Zeit die depressiven Abschnitte verlängerten. Eine Folge hiervon war die sich über viele Jahre hinziehende Arbeit an größeren Partituren. Werke, an die er sich mit Begeisterung machte, wurden für ihn langsam zu einer schweren Belastung.

In der Jugend hatte er häufig Zeiten der Mobilisierung erlebt, und so komponierte er damals auch relativ schnell. „Trotz meiner Entscheidung, maximal bis 4 Uhr nachm. an der Musik zu arbeiten und den Rest des Tages zur Lektüre und für Notizen zu verwenden, überschreite ich diesen Termin ständig aufgrund des Interesses und des Eifers, mit dem ich an der [2.] Symphonie arbeite", schrieb er im Sommer 1910. (K 1, 220) In solchen Aufwallungen

Der Künstler

des Arbeitseifers – „ich habe zuweilen den wunderbaren Eindruck, dass ich alles tun kann, was ich will – tausenderlei Pläne und Projekte für die Zukunft" – sowie unter den günstigen Umständen, wie er sie in Tymoszówka besaß, entstanden die *Konzertouvertüre* und die beiden ersten Symphonien. Außergewöhnlich schnell wurde das *1. Violinkonzert* fertig. Der Gedanke hierzu war im Juni 1916 entstanden, im August waren die Skizzen beendet und die Instrumentation im Oktober. In einem Rekordtempo entstand auch die *4. Symphonie*: Die Skizzen in März und April 1932, die Partitur bis Anfang Juni. Und schnell begann auch die Arbeit am *2. Violinkonzert*, doch schon die Zeit zwischen der Fertigstellung des Particellis und der fertigen Partitur dehnte sich deutlich aus, so dass die Instrumentation erst ein Jahr später abgeschlossen war.

Seit Anfang der 1920er Jahre unterbrach Szymanowski immer häufiger die Arbeit an den Partituren. *König Roger* entstand über sechs Jahre hin und langweilte ihn immer mehr. Noch länger, nämlich ein Jahrzehnt, arbeitete er an *Harnasie*, und die Briefe zeigen sein zu- und abnehmendes Interesse an diesem Werk. Er arbeitete mit immer größerer Mühe und beklagte sich fast unaufhörlich über Neurasthenie. In Phasen gesteigerter Aktivität widmete er vermutlich seine ganze Energie dem Komponieren, doch wenn ihn Zustände der Unlust und der Ermüdung übermannten, vertraute er sich brieflich seinen Freunden an oder beklagte sich vielmehr bei ihnen, weshalb diese Phasen viel besser dokumentiert sind als die Schaffensperioden.

Meistens sah er den Grund für seine Schwierigkeiten in äußeren Umständen, obschon die wahrscheinliche Ursache für seine wachsenden Schwierigkeiten mit regelmäßiger Arbeit der Alkoholismus war. Im Dezember 1926 vertraute er Zofia Kochańska an, dass sein Organismus durch Nikotin und Alkohol zerstört sei, dass er sich nicht beherrschen könne, vor allem aber: „Ich kann nicht komponieren: Ich muss ständig neue Sachen bringen, aber es geht immer schwerer! Bin ich wirklich schon ausgebrannt oder ist das nur eine vorübergehende Ermüdung durch die schrecklichen Lebensumstände? C'est cela ce que je me demande!" (K 3, 573 f.) Im Sommer 1930 beklagte er sich bei seinen engsten Freunden, dass

Der Komponist bei der Arbeit

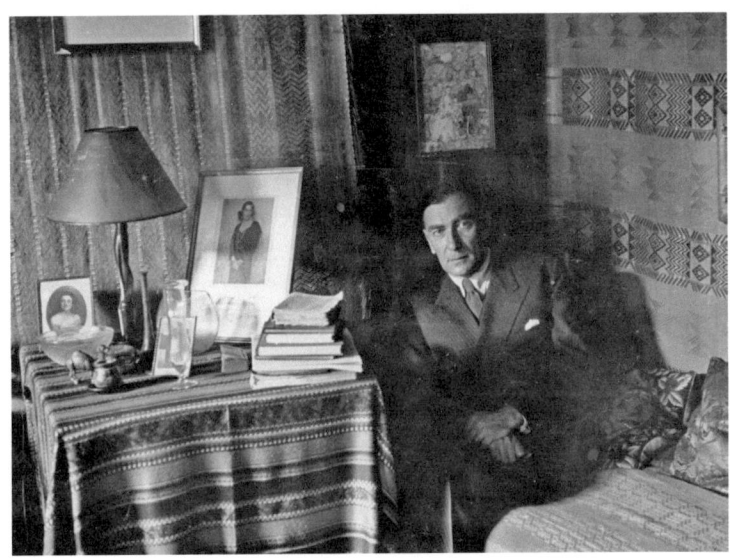

Abb. 10: Karol Szymanowski in seinem Arbeitszimmer
in Zakopane, 1935.

er immer langsamer arbeite. „Die musikalische Maschine rostet irgendwie ein wenig" (K 6, 378), „Nie ist mir das Schreiben so schwer gefallen wie jetzt!" (K 6, 461) Im Januar 1931: „Von schöpferischer Arbeit, so wie einst, kann vorerst nicht die Rede sein ...", und obwohl er dies mit seiner ständigen Sorge um die Finanzen erklärte (trotz einer regelmäßigen Rektorenpension und der stattlichen Unterstützung durch die beiden amerikanischen Mäzeninnen), oder auch mit Gerüchten über den nahenden Bankrott der Universal Edition, so gab er doch zu, dass der Hauptgrund seine „Gesundheit und psychischer Zustand" sei. (K 6, 503)

Im Winter 1932, als er sich aus dem Konservatorium zurückzog, erlebte er einen Zustrom von Schaffenskraft. Er schrieb die *Kurpischen Lieder* für Gesang und Klavier, bald darauf die 4. *Symphonie*. In Zakopane war damals Iwaszkiewicz zu Besuch, der Zeuge dieser bei Szymanowski schon seltenen Energiesteigerung war und sich bei seiner Frau über das in der Villa „Atma" herrschende Chaos beklagte: Alles voller Menschen, ein einziges Durcheinander, und ständig wird Wodka getrunken.

> Mit Entsetzen blicke ich auf Karol und seinen Lebenswandel: Das ist unglaublich, und wie merkwürdig, dass er so viel und so gut schreiben kann. Die ständige Menschenmenge, die ihn umgibt, die ständigen Abenteuer mit immer wieder neuen Góralen, die ständigen *mondanités* – für einen gesunden Künstler eine völlig unmögliche Kombination, und was erst für einen kranken, doch er kommt damit irgendwie sehr gut klar, er ist, wie es scheint, gesund wie ein Stier, auch wenn er elend hustet, er sieht gut aus und ist in einer guten Stimmung. (K 7, 87 f.)

Anfang September 1934 schrieb Szymanowski aus Zakopane an Leonia Gradstein: „Sie fragen, warum ich nicht schreibe! Nun, ich befinde mich in der abscheulichsten Depression auf der Welt – ich kann mich zu nichts aufraffen. Einige Stunden arbeite ich fast mechanisch – später spiele ich stundenlang Bridge – um irgendwie die Zeit totzuschlagen!" (K 9, 196 f.) Und so blieb es dann schon bis zum Ende. Selbst wenn es Phasen gab, in denen er sich physisch besser fühlte, konnte er sich nicht zur Arbeit mobilisieren und skizzierte höchstens etwas Unverbindliches. Er war sich bewusst, dass er seine Erfindungsgabe und seine Fertigkeiten verlor. Im Dezember 1936 im Sanatorium in Grasse mietete er sich ein Klavier in der Hoffnung, mit der Arbeit zu beginnen. Nach zwei Wochen vertraute er Gradstein an:

> Wenn ich diese schreckliche, innere Passivität überwinden und mich ein wenig an die Arbeit machen könnte, so würde ich vielleicht halbwegs in ein Gleichgewicht kommen. Aber stellen Sie sich vor! Nach so vielen Jahren – erst die Konzerte, später die Krankheit! Selbst ein Schuster vergisst, wie man Schuhe macht! Gestern habe ich begonnen, in meinen ältes-

ten Sachen zu kramen – etwas war das schon, ich habe ein wenig „gearbeitet". (K 12, 164)

Der Künstler als Komponist

Szymanowski fühlte sich als Künstler im romantischen, um nicht zu sagen idealisierten Verständnis dieses Wortes. In seiner Jugend war eine der Konsequenzen dieser Haltung, dass er das Handwerkszeug vernachlässigte. Priorität hatten Originalität und Innovativität, nicht die Beherrschung der Technik und das regelkonforme Komponieren, also die Nachahmung – die als Domäne des Handwerks galt. Stuckenschmidt drückte sich 1938 so aus: „Konfrontiert mit der Wahl zwischen Routine und Dilettantismus, würde Szymanowski sich ohne zu zögern zugunsten des letzteren entschieden haben."

Gerne betonte er, dass er auf dem Gebiet der Komposition Autodidakt sei. In seiner Generation war das nichts Außergewöhnliches, da weder Strawinsky noch Schönberg regelrechte Kompositionsstudien absolviert hatten. In diesen Worten verbarg sich jedoch ein wenig Koketterie und Megalomanie. Seit seiner Kindheit hatten ihn nämlich Vollblutmusiker wie Feliks Blumenfeld und Gustav Neuhaus umgeben. 1902 war er nach Warschau gekommen und hatte bei Zygmunt Noskowski systematischen Kompositionsunterricht genommen, also beim seinerzeit angesehensten Pädagogen der Stadt, der einst Schüler von Stanisław Moniuszko in Warschau und später von Ferdinand Kiel in Berlin gewesen war. Harmonielehre belegte er bei Marek Zawirski, der ein geschätzter Lehrer und Handbuchautor war. Für den in Strauss und Scriabin vernarrten Szymanowski war jedoch keiner von ihnen eine Autorität. Noskowskis Musik hielt er für akademisch und konservativ. Die Stunden begeisterten ihn ganz und gar nicht, da der Professor verlangte, alle damals unterrichteten Fächer durchzunehmen. Zunächst musste er die Grundlagen des Kontrapunkts und der polyphonen Form lernen und mehrere Dutzend Fugen schreiben. Von diesen Übungen ist eine erhalten

Der Künstler

geblieben, die 1910 in Berlin preisgekrönt wurde. Von seinen kontrapunktischen Fähigkeiten hatte er stets eine hohe Meinung (wenn man sein selektives Gedächtnis berücksichtigt, so hatte er, als er die Fuge bei dem Wettbewerb einreichte, sicherlich schon vergessen, dass er sie gemeinsam mit seinem Professor verbessert hatte). Später lernten Noskowskis Studenten, Variationen und Sonaten zu schreiben, woraus direkt Opus 3 sowie die *1. Klaviersonate* und die *1. Violinsonate* hervorgingen.

Den Unterricht bei Noskowski beendete Szymanowski auf eigenen Wunsch nach zwei Jahren. Später gab er gerne zu verstehen, dass er dies getan habe, weil der konservative Lehrer seine Fähigkeiten behindert habe. Mutmaßlich aber tolerierte der Schüler nicht die geringste Kritik, wobei er im Einklang mit dem Zeitgeist und dem Recht des jugendlichen, aufmüpfigen Alters keine Lust dazu hatte, sich den vom Professor aufgestellten Regeln zu unterwerfen. Durch den Abbruch des Studiums verpasste er den Unterricht in Instrumentation. Es ist schwer zu sagen, wie groß der Nutzen war, die traditionellen Regeln der Instrumentation zu beherrschen, da ihn ja das Strauss'sche Orchester faszinierte, doch angesichts dessen musste er sich dies selbst beibringen, mithilfe fremder Partituren und durch eigene Fehler, die ihm Grzegorz Fitelberg ausbesserte.

Eine Folge dieser künstlerbohemehaften Einstellung, die sich durch die Charakterzüge Szymanowskis noch verstärkte – ständiger Anlass zur alltäglichen Pein für ihn selbst und sein Umfeld –, war sein Unwillen, irgendwelche Pflichten zu übernehmen, ganz zu schweigen von rechtzeitig abzuliefernden Aufträgen. Als jüngerer Sohn eines Landedelmanns wusste er von Kindesbeinen an, dass die Verwaltung des Familienbesitzes Aufgabe seines älteren Bruders sein würde, während er den ihm zustehenden Teil der Einkünfte erhalten würde und sich seinen Lieblingsbeschäftigungen hingeben könnte – dem Komponieren und dem Schreiben. Dies gelang, so lange Tymoszówka den Unterhalt der Szymanowskis sicherte und solange er die Hilfe von Mäzenen und kreditfreudigen Freunden genoss. Damit hatte es in den 1920er Jahren ein Ende. Szymanowski, der auf die Vierzig zuging, fand sich gegen eigenen Willen in der Lage eines Berufskomponisten wieder.

Er klagte, dass er als Pianist und Musikschriftsteller Geld verdienen müsse, doch sooft er ein Auftragswerk zu komponieren hatte – und handelte es sich auch nur um die Aussicht darauf –, so stellte er diese Situation in den Briefen an seine Freunde mindestens als Ursache von Missbehagen dar. Im Januar 1927 beklagte er sich bei Jan Smeterlin:

> Ich schreibe gerade ein schreckliches Ballettchen, ländlich (góralisch), national und patriotisch, denn man hat es bei mir für die Oper bestellt und man zahlt mir ein paar Groschen. Wenn ich solcherart zu einer musikalischen Nutte werde, die sich alleine für Geld hingibt, so nur aufgrund extremen Elends! Leider bin ich eine arme alte Hure, die man selten und für wenig Geld benutzt. Am meisten ärgern mich dabei die Umstände, dass der „Zahlende" bestimmte Dinge fordert, die ihm gefallen, aber Du weißt ja, dass „sogar das hübscheste Mädchen nur das geben kann, was es hat". Also, Młynarski möchte auf der Bühne tanzende „Góralen" haben, und ich erkläre mich willfährig mit dieser naiven Ausschweifung einverstanden. Ein anderer Unglücklicher hat seine Frau und sein Kind verloren und will das Gedenken an sie mit meiner Musik ehren; ich habe schon das Stabat Mater geschrieben und habe noch einen Psalm zu schreiben. Eine reiche Dame in Paris hat von mir noch ungewöhnlichere Dinge verlangt, aber sie war scheußlich geizig und wir haben uns um den Preis gestritten. (Übergehen wir ihren Namen mit Schweigen!) Ich habe fast Angst, mir vorzustellen, was sich z. B. die Prinzessin Polignac ausgedacht hat, die sich schon einmal an mich gewendet hat, doch habe ich die Hoffnung, dass sie zu vernünftig ist und meiner „Eingebung" freien Lauf lässt. Wenn es so weitergeht, so schreibe ich fürwahr nie mehr das, was ich will! (K 4, 37)

Dieser Brief benötigt einige Erläuterungen. Szymanowski hatte die Komposition von *Harnasie* auf eigenen Wunsch hin begonnen, nicht durch Zwang. Das *Stabat Mater* schrieb er statt des vom

Auftraggeber bestellten Regiems. Einen Psalm hat bei ihm niemand bestellt (ganz im Gegenteil, er war es, der Krystall zu überreden versuchte, dies zu tun). Die Prinzessin Polignac hatte ihm im Herbst 1924 vorgeschlagen, ein Werk über ein frei zu wählendes Thema und eine beliebige Besetzung zu schreiben, woraufhin sie fünf Jahre lang vergeblich darauf wartete (damit war Szymanowski der wahrscheinlich einzige Komponist, der keinen Auftrag von ihr annahm).[3] Die Person, der er Geiz vorwarf, war Ganna Walska, die bei ihm ein szenisches Werk bestellen wollte, das nach seiner Absage Jacques Ibert schrieb (*La Divine Comtesse*).

Der einzige, der keinen Grund hatte, sich über die Zuverlässigkeit Szymanowskis zu beklagen, war der Theaterregisseur Leon Schiller. Er hatte beschlossen, ihn dazu zu überreden, die Musik zur Pantomime *Mandragora* zum Abschluss von *Der Bürger als Edelmann* zu komponieren. „Man ging Wetten mit mir ein, dass Szymanowski den Auftrag nicht annehmen würde. Vor allem wolle und könne er nicht auf Bestellung arbeiten; zweitens komponiere er langsam und die Instrumentation retuschiere er ewig". (Schiller, 400) Doch zur Überraschung aller lieferte Szymanowski die Partitur nicht nur termingerecht ab, sondern hielt sich auch an die Vorgaben des Szenarios.

Szymanowski schlug ernstgemeinte Vorschläge aus, so wie das Angebot der Polignac oder eines, das ihm 1926 Walter Damrosch unterbreitete. Der Dirigent wollte ein Werk für die Symphonic Society in New York in Auftrag geben, erhielt auf seinen Brief aber noch nicht einmal eine Antwort. Hingegen konnte er unverbindliche Gespräche sehr ernst nehmen. Auf ein reichliches Honorar vom wohlhabenden Mann einer amerikanischen Sängerin hoffend, schrieb er Lieder auf Texte von James Joyce und fragte Zofia Kochańska anschließend: „Hat Cobina [Wright] diese James-Joyce-Lieder schon ganz vergessen? Für alle Fälle habe ich 5 oder 6 geschrieben, einige sind sehr schön. Ach, wenn sie sich doch auf diese Abmachung einließe, ich würde gleich darauf auf das

---

[3] Myriam Chimènes: Mécènes et musiciens: Du salon au concert à Paris sous la IIIe République. Paris 2004, S. 636-637.

Konservatorium pfeifen, für einige Zeit an einen ruhigen Ort fahren, mit dem ganzen Morast hier brechen und ernsthaft zu arbeiten beginnen." (K 3, 574 f.) Mrs. Wright, von der schon im Kapitel über die Lieder die Rede war, hatte es ganz offensichtlich vergessen.

Bronisław Krystall, der das Entstehen des *Stabat Mater* angeregt hatte, erfuhr viele Monate lang die Folgen von Szymanowskis Unzuverlässigkeit. Die Unfähigkeit, Verpflichtungen nicht zu erfüllen, war eine Eigenschaft, die er auch im Alltagsleben nicht vermeiden konnte. Er mochte es nicht, sein Vorgehen zu planen, und die Aussicht, eingegangene Verpflichtungen erfüllen zu müssen, war für ihn ein ernstliches Problem. „Als ich Szymanowski kennenlernte, ging er sehr selten ins Theater", erzählt Leonia Gradstein.

> Der Besitz von Theaterkarten oder die Verabredung mit jemandem schuf schon eine Verpflichtung, einen Zwang. Die ganze Zeit über dachte er daran, regte sich auf und man konnte sich fast sicher sein, dass er sich an diesem Tag schlechter fühlen werde. Wenn er leichtsinnig einem Schauspieler versprochen hatte, ihn in einem Stück zu sehen, so war er imstande, sich am betreffenden Abend in einen Zustand zu bringen, der das Verlassen der Wohnung ausschloss. Als ich ihn besser kennengelernt hatte, konnte ich schon von vornherein alle weiteren Symptome vorhersehen, die Szymanowski und ich „Zuflucht in die Krankheit" [im Original deutsch] nannten. Das größte Vergnügen bereitete ihm improvisierter Zeitvertreib. (Gradstein/Waldorff, 127)

Gegen Ende seines Lebens ging er deshalb gern ins Kino, da er das nicht planen musste. Zu einem Problem wurde selbst der Besuch einer Ausstellung. In Paris wollte er eine Ausstellung mit Bildern von Brueghel besuchen und „schickte sich täglich dazu an, aber das, was im abendlichen Gespräch schon vereinbart war, stellte sich am folgenden Tag als unausführbar heraus. Wirkliche und künstliche Hinderungsgründe zwangen ihn dazu, den Ausflug ständig aufzuschieben. Szymanowski hat die Ausstellung nie besucht." (Gradstein/Waldorff, 129)

Der Künstler

In Szymanowskis Vorstellungswelt sollte ein Mäzen dem Künstler die Existenz sichern. Diesen Komfort hatte er erstmals dank Władysław Lubomirski gehabt, der zunächst die Symphoniekonzerte des „Jungen Polen" finanzierte und ihm später einen Vertragsabschluss mit der UE ermöglichte, wovon andere nur träumen konnten. 1912 hinterlegte der Fürst beim Verlag ein Kapital, das dazu bestimmt war, Szymanowskis Werke herauszugeben, was die UE vom finanziellen Risiko dieser Investition befreite. Der Komponist trat ihm für zehn Jahre seine Autorenrechte ab, wofür er jährlich 15.000 Kronen erhalten sollte, zahlbar einmal im Quartal. Der Abtritt der Rechte an Werken, die nur gelegentlich gespielt wurden und kaum Gewinn erzielten, war im Grunde nur eine Formalität, mit der sich eine Unterstützung in Form einer festen Pension verband, so wie es dies viel früher drei Aristokraten in Wien mit Beethoven gehalten hatten.

Die Pension sollte Szymanowski die Möglichkeiten zu ruhiger schöpferischer Arbeit bieten. Dieser Aufgabe konnte er jedoch nicht gerecht werden, da die Verschwendungssucht des jungen Künstlers keine Grenzen kannte, was sich schon ein paar Wochen nach der ersten Auszahlung herausstellte. Im Sommer 1913, nachdem Fitelberg seine Anstellung bei der Oper verloren hatte, verließen die Freunde Wien mit einem Berg voller Schulden. Die Schuld für seine schlimme finanzielle Lage lastete Szymanowski damals Lubomirski an: „Ich verfluche diesen idiotischen Tag, an dem der Plan entstand, nach Wien zu ziehen – wozu zum Henker überhaupt!? Der Unmensch Władzio ist daran etwas schuld. Wenn ich bedenke, dass ich ohne diese [Unterstützung] frei wie ein Vogel gewesen wäre und dass meine Einkünfte 100 mal mehr für eine Wohnung z. B. in Rom oder Florenz gereicht hätten, so ergreift mich Wut." (K 1, 373) 1918 war „der Unmensch Władzio" noch einmal bereit, Szymanowski dabei zu helfen, sich in Wien niederzulassen, doch der Komponist entschloss sich, mit seiner Mutter nach Polen zu ziehen. Im März 1920 trafen sie sich, und Szymanowski muss nun sicherlich vernommen haben, dass der Fürst ihn nicht weiter finanziell unterstützen wollte, was er bald darauf kommentierte: „Dieser unglückliche Vertrag hat mir zwar die Möglichkeit gegeben, drei Jahre frei und sorgenlos zu leben, dann aber wurde er zu einem unerträglichen Bremsklotz für mein ganzes künstlerisches Leben und ist es geblieben!" (K 2, 112) Woran ihn das Mäzenatentum Lubomirskis gehindert haben könnte, ist allerdings nur schwer begreiflich.

Einige Jahre später war Szymanowski Nutznießer des Mäzenatentums zweier Amerikanerinnen, die ihm gegenüber eine ähnliche Rolle spielten wie Nadeschda von Meck gegenüber Pjotr Tschaikowsky. Im Unterschied zu Tschaikowsky kannte Szymanowski beide Mäzeninnen persönlich. Er führte jedoch keine umfangreiche Korrespondenz mit ihnen und drückte sich sogar um Dank herum, der – wie er Zofia Kochańska erläuterte, die bei diesen Kontakten vermittelte – allzu banal gewesen wäre.

Die erste, Dorothy Jordan, hatte Szymanowski 1921 in New York kennengelernt. Im Dezember 1927 erklärte sie, dem Künstler 2000 Dollar jährlich zu überweisen, damit dieser auf die ihn zermürbende Arbeit im Konservatorium verzichten und zur schöpferischen Arbeit zurückkehren könne. Dies bedeutete Einkünfte, die doppelt so hoch waren wie sein damaliges Direktorengehalt. Das Geld nahm er, doch auf die Arbeit verzichtete er nicht und klagte der Kochańska weiter sein Leid. Dorothy Jordans Unterstützung endete abrupt nach dem Tod Paweł Kochańskis. Der Brief, in dem sie die Gründe ihrer Entscheidung darlegte, ist vernichtet worden, und heute ist nur Szymanowskis Reaktion auf die ihm gemachten Vorwürfe bekannt. Wie immer in diesen Situationen wies der beleidigte Künstler alle Verantwortung von sich und beschuldigte die gewesene Mäzenin mit pathetischen Worten: „Sie kennen mein Leben nicht tief genug (...) Sie stellen mir mein Todesurteil aus". (K 9, 19–21)

Dabei unterstützte ihn immer noch eine zweite Mäzenin, Irena Warden. Bewegt von den Berichten Zofia Kochańskas über das Leid des Künstlers, der angeblich bald schon sein Einkommen als Direktor verlieren würde, schickte sie ihm im Sommer 1929 einen Scheck über 1000 Dollar, dann einen über 5000 Dollar und schließlich erklärte sie sich dazu bereit, ihm jährlich 2000 Dollar auszuzahlen, damit er nicht mehr öffentlich als Pianist auftreten müsse.

Der Künstler

Und wieder nahm Szymanowski das Geld zwar an, erfüllte aber die Bedingungen nicht, da er die verhassten Auftritte nicht beendete und sich auch weiterhin darüber beklagte, als Pianist etwas hinzuverdienen zu müssen. Er nahm nur beunruhigt die Gerüchte über eine mögliche Eheschließung der Mäzenin entgegen, da er befürchtete, dies könne ihre finanzielle Situation beeinflussen. 1934 war Warden aufgrund finanzieller Schwierigkeiten gezwungen, sich von ihren Versprechungen zurückzuziehen. Nun erst verlor er seine festen Einkünfte.

Noch zu Beginn des 20. Jahrhunderts konnten Komponisten verdienen, indem sie Solo- oder Kammermusikwerke an Verleger abtraten, die sie druckten und die Noten verkauften. Szymanowski gelang dies mehrmals mit Liedern und Klavierstücken. Im März 1912 unterschrieb er einen Vertrag mit der Universal Edition, der typisch für die neue Zeit war. Der Wiener, von Emil Hertzka geleitete Verlag sollte von nun an alle seine Werke veröffentlichen, nahm die Pflicht zu deren Bewerbung und die damit verbundenen Kosten auf sich und sollte die Einkünfte aus dem Notenverkauf und aus dem Verleih von Aufführungsmaterialien für Symphoniekonzerte vierteljährlich abrechnen. Zwei Jahre später brach der Krieg aus, der Szymanowski von seinem Verleger trennte. Nach dem Krieg erneuerten sie den Kontakt und die UE vertrat ihn bis ans Ende seines Lebens, bis heute verzeichnet der Verlagskatalog die meisten seiner Werke. Die Zusammenarbeit war jedoch nicht ganz einfach. Szymanowski war von den finanziellen Erfolgen enttäuscht, und die Geschwindigkeit, mit welcher der Verleger seine neuen Kompositionen druckte, stellte ihn nicht zufrieden. Hertzka wiederum ertrug die unaufhörlichen Vorwürfe Szymanowskis mit Geduld und Takt, offensichtlich durch die Erfahrung klug geworden, dass weder Redlichkeit noch Pünktlichkeit und auch nicht Objektivität – vor allem in Beziehung zur eigenen Person und zum eigenen Schaffen – zu den größten Vorzügen von Künstlern gehören.

Szymanowski ließ den Gedanken nicht zu, dass ein Komponist, der keine Gebrauchswerke oder auf Bestellung schreiben möchte, als Solist oder Dirigent für sich und seine Familie verdienen muss, so wie dies Strauss, Mahler oder Reger taten, oder vielleicht auch

Der Künstler als Komponist

unterrichten, wie Schönberg, Schreker oder Bartók. Im kam es so vor, als würden die Verkaufs- und Leiherlöse seine Bedürfnisse stillen können. Dabei enttäuschten ihn die Verlagsabrechnungen jedes Mal. Von der Höhe des Verkaufs zeugt eine Zusammenstellung der Ergebnisse für das erste Halbjahr 1924. Am meisten, nämlich 82 Exemplare, wurden von *Notturno e Tarantella* verkauft. Es folgten *Mythen, Metopen* und die *Etüden* (70–75), die *Lieder eines verliebten Muezzin* (61), *Des Hafis Liebeslieder* (52), die 2. *Klaviersonate* sowie die *Romanze für Violine und Klavier* (40–45), dann kamen die *Bunten Lieder, Masken*, die 3. *Klaviersonate* sowie die *Słopiewnie* (jeweils 20–30 Exemplare). (Szymanowski 1978, Abb. nach 152)

Größere Einkünfte aus dem Verleih von Notenmaterial lieferten die Bühnenwerke. Da er darum wusste, schlug Hertzka Szymanowski nach der Ballettaufführung von *Des Hafis Liebeslieder* in Warschau 1920 vor, ihm die Partitur zu schicken, und er wolle versuchen, das Ballett über den verliebten Hafis auf anderen Bühnen unterzubringen. Szymanowski ließ sich darauf nicht ein und informierte ihn, dass er derzeit an etwas Anderes denke (nämlich an *König Roger*, den er vier Jahre später beendete). 1929 löste er einen Vertrag für eine komische Oper für das Theater in Frankfurt am Main auf.

Die Zusammenarbeit mit Szymanowski wurde dadurch erschwert, dass er notorisch mit seinen Antworten auf Briefe in Verzug war. „Durch das Nichtantworten auf Briefe schaden Sie sich unglaublich und binden mir die Hände" (K 2, 435), ermahnte ihn Hertzka 1922 zum wiederholten Mal, doch auf eine Antwort musste er weitere drei Wochen warten. Er rechnete offensichtlich damit, dass man in Wien nicht wusste, was am Fuße der Tatra geschah, und so erklärte Szymanowski: „Ich antworte auf Ihren Brief etwas später, da ich eine Woche länger in Zakopane bleiben dürfte wegen eines Unwohlseins." (K 3a, 182) Dabei zeigen seine Briefe an andere Adressaten und die Erinnerungen Rytards, dass in den Kreisen der Boheme von Zakopane damals eine wunderbare Stimmung geherrscht haben muss. Von nun an kehrte das Motiv der Krankheit in den Briefen an seinen Verleger aber fast regelmäßig wieder.

Gegen Ende Januar 1924 informierte Szymanowski Hertzka, dass er keine Zeit zum Komponieren habe und auch nicht, um seine älteren Werke (wie die 2. *Symphonie*) zum Druck vorzubereiten, da er konzertiere, um Geld zu verdienen. Seinem Empfinden nach war dies eine Beschäftigung, die einen Künstler wie ihn diffamiere, doch als Antwort musste er lesen:

> Lieber Meister Szymanowski! (...) Es ist ja sicherlich sehr schade, dass Sie so viel Zeit fürs Geldverdienen verwenden müssen und es wäre viel besser, wenn Sie in der Zwischenzeit in Ruhe Ihre Kompositionen fertig machen könnten. Aber so geht es ja leider allen grösseren Komponisten, auch Gustav Mahler, Schönberg, Schreker etc. mussten und müssen dirigieren, unterrichten, etc. und können nicht annähernd so viel Zeit dem Schaffen widmen als es notwendig wäre. Dass Sie verschiedene Reisen machen müssen, soll Ihnen nicht unangenehm sein, denn Sie werden dadurch bekannt und es wird auch Ihrem Schaffen nützen. (Szymanowski 1981, 61)

Hertzkas Absichten verstand Szymanowski jedoch erst viele Jahre später, als er sich darüber klar wurde, welche Werbung für seine Musik die Konzerte waren, bei denen er persönlich die 4. *Symphonie* aufführte.

Von Zeit zu Zeit behandelte Szymanowski den Direktor der UE wie einen Treuhänder. Er fragte ihn um seine Meinung, als man ihm eine Professorenstelle anbot. Hertzka beruhigte ihn und erklärte, dass andere Unterricht und Schaffen erfolgreich verbänden. Langsam verlor der Verlag aber sein Vertrauen in die Informationen Szymanowskis und die Geduld über seine Unpünktlichkeit, die Briefe wurden sachlicher und weniger herzlich, aber auch Szymanowski ertrug die Kontakte mit der UE immer schlechter und glaubte, Hertzka habe „Launen", aber „leider muss ich mit ihm auskommen!" (K 6, 642)

Nach Emil Hertzkas Tod 1932 wurden die Kontakte immer offizieller. Der Verlag befand sich in einer Krise. Er vertrat sehr viele Komponisten, doch die Investitionen in die Erstellung von Orchestermaterial für jedes Werk kamen erst nach einigen Aufführungen wieder herein. Aufgrund der Finanzkrise gab es immer weniger Aufführungen, und in Deutschland wuchs die Abneigung gegenüber der neuen Musik. Szymanowski hielt seine Termine und Verpflichtungen mit immer größerer Mühe ein, was die Zusammenarbeit weiter erschwerte. Ein Beispiel: die Begleitumstände für den Druck der Neufassung der 2. *Symphonie*. Szymanowski hatte 1927 damit begonnen, sie umzuinstrumentieren. Zu der beiseitegelegten Arbeit kehrte er 1930–32 zurück, und 1934–36 wurde der zweite Satz des Werks auf seinen Wunsch hin von Fitelberg korrigiert. In zahllosen Briefen versprach der Komponist Termine, die er nicht einhielt, verlangte dafür aber den schnellstmöglichen Druck der Partitur. Der Briefwechsel wurde im Ton immer schärfer, obschon er sich, etwa im März 1936, auf eine trockene Bemerkung von Seiten des Verlags beschränkte: Der Wunsch des Komponisten, den Druck der Symphonie so rasch wie möglich zu beginnen, werde nicht erfüllt, solange er nicht das komplette Werk liefere.

Der Mensch der Feder

„Man kann sich über Schopenhauers Meinung vom musikalisch Absoluten begeistern und ereifern, doch wichtig und wertvoll ist für mich nur die logisch erschlossene Beziehung zur Welt. Ja, ja, mein Lieber, je suis un homme raté, eigentlich ein Schriftsteller, kein Musiker, ein Schriftsteller …", soll Szymanowski Mitte der 1930er Jahre gesagt haben.[4] Seine Vorstellung von der Schriftstellerei war ebenso romantisch wie die von der Arbeit des Komponisten – er sah sie als schriftliche Fixierung seiner Gefühle und Gedanken. Anfangs führte dieses Bedürfnis zu Gedichten, mit der Zeit entstand daraus Prosa. Als Mensch der Feder reifte Szymanowski im Geist des „Jungen Polen" heran und blieb bis an sein Lebensende hier verankert: „Er schrieb etwas altmodisch, mit konservati-

---

4 Aleksander Janta-Połczyński: Rozmowy z Szymanowskim. In: Wiadomości Literackie 1938, Nr. 1, 7.

Der Künstler

ver Vornehmheit der Form", vermerkte die Schriftstellerin Zofia Nałkowska.[5]

Die Stimmung von Szymanowskis Jugendwerken ist durchdrungen von Schrecken, Leiden und extremem Pessimismus – so wie seine damaligen Lieder. Der Lyrik vertraute er seine existenziellen Probleme in der Pubertät an, gab sie aber als Erwachsener nicht auf. Mindestens bis zum 50. Lebensjahr schrieb er Gedichte und sagte, dass er in der Dichtung eher „aufgehe" als in der Musik. Er kündigte an, sie vor dem Tod zu verbrennen, doch es kam anders. 39 Gedichte Szymanowskis haben sich erhalten, größtenteils auf Polnisch, doch auch eines auf Deutsch und einige auf Französisch. Der Held eines von ihnen ist das ihn stets begleitende Bild des Narziss, hier als „Geliebter der Götter".

Diese Dichtung bringen zusammen mit einigen erhaltenen Prosaskizzen sowie einem Romanfragment Kommentatoren in eine unglückliche Lage. In seiner Einleitung zur Druckausgabe stellte der ausgezeichnete Literaturwissenschaftler Jan Błoński die Frage: „Was würden wir tun, wenn wir so gut erzogen worden wären wie er? All diese Schriften im Archiv vergessen, sie an einem Dezemberabend im Kamin verbrennen?" Er schlug eine diplomatische, aber begründete Herangehensweise zu dieser Veröffentlichung vor und bemerkte, dass diese Texte es ermöglichen, Szymanowskis Persönlichkeit zu ergründen und gewissermaßen seine Musik zu „erklären". Klipp und klar gesagt, hinterlassen sie keine Illusionen darüber, dass der Schlüssel zum Verständnis seines Verhaltens, vor allem seiner künstlerischen Einstellung, die Begeisterung über sich selbst war: „Szymanowskis literarische Werke zeigen wie keine anderen (…) seinen unglaublichen Narzissmus …". (Pisma, Bd. 2, 5 und 16)

Das Prosaschaffen Szymanowskis begann mit *Szkic do mego Kaina* (Skizze an meinen Kain), die für ein vokal-instrumentales Werk gedacht war, ein verworrener, exaltierter Text über die Notwendigkeit der Kunst. Einige Monate nach dem Tod seines Vaters ent-

---

5 Zofia Nałkowska: Wspomnienie o Szymanowskim. In: Nowiny Literackie 1947, Nr. 13, 3.

Der Mensch der Feder

stand *Ostatnie pożegnanie* (Der letzte Abschied), eine stilisierte Introspektion, die von der Lust am eigenen Leiden gespeist wird: „Heiliges Leiden – du meine einzige Geliebte". (Pisma, Bd. 2, 80) Die Bandbreite seiner Gefühle, denen er in seinen Jugendgedichten und Prosaskizzen Ausdruck verlieh, war recht schmal und wurde von verschiedenerlei Leiden dominiert. In der Prosa des reifen Szymanowski werden hingegen Einsamkeit, Begeisterung über die eigene Außergewöhnlichkeit und über das idealisierte Schöne akzentuiert, als dessen Sendbote er sich empfand. Zu sehen ist dies an zwei Texten, die der 39-Jährige in New York schrieb. Einer war eine Skizze für einen stilisierten Abenteuer- und Sittenroman von der Wende zum 19. Jahrhundert mit dem Titel *Tomek czyli przygody młodego Polaka na lądach i morzach* (Tomek oder Abenteuer eines jungen Polen auf dem Land und auf den Meeren). Der zweite ist der Beginn von *Opowieści o Włóczędze-Kuglarzu i o siedmiu gwiazdach* (Erzählungen vom Herumtreiber und Gaukler und über die sieben Sterne). Ein Ausbruch der Selbstverliebtheit war die gegen Lebensende geplante Autobiographie, zu der Szymanowski lediglich eine Einleitung schrieb.

Nur einmal schrieb er einen geplanten Roman zu Ende, doch dieser verbrannte 1944 beim Warschauer Aufstand, und heute kennen wir nur ein Fragment. Er gab ihm den griechischen Titel *Ephebos*, ein Wort, das sich auf einen der Helden bezieht, Alo Łowicki, der sich nach ersten Misserfolgen im Leben und dem Ende seiner Ausbildung in die Welt aufmacht, um seine Horizonte zu erweitern, vor allem aber sich selbst kennenzulernen. Der zweite Held des Romans ist der berühmte Komponist Marek Korab.

Dem Anschein nach handelte es sich um einen typischen Bildungsroman, genauer gesagt um einen „Künstlerroman", der das Reifen eines jungen Künstlers schildert. Zwei Jahre zuvor hatte in Dublin ein Altersgenosse Szymanowskis einen solchen „Künstlerroman" vollendet – James Joyce mit *Ein Porträt des Künstlers als junger Mann*. Während jedoch Joyce einen wirklichen Roman schrieb, dessen Held lediglich bestimmte autobiographische Merkmale trägt, so ist *Ephebos* eher ein selbsterkundender und therapeutischer Text. Er entstand in den Jahren von Krieg

Der Künstler

und Revolution, in Abgeschiedenheit von der Welt, in Unsicherheit über die Zukunft, und war motiviert durch die Suche nach einer Antwort auf Fragen, die ihn damals am stärksten beschäftigten, Fragen, die die Erotik sowie die ihr feindlich gesinnte Religion betrafen. Man sieht auch, wie sehr ihn damals Erörterungen über das Wesen der Kunst beschäftigten und wie sehr er von einer großen Karriere träumte.

Iwaszkiewicz hat die autobiographischen Motive im *Ephebos* so kommentiert:

> An der Stelle des Romans, da Korab in Rom eintrifft, wird man Zeuge einer eigenartigen, übrigens häufig in der Literatur anzutreffenden Erscheinung, daß zwei Helden des *Ephebos*, Korab und Łowicki, zur gespaltenen Persönlichkeit des Autors selbst werden. Łowicki – das ist der Szymanowski der Jugend, der unsicher tastet und lernt, sich selbst nicht versteht und ängstlich nach der „wahren" Liebe sucht, der die Ausdrucksmittel für seine Individualität nicht findet und sie in der literarischen Arbeit wähnt; in Korab malt sich Szymanowski so, wie er sich in der Zukunft sieht oder wie er sein möchte: berühmt und reich, von seinem künstlerischen Wert überzeugt, von allgemeiner Liebe umgeben und mit Leichtigkeit von Erfolg zu Erfolg eilend. Zwei Jahre in seinem kleinen Städtchen träumend und sich langweilend, auf Wohltätigkeitskonzerten musizierend oder das Lokalblättchen redigierend, sah er sich in Zukunft als eine große europäische Berühmtheit, die einen Paderewski nicht zu beneiden braucht, sah er sich Orden in Empfang nehmen, sah Säle voll Zuhörer, Kränze... aber auch Herzen! (Iwaszkiewicz 1982, 154 f.; vgl. Szmanowski 1993, 17)

Die Helden im *Ephebos* haben keine Sorgen im Leben, da Alo aus einer Fürstenfamilie stammt und der berühmte Komponist, wie zu erwarten ist, ebenfalls keine so gemeinen Sorgen hat wie fehlendes Kleingeld. Die rudimentäre Handlung des Romans, in dem vor allem miteinander gesprochen wird – über Kunst und Liebe, vor allem in dem erhaltenen Kapitel „Das Gastmahl"[6], das nicht zufällig so betitelt ist, dass es sofort an Platon denken lässt –, spielt in einer Szenerie, die an Szymanowskis Vorkriegsreisen nach Italien und Sizilien erinnert. *Ephebos* war vor allem dem Wunsch geschuldet, die Veränderungen zu erklären, die in ihm während diesen Reisen vorgegangen waren. Also idealisiert er die Homosexualität, genauer gesagt die Ephebophilie, und stellt sie über die heterosexuelle Liebe. Im *Ephebos* kommen auch einige andere Themen vor, die für Szymanwoskis Weltanschauung bezeichnend waren, zumindest in diesem Lebensabschnitt. Es gibt hier also eine Kritik der Menge, des gesunden Menschenverstandes, der Frauen und der Juden. Szymanowski hatte sicher die Lektüre des in Wien sehr modischen Buchs *Geschlecht und Charakter* von Otto Weininger im Kopf, als er den Juden das Fehlen jedweder Voraussetzungen absprach, sich in der Philosophie und in den Künsten hervorzutun, vor allem aber legte er ihnen das Auftauchen der Homophobie zur Last, denn für die antiken Griechen sei die homoerotische Liebe eine natürliche Neigung gewesen. Die Frauen beschuldigte er der Unfähigkeit zum „Idealismus der Tat", was dazu führe, dass sie auf dem Gebiet der Kultur um Welten hinter den Männern zurückstünden. Außerdem wiederholte er viele seinerzeitige Frauenhasser und sagte, dass nur wer keine Kinder gebäre, eine Idee zu gebären vermöge – weshalb nur der Mann diese Fähigkeit besitzen könne.

Szymanowski, der sich als Vertreter der geistigen Aristokratie fühlte, blickte mit Skepsis auf eine Zukunft, die der Massengesellschaft gehören würde. Er diskutierte die Stellung des Künstlers in der Gesellschaft und stellte ihn vor alle anderen. Seiner Meinung nach existiert der Mensch zwar lediglich als Mitglied der Nation, doch „ein wesentlicher Wert des großen Werks der Kunst befindet sich dort, wo in seinem Schöpfer der ethnische Mensch aufhört, ein Franzose, Engländer oder Pole, und der Einsame Mensch beginnt, der dem Leben als metaphysischem Problem Auge

---

6 Dieses Kapitel hat sich deshalb erhalten, weil Szymanowski es ins Russische übersetzte und Boris Kochno gab, der es nach Paris mitnahm, aber nie las, da er dachte, es handele sich um eine Übersetzung Platons. Erst 1981 erkannte Teresa Chylińska hierin ein Fragment aus *Ephesos*.

in Auge gegenübersteht". (Pisma, Bd. 2, 208 f.) Metaphysik akzeptierte er nicht in der Gestalt von Religion, da er dem Katholizismus vorwarf, sich allzu sehr auf die Sexualität zu konzentrieren, weshalb er eine eigene schuf, mit einem Dreigestirn, wie es bald in *König Roger* auftreten sollte: Dionysos, Eros und Christus.

Den *Ephebos* begann er im Herbst 1917 und las ihn mit voranschreitender Arbeit seinen Freunden vor. Den fertigen Text unterschrieb er mit dem Pseudonym Jerzy Władysław Kostryn und legte ihn zur Seite. Er hatte nicht die Absicht, ihn zu veröffentlichen, vor allem nicht solange seine Mutter lebte, vor der er seine Homosexualität bis zu seinem Lebensende verbarg.

In den 1920er Jahren wurde Szymanowski auf publizistischem Gebiet aktiver. Unter seinen Texten über die Musik gilt als die wichtigste die kleine Abhandlung *Wychowawcza rola kultury muzycznej w społeczeństwie* (Die erzieherische Rolle der Musikkultur in der Gesellschaft). Geschrieben in Davos von September 1929 bis Mai 1930, enthält sie ein emphatisches Lob der Musik, natürlich der herausragenden, künstlerischen. Der schriftstellernde Komponist unterstreicht ihre ethische Dimension und verlangt vom Staat, er müsse sich aus diesem Grund um sie kümmern. Mehrmals schrieb er über Chopin, und es entstanden auch Essays über neue deutsche und französische Musik sowie über Komponisten, die er am höchsten schätzte: Strawinsky, Bartók und Ravel. Da er über keine musikhistorischen oder theoretischen Grundlagen verfügte, gab er die synthetischen Arbeiten auf, zu denen man ihn zu überreden versuchte, etwa ein Buch über die zeitgenössische Musik oder einen Versuch, die Romantik zusammenzufassen.

Szymanowski beklagte sich, dass ihn das Schreiben viel Zeit koste. Daran dachte er aber wohl nicht, wenn er sich zu leidenschaftlichen Polemiken verleiten ließ, falls man einmal nicht gut genug über seine Musik oder ihn selbst geschrieben hatte.

Zum ersten Mal protestierte er gemeinsam mit Fitelberg im Jahre 1907 gegen eine Kritik Aleksander Polińskis. Von nun an rief die Gegenwart von Kritikern bei ihm Abneigung hervor, was er bei jeder sich bietenden Gelegenheit spüren ließ. Um 1920, als er einen später nicht beendeten Text über „den Futurismus in der

Musik" skizzierte, wollte er sich hier vor allem über die künstlerische Kritik auslassen. Hier findet sich auch ein Schlüssel zu seinen Vorstellungen über die Beziehungen des Künstlers zu seiner Umwelt: „Merkmal eines jeden Individuums, das sich über das durchschnittliche Niveau der ihn umgebenden Gesellschaft erhebt, muss die Opposition ihm gegenüber sein. Das ihn unterscheidende Merkmal ist seine ‚Einsamkeit' ...". (Pisma, Bd. 1, 479) In Augenblicken ruhiger Reflexion hielt er die Differenz zwischen der vom „einsamen Individuum" geschaffenen Kunst und den Erwartungen der Kritiker des „durchschnittlichen Niveaus" für etwas Normales. Doch es genügte, dass jemand, insbesondere in Warschau, etwas schrieb, was seinen Ehrgeiz reizte, um ihn zur Feder greifen zu lassen und ihn zu einer Anstrengung zu bewegen, zu der man ihn unter gewöhnlichen Umständen kaum hätte bewegen können. Szymanowskis Polemiken mit tatsächlichen und imaginierten Presseangriffen füllen lange Seiten. Dies wäre eine allenfalls ermüdend zu lesende Glosse zu seinem schriftstellerischen Schaffen, hätte es nicht Konsequenzen gehabt: Bei den Bewunderern des Komponisten verfestigte sich auf dieser Grundlage das Bild eines Genies, der von der Kritik verbissen bekämpft wird.

Der Nationalkünstler

„Selbst wenn eine Deiner Ansichten den meinen diametral entgegenstünde, so würde ich dies doch ohne größere Bitterkeit ertragen – sogar in der Frage der Religion zum Beispiel. Am schmerzlichsten wäre es für mich, wenn ich in Dir eine fehlende Liebe zum Land erkennen würde, und ich bekenne Dir freimütig, dass es eine Zeit gab, in der ich mich ein wenig darum gesorgt habe" (K 1, 55 f.), schrieb Stanisław Szymanowski seinem 20-jährigen Sohn. Dieser nämlich empfand sich vor allem als Künstler und wollte sich von der patriotischen Vision und Kunstmission befreien, die bei den unter den Teilungsmächten lebenden Polen überwog.

Der Künstler

Im Lichte der im 19. Jahrhundert verbreiteten Vorstellung von „Polentum" war das, was das „Junge Polen" postulierte, antipolnisch. Szymanowski und seine Kollegen wendeten sich nämlich demonstrativ von den historischen Themen und der Anknüpfung an die Volksmusik ab. Sie wollten Europäer sein und verkündeten, sie würden die polnische Musik aus der provinziellen Ecke herausreißen, in der sie sie sahen. Auch standen sie allen patriotischen Aktionen gleichgültig gegenüber, wozu ihnen das unruhige Jahr 1905 die Gelegenheit gab. Noch 1917 beklagte sich Szymanowski im *Ephebos*, dass „in jedem sich normal und frei entwickelnden Volk derlei Versuchungen gegen eine Freiheit des Schaffens geradezu undenkbar sind, wie es sie bei uns gegeben hat und die bei uns leider eine traurige Tatsache waren, die aus der historischen Tragödie Polens entstanden sind und sich in der Forderung nach einer ‚nationalen Kunst' ausdrücken, die als einzige Manifestation der inneren Kräfte eines durch brutale Sklaverei niedergehaltenen Volkes gilt." (Pisma, Bd, 2, 128)

Die Kriegsjahre ließen diese Frage an Aktualität verlieren. Szymanowski heischte in Petersburg und Moskau um Anerkennung, was sein seit einem Jahrzehnt nicht mehr lebender Vater nie gutgeheißen hätte. Er komponierte wie er wollte und was er wollte, ohne sich zu irgendwelchen politischen Äußerungen verpflichtet zu fühlen. Im *Ephebos* verlieh er seiner Überzeugung Ausdruck, dass die „Versuchungen gegen eine Freiheit des Schaffens", die sich in der Forderung nach einer „nationalen Kunst" äußerten, ihre Daseinsberechtigung verloren hätten, und er erklärte: „Diese ungesunden Beziehungen gehören zum Glück bereits der Vergangenheit an und in der Glorie des wiederentstehenden Polens werden die fruchtlosen ästhetisierenden Auseinandersetzungen enden, und jedem Sohn der freien Nation wird die unbeschränkte Freiheit zurückgegeben werden, seine Kräfte zu entwickeln." (Pisma, Bd. 2, 128) Im wiederentstandenen Polen wurde ihm rasch klar, dass dies eine Täuschung war. Er stand vor einer Herausforderung: Wie weiter komponieren, um den eigenen Ehrgeiz mit den Erwartungen der Umwelt zu vereinbaren, in der sich nationalistische Strömungen verstärkten? Nach der Entstehung des unabhängigen Staates verlangte ein beträchtlicher Teil der Gesellschaft eine absolute Dominanz der Polen und der polnischen Identität in Verwaltung und Kultur. Seiner Musik warf man Kosmopolitismus und die Prägung durch fremde Einflüsse vor. Bald darauf begann er, den Gegnern die Argumente zu nehmen. Er sprach sich für eine nationale Kunst aus und tat das, wozu ihn Jachimecki überredet hatte. Zunächst erklärte er – kurz gesagt –, dass die polnische Musik neben Chopin und möglicherweise Moniuszko eine „Wüste" sei. Und dann kündigte er an, dies zu ändern.

Szymanowski ließ sich von immer wieder wandelnden „Ideen" leiten, über die er gerne erzählte. In den 1910er Jahren hatte ihm die Idee einer Europäisierung der polnischen Musik vorgeschwebt. Während des Kriegs konzentrierte er sich auf seine persönlichen Probleme, vor allem auf die erotischen, und es begleitete ihn die – wie er es beschrieb – „kleine Idee von Christus-Eros". Nun, da er sich in Warschau niedergelassen hatte, ergriff die „Idee Polens" von ihm Besitz.

In einem im Januar 1923 veröffentlichten Artikel stellte er fest, dass die *Metopen* oder auch die *Masken* indirekt eine Huldigung gegenüber Chopin seien, was die französischen Kritiker gefühlt, aber die polnischen nicht bemerkt hätten. Von nun an stellte er sich als einziger Erbe Chopins dar. Stephen Downes hat wohl als erster und bislang einziger entdeckt, dass Szymanowskis Eintritt in die Rolle des ostentativ nationalen Komponisten nicht so sehr aus patriotischen Gefühlen herrührte, von denen polnische Autoren so gerne schreiben, sondern vielmehr aus einem narzisstischen Bedürfnis nach persönlichem Erfolg und Anerkennung. (vgl. Downes 1996) Er war intelligent genug, um sich darüber klar zu sein, dass es für ihn keinen anderen Weg gab, wenn er als der führende polnische Musiker anerkannt werden wollte.

Im Februar 1929 gab man ihm zu verstehen, dass er in die Rolle des „ersten nach Chopin" geschlüpft sei. Für das *1. Violinkonzert* erhielt er den Staatspreis, der ihm nicht zufällig am Geburtstag Chopins überreicht wurde. In seiner Ansprache an den Preisträger sagte der Abteilungsdirektor im Ministerium unter anderem: „Am

Der Künstler

einhundertundneunzehnten Jahrestag dieses großen Ereignisses überreicht Ihnen das Ministerium für religiöse Bekenntnisse und öffentliche Bildung den ersten Musikpreis, der als alljährliche Erinnerung an genau diesen Tag gedacht ist, und als Auszeichnung, die an diesem Tag die Hervorragenden erhalten sollen." (K 5, 84)

Es ist ungewiss, ob er diese Stellung erlangt hätte, wäre nicht Mieczysław Karłowicz so früh gestorben, der 1909 in der Tatra von einer Lawine verschüttet wurde und dessen sechs symphonische Dichtungen ihm zu Beginn des 20. Jahrhunderts die Bezeichnung als bedeutendster polnischer Symphoniker eingebracht hatten. In der Zwischenkriegszeit wurden Ludomir Różycki, Feliks Nowowiejski sowie – vor allem außerhalb der Grenzen Polens – Aleksander Tansman hoch geschätzt. In ihrer Originalität blieben sie jedoch hinter Szymanowski zurück, der sich in dieser Lage als musikalische Lichtgestalt und nationales Gut betrachtete.

In der Überzeugung, dass ihm in dieser Rolle ausschließlich Huldigungen gebührten, wurde er von seinen Freunden bestärkt, vor allem von Adolf Chybiński. Doch gleichzeitig las er, was völlig normal ist, über seine Musik nicht nur Lobpreisungen. Gegenüber seinem Umfeld stilisierte er sich somit zu einem einsamen Prometheus, der sich im Namen von lediglich ihm bekannten Zielen für die nationale Kultur aufopfere. „Die jungen Komponisten müssen ein Maximum an Kultur und Wissen besitzen, damit es in Polen nie mehr so schrecklich traurige Dinge gibt, wie sie gerade mir widerfahren mussten: der Kampf eines einsamen Menschen gegen die ‚Macht der Dunkelheit' (in der Musik!)" (K 4, 361), vertraute er sich einer ihn bewundernden Freundin in Paris an. „Soviel habe ich in Polen noch zu tun, und zwar Dinge, die – das weiß ich heute schon sicher – außer mir niemand vermag" (K 5, 323), erklärte er einer anderen Freundin in New York, einige Monate nachdem er auf den Direktorenposten im Konservatorium verzichtet hatte. „In der Gesamtrechnung gebe ich immer unendlich viel im Verhältnis zu dem, was ich im Gegenzug erhalte. Ich tue das, was ich als gut für mich, also für die polnische Kunst erachte ..." (K 11, 323), äußerte er sich irritiert im Sommer 1936 in Paris, als sich das ihm für eine weitere Kur zugesagte Geld verspätete.

Der Nationalkünstler

Die meisten Künstler ertrugen Kritiken schlecht, und viele schlugen sich mit Existenznöten herum. Szymanowski meinte jedoch, dass ihm eine andere Behandlung gebühre, er erwartete Privilegien. Er fühlte sich deshalb ständig unterschätzt, bekämpft, vor allem seiner Einkünfte beraubt, die ihm – wie er dachte – angesichts seines Talents und seiner Verdienste zustanden. Als er Rubinstein im Dezember 1926 seine Lage schilderte, griff er zu einem Argument, dessen er sich oft bediente, er lastete nämlich die Folgen seiner Unbeholfenheit in Angelegenheiten des Lebens und seiner Verschwendungssucht einer angedeuteten Anormalität der Verhältnisse in Polen an: „Mein Ruhm ist ungleich größer als meine Einkünfte. Man kann das [durch die] polnischen Verhältnisse verstehen. Es will Menschen aus dem Ausland nicht in den Kopf, dass jemand in meiner Stellung vielleicht nicht reich ist, oder das er zumindest nicht mit Sorge an die morgige Mahlzeit denken muss, was bei mir relativ häufig vorkommt." (K 3, 580 f.) In diesem Tonfall schrieb er vielen Freunden im Ausland, die den ständigen Klagen des Komponisten leicht Glauben schenkten. Zwei Wochen, nachdem er den erwähnten Staatspreis mit einem für die damaligen Verhältnisse ansehnlichen Preisgeld in Höhe von 10.000 Złoty erhalten hatte, berichtete er dem Pianisten Jan Smeterlin, der sich seit Jahren in London aufhielt, dass er ihm „bei der weiteren Arbeit helfen" solle und erwähnte den Preis mit keinem Wort: „Meine letzten Werke haben bewiesen, dass ich in guter Form bin und dass die Regierung nichts Besseres tun konnte, als mir die Arbeit zu ermöglichen, leider sind sie nicht in der Lage, das zu verstehen." (K 5, 103)

In seiner Klage über Geringschätzung von Seiten des Staates kündigte Szymanowski von Zeit zu Zeit an, Polen zu verlassen, da es ihn nicht gebührend würdige. Er wusste, dass er dies nicht tun würde, da es kein anderes Land gab, in dem er auf solche Privilegien hoffen könnte, wie er sie in der Heimat erhielt, und als Berufsmusiker wollte und konnte er nicht leben und arbeiten. Nur in Polen kam ihm ein Kreis von Enthusiasten immer wieder zu Hilfe, obschon diese Hilfe in seinen Augen in der Regel zu klein war oder zu spät kam. Bis zum Ende seines Lebens beharrte er darauf, dass der Staat und die polnische Gesellschaft seine Verdienste

Der Künstler

um die heimische Musik geringschätzten, ja ihm sogar Knüppel zwischen die Beine warfen.

Dabei erhielt er schon seit 1919 finanzielle Hilfe des Staates, als auf seine Bitte das Ministerium für Kunst und Kultur ihm ein erstes Stipendium gab. Erneut wurde er 1926 aus öffentlichen Mitteln unterstützt, indem er ein Dreivierteljahr lang ein Stipendium in einer Höhe erhielt, die es ihm ermöglicht hätte, die Unterhaltskosten einer bescheidenen mehrköpfigen Familie zu tragen. Bald darauf erhielt er anstatt eines Stipendiums den Vorschlag, Direktor des Konservatoriums zu werden, mit einem Gehalt, das mehr als doppelt so hoch war. Im Februar 1929 wurde er, wie gesagt, mit dem Staatspreis ausgezeichnet. Das Ministerium trug die Kosten seiner verschiedenen Kuraufenthalte, zunächst einer Entziehungskur, später einer Kur aufgrund seiner Tuberkulose. Zur selben Zeit erhielt er sein Direktorengehalt am Konservatorium sowie ein Stipendium, um *Harnasie* zu schreiben. Nach seinem Abschied vom Konservatorium wurde er weiter mit Zahlungen unterstützt, selbst wenn er privat Konzertreisen nach England unternahm.

Szymanowski war Nutznießer einer Kulturpolitik, die die polnische Kunst im Ausland propagierte. In den 1920er und 1930er Jahren wurde er zu Konzerten abgeordnet, die von der Regierung im Rahmen von bilateralen Vereinbarungen und bei internationalen Ereignissen veranstaltet wurden, unter anderem in Paris, Rom, Frankfurt, Moskau, Belgrad, Bukarest und Riga. Indem er bei diesen Gelegenheiten seine Werke ins Programm aufnahm, gab man ihm die Möglichkeit, sich an Orten einen Namen zu machen, an denen moderne Musik nicht immer gerne gehört wurde. Im März 1930 bezuschusste das polnische Außenministerium eine Aufführung des *Stabat Mater* in Paris. Die Aufführung von *Harnasie* in Paris galt als Angelegenheit von staatlicher Bedeutung und man sparte nicht an Mitteln, da erstmals in der Geschichte das Werk eines polnischen Komponisten in der Pariser Oper erklingen sollte.[7] Aus

---

7 Das stimmt allerdings nur fast: Zwischen 1858 und 1868 wurden in Paris mehrere französische Opern von Józef Michał Poniatowski aufgeführt, darunter 1860 an der kaiserlichen Oper das Werk *Pierre de Médicis*, das später

öffentlichen Geldern wurden damals die Kosten für einen viermonatigen Aufenthalt Szymanowskis in der französischen Hauptstadt gedeckt, die er am 12. März 1936 erreichte und wo er noch nach der Premiere blieb, da er mit Aufträgen von Seiten französischer Mäzeninnen liebäugelte. Später bezahlte ihm das Ministerium nicht nur den Aufenthalt im Sanatorium, sondern auch die Reisekosten seiner Sekretärin und dann auch seiner Schwester Stanisława an sein Krankenbett.

Die feierliche Beerdigung – zunächst in Warschau, dann in Krakau – endete mit der Grablegung des „Schöpfers von *Harnasie*" in der nationalen Krypta für die bedeutendsten Künstler, auf dem Krakauer Skałka-Hügel. Szymanowski fand hier als erster und einziger Musiker seine letzte Ruhestätte – neben Schriftstellern und Malern. An die Zeremonie erinnerte man sich noch Jahre, sie galt als Beweis dafür, dass Polen sich erst nach dem Tod seiner angenommen habe. Freunde und Bewunderer beriefen sich dabei auf die Worte Szymanowskis selbst, der immer wieder sagte, dass seine Geldprobleme den Behörden und Institutionen im Land egal seien und der sich wünschte, man möge ihm zu Lebzeiten zumindest einen Teil des Geldes geben, das man für seine Beerdigung aufwenden würde. Dies war wohl der hartnäckigste Mythos, den er seinem Umfeld mit seinem verführerischen Charme einzureden vermochte.

in völlige Vergessenheit geriet und nach gut 150 Jahren erst 2011 in Krakau wieder erklang.

Die magnetische Persönlichkeit

> *Sie gehören zu den Menschen,*
> *die so einen merkwürdigen Charme besitzen*[1]

„Jarosław und ich sprachen heute davon, dass er das hat, was manche großen Menschen hatten, zum Beispiel Napoleon (angeblich auch Piłsudski), diesen einnehmenden Zauber, der im persönlichen Umgang sogar Feinde überrumpelt", notierte Anna Iwaszkiewicz im Dezember 1931.

> Das ist seine geistige Ausstrahlung, aber auch die körperliche Anmut, in der Stimme, im Blick. Ich beklage es immer, dass fast alle Fotografien Karols so schlecht sind; selbst einige Jugendbilder sind fürchterlich, und noch dazu lächerlich. Einige Amateuraufnahmen, zum Beispiel die, die wir besitzen und die auf Kuba entstanden ist, erlauben eine gewisse Vorstellung von seinem Lächeln und sind ihm ähnlich, aber keine gibt den unerhörten Ausdruck seiner Augen wieder, dabei ist gerade das an ihm so unvergesslich, das, was auf alle einen solchen Eindruck macht. (Iwaszkiewiczowa 1974b, 228 f.)

Es haben sich viele Fotografien Karol Szymanowskis erhalten, doch einen Eindruck von seiner außerordentlichen Anziehungskraft erhält man vielleicht nur aufgrund eines kurzen Films, der in den letzten Lebensjahren entstanden ist, aber lediglich, wenn man ihn auf einer großen Leinwand betrachtet, um den Künstler in voller Lebensgröße zu sehen, so wie er zum Beispiel in der Villa „Atma"

---

1 Teresa Zdanowska, eine Bekannte Szymanowskis, im Jahre 1932 (K 7, 262).

Die magnetische Persönlichkeit

in Zakopane gezeigt wird. Der Klang seiner Stimme ist nirgends zufriedenstellend aufgenommen worden, nach Berichten von Bekannten war sie tief, ein Bariton. Auf den Tonaufnahmen der letzten Lebensjahre ist eine durch seine Kehlkopfkrankheit stark veränderte Stimme zu hören.

Viele haben versucht, sein Charisma zu beschreiben, mit dem er sein Umfeld verzauberte. „Das war kein Mensch, das war eine Erscheinung!", schrieb nach seinem Tod die Schriftstellerin Zofia Nałkowska. Der Publizist Stanisław Piasecki fasste es ähnlich: „Es ist der einnehmendste Mensch gestorben, den wir je gekannt haben." Der Schriftsteller Michał Choromański widmete der unwiderstehlichen Persönlichkeit Szymanowskis einen Essay und stellte fest: „Nur wer Szymanowski persönlich kannte, weiß von der kaum zu fassenden Schönheit seines Lächelns, von den schwarzen und daumendicken Augenbrauen, von den grauen Augen; von seinem ausgesuchten, allerbesten Geschmack; vor allem – von der Anmut seines ganzen Seins."[2]

Szymanowskis Charme führte dazu, dass ihm selbst seine Dienstboten das Durcheinander nicht verübelten, das er hinterließ, was Iwaszkiewicz einmal bemerkte:

> Die Bediensteten mochten ihn unheimlich und beklagten sich nie über die Unordnung, in der er sein Zimmer hinterließ. Und die Unordnung war nicht gering. Einmal sagte Władysław, mein Diener und Chauffeur, als er jemandes Verhalten bezeichnen wollte: „Dieser Herr ist so ein Das-Zimmer-in-Unordnung-Lasser, sogar ein größerer als Herr Szymanowski". Diese Unordnung bestand hauptsächlich aus Zigaretten, von denen Szymanowski eine unendliche Menge rauchte, indem er eine an der anderen anzündete; die Kippen und Asche ließ er rings um sich herum liegen, die qualmenden Reste begoss er immer mit Tee oder Kaffee, wodurch

---

2 Choromański, 175 f. – Choromański war von Nałkowskas Formulierung angeregt worden; der Ausschnitt des Textes erhielt den Titel „Zjawisko w Zachęcie" (Erscheinung in Zachęcie).

Die magnetische Persönlichkeit

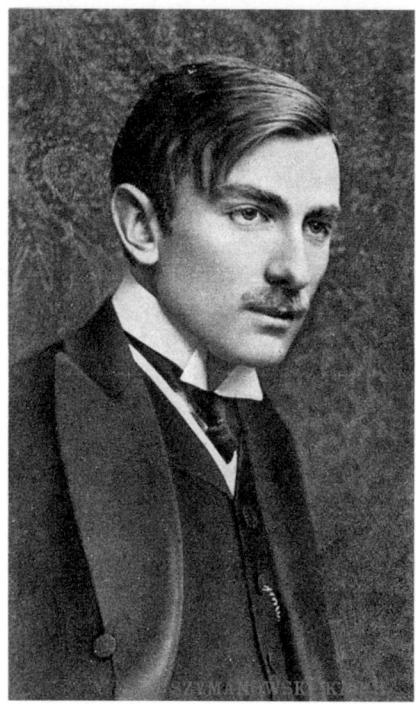

Abb. 11: Karol Szymanowski in den Jahren vor dem Ersten Weltkrieg

in den Aschenbechern wahre schwarze Bäche entstanden. (Iwaszkiewicz 2010a, 252)

Bis zu welchem Grade er seine Umgebung durch seinen Charme fesselte, zeigt eine Episode von 1932, als die einflussreiche Warschauer Tageszeitung KURIER PORANNY die „Zehn bedeutendsten Polen" der Zeit küren wollte. Es wurde eine Leserumfrage gestartet, außerdem wurden Juroren gefragt, die verschiedene Gebiete von Wissenschaft und Kunst vertraten. Bei der Frage nach dem bedeutendsten Musiker stimmten die Leser mehrheitlich für den Tenor Jan Kiepura, während die Juroren die Namen Paderewski und Szymanowski nannten, der nota bene zur Jury gehörte. Am Nationalfeiertag, dem 11. November, versammelten sich die Jurymitglieder in der Redaktion, um die Ergebnisse zu verkünden. Auf Antrag Szymanowskis wurde dabei das Reglement der Abstimmung geändert. Acht (!) bedeutende Polen wurden von der Jury gewählt; die musikalischen Kreise vertrat in diesem Gremium nationaler Berühmtheiten kein anderer als Szymanowski. Paderewski und Marie Skłodowska-Curie wurden auf die beiden „freien Plätze" verschoben, wie es in der Zusammenfassung enigmatisch hieß. Der größte Opern- und Operettenstar der Zwischenkriegskeit, Jan Kiepura, kam auf die zweite, sozusagen zusätzliche oder vielleicht auch „plebejische" Liste. Diese Änderungen wurden durch einen ziemlich wirren Kommentar der Redaktion erläutert, die außerdem darüber berichtete, dass Karol Szymanowski am Ende der Beratungen das Wort ergriffen habe: „Er hielt eine herzliche Ansprache, bei der er seine Anerkennung für die Propaganda- und Kulturaktion des KURIER PORANNY aussprach, die das ungemeine Interesse der breiten Massen hervorgerufen habe [es wurden 13.540 Stimmen abgegeben] und die die Aufmerksamkeit der Allgemeinheit auf die dauerhaften künstlerischen Werte in unserer Kultur gelenkt habe". (K 7, 351)

Durch seinen persönlichen Charme, der durch Eleganz und Umgangsformen noch verstärkt wurde, wusste Szymanowski sein Umfeld bereits seit seiner Jugend zu verzaubern und für sich zu gewinnen. Einer, der auf Lebzeiten von ihm gefesselt war, Zdzisław Jachimecki, erinnerte sich folgendermaßen an die erste Begegnung mit seinem damals 26-jährigen Altersgenossen auf dem Krakauer Bahnhof.

> Eine Viertelstunde vor der Abfahrt des Zuges betrat er den Bahnhof. Ich erkannte ihn sofort. Er war hochgewachsen, sehr vornehm gekleidet, zog das linke Bein ein wenig nach, das nicht kürzer als das rechte war, bei jedem Schritt aber die Versteifung des Kniegelenks verriet. (...) eine originelle Bandschleife aus schwarzer Seide von dem Berliner Fotogramm von 1906 hatte bereits einer perfekt gebundenen Krawatte Platz gemacht – in einer ideal mit dem Überwurf harmonierenden Farbe. Die ganze Eleganz Szymanowskis

war von der besten Sorte! Aber all dies war nur eine Art schön gewählter Begleitung zu dem von der Person des Künstlers ausstrahlenden Charme, mit dem er einen sofort an sich fesselte. (Chylińska 2008, Bd. 1, 170)

Zwanzig Jahre später schlug er ähnlich in seinen Bann, wie dies der Maler Rafał Malczewski beschreibt:

> Ein unbeschreiblicher Reiz ging von seinem Lächeln aus. Unter den dunklen und buschigen Augenbrauen blitzten die Augen hervor. Hinter dem träumerischen Nebel der grüngrauen Augen steckte ein Satyr, der Dämon des Geschlechts, in Bande geschlagen durch die Stricke der Kultur. Einer Kultur, die den ganzen Menschen beherrscht, angefangen bei der unnachahmlichen Art des Händedrucks bis hin zu den Arbeitsergebnissen. Er war die Verkörperung von Charme, obwohl – wie soll man von einem Herrn im mittleren Alter sprechen, der leicht hinkte und relativ elegant gekleidet war? (Smoter 270-274, Auswahl)

„Szymanowski konnte wahnsinnig gefallen", meinte die Schriftstellerin Irena Krzywicka. „Gutaussehend, von einem völlig unbeschreiblichen Charme. Außergewöhnliche Höflichkeit, die Gabe, dem Gesprächspartner direkt in die Augen zu sehen, als wäre er für ihn der wichtigste Mensch auf der Welt. Ich habe ihn nicht oft gesehen, aber auch ich habe seine zauberhafte Anmut erfahren." (Krzywicka, 314)

„Szymanowskis Charisma ist etwas, was bislang keiner seiner zahlreichen Dichterfreunde beschreiben oder mit Worten ausdrücken konnte", stellte die Dichterin und Schriftstellerin Hanna Mortkowicz-Olczakowa fest.

> Noch als er lebte, in der Zeit häufiger Begegnungen mit Karol, vermochte ich ihn nur mit einem Gedicht Rilkes zu vergleichen:

Die magnetische Persönlichkeit

Sein Lächeln war so weich und fein,
Wie Glanz auf altem Elfenbein,
Wie Heimweh, wie ein Weihnachtsschein
Im dunklen Dorf, wie Türkisstein,
Um den sich lauter Perlen reihn,
Wie Mondesschein
auf einem lieben Buch. (Mädchenmelancholie) (Smoter, 170 f.)

Einer der engen Freunde des Komponisten, der Regisseur Ryszard Ordyński, erklärte dessen magnetische Anziehungskraft so:

> Er hatte eine unvergleichliche Anmut als *causeur* bei großer geistiger Helle und dieser bezaubernden Intimität, die einen fast unbewusst in Bekenntnisse selbst über die vertraulichsten Dinge eintauchen ließ. Ein ebenfalls sehr charakteristisches Merkmal, das einen umso mehr zu immer engeren Übereinstimmungen zwischen Freunden brachte, war sein ungewöhnliches, direktes <u>Interesse</u> [Hervorhebung von R.O.]. Er liebte es, menschliche Gedanken zu ergründen, sich für Handlungsmotive zu interessieren, von denen sich Menschen leiten lassen, er wollte so viel wie möglich wissen, bis dahin, dass er sich für Tratsch interessierte. (…) Dies ließ um ihn herum eine Stimmung entstehen, die ihm mit ungemeiner Leichtigkeit die gesamte künstlerische Welt näherbrachte, überhaupt Menschen von breiten Lebens- und Erlebnishorizonten. (Ordyński, 6)

Der Wiener Komponist Joseph Marx:

> Im Laufe der Jahre hatte ich das Glück, viele sehr wichtige Menschen kennenzulernen: Komponisten, Dichter, Philosophen, ja sogar Freundschaft mit ihnen zu schließen. Doch nicht viele von ihnen kann man mit Karol vergleichen, was Subtilität, tiefste Klugheit, allgemeine Ausbildung und Herzensgüte betrifft. Er war der beste Freund; einen solchen

kann man sich in allen Lebenslagen wünschen: er verstand sofort viele Dinge, die andere viele Jahre lang nicht begreifen konnten. (Smoter, 118)

Der Pariser Kritiker Henry Prunières:

> Welch einnehmenden, besitzergreifenden Charme dieser Mensch besaß! ... Wer das Glück hatte, näher mit ihm zu verkehren, der bewahrt bis an sein Lebensende die Erinnerung an seine Stimme, die in den letzten Jahren wie von Nebelschleiern belegt war, seinen tiefen und klaren Blick, seine wunderbare Intelligenz, seinen Edelmut, seine Subtilität. Das war einer der größten Komponisten unserer Zeit, und niemand verlieh der polnischen Musik solcherart Ausdruck. (Gradstein/Walldorf, 13)

Die Religion der Liebe

Szymanowskis Magnetismus hatte für viele auch eine erotische Dimension. Der Dichter Jan Lechoń pflegte über seine Musik hingegen zu sagen: Erotischer Lyrismus. Über Erotik müssen sie im Übrigen mehr als nur einmal gesprochen haben, da Iwaszkiewicz im Sommer 1939 festhielt:

> [Lechoń] sagte mir ein paar Sachen über Karol Szymanowski, vielleicht sogar wahre, aber so einseitige, dass sie das Bild dieses außergewöhnlichen Menschen völlig verdrehen. Auch mir hat er, wie ich mich erinnere, in Berlin im Herbst 1934 gesagt, das einzige, was er in diesem Leben nicht bedaure, sei, dass er viel „geliebt" habe (um es ganz dezent zu sagen), doch dieser Erotismus, ein fundamentales Element von Karols Natur, war zu höchsten Höhen sublimiert, er trug dazu bei, seinen „Geist" in den absoluten Zenit der menschlichen Errungenschaften zu erheben, er wandelte sich wie bei Platon in eine tiefe, existenzielle und wahre, da aus den tiefs-

ten Schichten des menschlichen Seins fließende Philosophie. Das kann man nicht so flach, so „auf Warschauer Art" interpretieren, wie dies Lechoń getan hat. (Iwaszkiewicz 2007, 126 f.)

Witkacy sah die erotische Seite von Szymanowskis Persönlichkeit anders und schrieb in seinem Essay *Narkotyki* (Rauschgifte): „Nicht umsonst sprach Karol Szymanowski mit seinem unvergesslichen subtilen Stimmchen eines metaphysischen Herrschers in einem Land von Hyperepheben nicht aus dieser Welt: ‚Weißt du, für mich ist der Erotismus etwas so Höllllisches, dass es geradezu, weißt du, empörend ist…'." (Witkiewicz 1979, 217) Die Gestalten seiner Dramen und Romane, die von Szymanowski inspiriert sind, verwickelte er in diverse erotische Handlungen, wobei er eher Lechońs als Iwaszkiewiczs Meinung zuneigte. Stefania Łobaczewska, die den Künstler in den 1930er Jahren kennenlernte, merkte in einer im folgenden Jahrzehnt geschriebenen Monographie an, er habe eine „Atmosphäre beständiger erotischer Bereitschaft" verströmt. (Łobaczewska, 97 f.)

Szymanowskis „hölllischer Erotismus" ließ sich bereits ziemlich früh erkennen und führte zur Verbitterung älterer, zur Idealisierung neigender Verehrerinnen und Verehrer sowie zu billigen Gerüchten. In seiner Familie galt er rasch als „verdorbener" Mensch, und man warnte die Jugend vor dem Umgang mit ihm. Über die erotischen Erfahrungen des jungen Szymanowski ist jedoch nichts Konkretes bekannt. Eskapaden in Freudenhäuser, wie sie in jener Zeit in seinen Kreisen an der Tagesordnung waren, erwähnte Witkacy nach ihrer gemeinsamen Italienreise 1905. Es ist vermutet worden, dass auch Szymanowski den bei einem solchen Lebenswandel naheliegenden Geschlechtskrankheiten zum Opfer gefallen sei, die gewissermaßen zu den gesellschaftlichen Pflichten eines jungen Dandys gehörten, bis sich schließlich ein Arzt zu Wort meldete und nichts anderes als Scharlach diagnostizierte.

In Warschau war der junge Künstler angeblich darauf bedacht, in den Ruf eines Menschen zu kommen, der sich großen Erfolgs bei Frauen erfreute und von keinerlei Rücksichten gebunden war.

Die magnetische Persönlichkeit

In Wien, wo Sex fast eine Besessenheit war, flirtete er angeblich mit Dagmar Godowska, einer 14-jährigen Kokette, die ihn und Rubinstein bei ihren regelmäßigen Besuchen im Haus ihres Vaters verführte. In ihrer sehr viel später entstandenen Autobiographie erinnerte sich Godowska daran, dass Szymanowski „schön wie Byron" gewesen sei (eine Assoziation aufgrund des Hinkens) und sogar um ihre Hand angehalten habe, doch Rubinstein habe den größeren Eindruck auf sie gemacht. Arthur Rubinstein behauptete in seinen Erinnerungen wiederum, dass sie aus Eifersucht um Dagmar ein ganzes Jahr lang nicht miteinander geredet hätten. Beide Erzählungen müssen als Früchte üppiger Vorstellungskraft gewertet werden, da der Pianist noch im selben Sommer in Tymoszówka urlaubte und von einem Konflikt zwischen ihm und Karol nicht die Rede sein konnte. Auf die Liste ihrer angeblichen Geliebten und Verehrer schrieb Dagmar – später ein Stummfilmstar – auch Enrico Caruso, Jascha Heifetz, Charlie Chaplin, Igor Strawinsky und noch ein paar weitere Berühmtheiten.

„Hübsche Fräulein", wie er dies in einem Brief an Spiess formulierte, machten in Petrograd und Moskau den 34-Jährigen auf sich aufmerksam, wovon er den Freund dann nach der Rückkehr aus Tymoszówka unterrichtete und hinzufügte: „Ich beneide Dich ein wenig um Moskau! Reinheit ist eine sehr quälende Tugend. Und sie wirkt sich schrecklich auf die Stimmung aus." (K 1, 476) Derlei Klagen über erzwungene Abstinenz häufen sich in den Briefen, doch lässt sich nicht feststellen, wie sehr sie sich tatsächlich auf die erotische Aktivität Szymanowskis ausgewirkt hat. Es gibt keine Spuren einer emotionalen Bindung mit einer Frau, ganz zu schweigen von erotischen Kontakten.

Immer öfter sind hingegen Bemerkungen voller Abneigung gegenüber Frauen zu finden, in denen ihre tatsächliche oder eingebildete Dummheit hervorgehoben wird. Um das 30. Lebensjahr wandelte sich Szymanowskis Erotismus zu einem Homoerotismus und sublimierte sich, wie er dies bezeichnete, er wurde zu einer „Religion der Liebe".

Vieles deutet darauf hin, dass der Umbruch bei den erotischen Interessen Szymanowskis, vielleicht auch seiner Erfahrungen,

Die Religion der Liebe

während seiner Italienreise mit Spiess geschah. Im Frühjahr 1911 verbrachten sie eine Woche auf Sizilien, wo Taormina einen besonderen Eindruck auf sie machte. Spiess erinnerte sich nach Jahren: „In einer schönen, von einem Garten umgebenen Villa lebte in Taormina der englische Romanschriftsteller Robert Hichens, der Sänger Siziliens". (Spiess/Bacewicz 56) Hichens war ein homosexueller Emigrant, von seiner Ausbildung her auch Musiker und – wie Spiess weiter schreibt – „er hat in einem seiner Romane mit dem Titel *The Garden of Allah* die bekannten Gärten verewigt, die wir in Biskra besuchten und von denen ich hier in einem Augenblick erzählen werde. Diese Gärten hat, wenn auch zwanzig Jahre später, André Gide in seinen Erinnerungen *Si le grain ne meurt* beschrieben." Für die Eingeweihten waren die Namen Hichens und Gide deutliche Hinweise darauf, in welche Richtung die Interessen von Spiess und seinem Gesellen gingen, so wie auch jene des in dieser Erzählung übergangenen, in homosexuellen Kreisen aber bestens bekannten Barons Wilhelm von Gloeden.

Wenn Spiess Szymanowski zum ersten Schritt ermutigt hat, so könnte ihn Charles de Cuvillier zum zweiten ermuntert haben. Offen homosexuell, verführte er Szymanowski, invertierte ihn offensichtlich, wie sich Marcel Proust ausgedrückt hätte, und in einem Brief forderte er ihn direkt auf, sich zur „heiligen Religion" zu bekehren. Darauf, dass seine Argumentation Eindruck auf Szymanowski machte, deutet hin, dass Cuvillier einige Jahre später zum Vorbild für Charles de Villiers wurde, den eloquenten Fürsprecher der Homoerotik im *Ephebos*.

Im Mai 1914 brach Szymanowski mit Spiess zu einer Reise auf, die sie nach Algier und Tunesien führte. In Spiess' Erinnerungen gibt es eine ausführliche Beschreibung des bereits erwähnten Biskra in Ostalgerien, einem Ort, der von europäischen Touristen gerne besucht wurde, da er als Zentrum der Prostitution bekannt war, wo Jugendliche beiderlei Geschlechts ihre Dienste anboten. Nach dieser aufregenden Reise in den Süden besuchte Szymanowski relativ überraschend Paris. Er hielt sich hier zwar nur kurz auf, doch ist zu vermuten, dass während dieser paar in der Gesellschaft Cuvilliers verbrachten Tage dieser nicht nur sein Versprechen einlöste, ihn

231

Die magnetische Persönlichkeit

zur französischen Musik zu bekehren, sondern dass er ihn auch in die neue „Religion der Liebe" einführte. Direkt danach begeisterte er sich in London für die Ballets Russes – mit Tänzern in den Hauptrollen. Genau zu diesem Zeitpunkt, in London, erkannte Arthur Rubinstein die Veränderung der erotischen Interessen seines Freundes und erklärte sie sich als Folgen der gemeinsamen Reise mit Spiess.

Bald ließ auch sein Werk die Veränderungen erkennen, die mit Szymanowski vor sich gingen. Homoerotische Motive durchdrangen das Libretto der Oper *Benvenuto Cellini*, über die er 1918 nachdachte. Hauptfigur sollte hier ein Jüngling sein, besser gesagt der Ephebe Diego, der von Benvenuto dazu überredet wird, in einer Rolle aufzutreten, die heute als „drag queen" bezeichnet wird. Das deutlichste Zeichen von Szymanowskis damaligem Zwiespalt war der Roman *Ephebos*. Ohne sich bewusst zu machen, welche Probleme ihn damals plagten, kann man die Aussage von *König Roger* kaum verstehen. Iwaszkiewicz kommentierte das Ende ihrer gemeinsamen Oper so: „Das Kennenlernen der Wahrheit des Dionysoskultes hatte Roger innerlich gewandelt. Ebenso schien es Szymanowski, daß er sich innerlich durch den Kult einer weitestgehend sinnlich verstandenen Liebe gewandelt habe." (Iwaszkiewicz 1982, 146) Szymanowski sprach nach Cuvilliers Vorbild auch von „Mitgläubigen" und hielt die Homoerotik für eine Art Religion des Schönen und der Liebe, die vom Großteil der Gesellschaft zu Unrecht verdammt und verfolgt werde.

In seinem bekannten Buch über die Musik des 20. Jahrhunderts *The Rest is Noise* hat Alex Ross Szymanowski in seinem Kapitel über Benjamin Britten behandelt. Er stellt ihn hier als einen fast offenen Verfechter der Homosexualität in der Musik dar, einer Musik zumal, die laut Ross „wild und sinnlich" sei. Der Vergleich mit Britten, der sich nicht nur ihm aufgedrängt hat, verstellt jedoch die deutlichen Unterschiede zwischen der Situation der beiden Künstler und den sich daraus für ihr Schaffen ergebenden Konsequenzen. Im Gegensatz zu England zerbrach man sich in Russland zu Beginn des 20. Jahrhunderts über Sittenfragen nicht so sehr den Kopf, ähnlich wie im unabhängigen Polen, auch wenn

Die Religion der Liebe

Homosexualität hier erst mit dem neuen Strafgesetzbuch von 1932 entkriminalisiert wurde. Vor allem aber verschwanden homosexuelle Motive rasch aus seiner Musik. In den Werken aus den 1920er und 1930er Jahren, die eindeutig von der „Idee Polens" inspiriert sind, fehlen sie. Allerdings ist der besondere Charakter des Balletts *Harnasie* kaum zu übersehen, das gerade im Lichte dieser besonderen Neigungen des Komponisten gesehen werden kann. Die Hauptrolle spielt hier ein männlicher Solotänzer, und der Großteil der Gruppentänze wird von jungen Männern getanzt, Räubern und Góralen. Anders als Britten fand Szymanowski auch keinen festen Lebensgefährten. Anstelle einer inspirierenden (und disziplinierenden) Beziehung, wie sie die Partnerschaft von Britten mit Peter Pears war, knüpfte er immer wieder neue Kontakte an, die sein Leben chaotisch werden ließen.

Zum ersten Mal verliebte er sich gerade in dem Moment, als er den *Ephebos* abschloss. Im Januar 1919 hielt sich in Jelisawetgrad eine Familie von Flüchtlingen aus Moskau auf, mit ihrem 15-jährigen Sohn Boris Kochno. Der Junge schrieb damals Gedichte und träumte davon, Tänzer zu werden. Als er von dessen Leidenschaft für das Ballett erfuhr, machte ihn Szymanowski mit den Werken Strawinskys vertraut und spielte sie ihm gemeinsam mit Harry Neuhaus mit vier Händen vor. Für Boris schrieb er zwei französische Gedichte und übersetzte das Hauptkapitel aus dem *Ephebos* ins Russische. Er gab es ihm, als die Familie Kochno im August beschloss, weiterzuziehen. Unterwegs trafen sie den Maler Serge Sudeikin und seine zweite Frau Vera (die spätere Frau Strawinskys), und gemeinsam trafen sie Ende 1920 in Paris ein. Dank Sudeikin lernte Boris Serge Djaghilev kennen und wurde einige Tage später dessen Sekretär. In dieser Rolle traf er Szymanowski im Frühjahr 1921 wieder, angeblich ließen sie sich nicht anmerken, dass sie sich schon früher begegnet waren.

Szymanowski übernahm das altgriechische Modell der Beziehungen zwischen reifen Männern und Jünglingen. Trotz der Diskretion der Korrespondenten und der von seinem Umfeld in den veröffentlichten Briefen angewendeten Zensur lässt sich ein gutes Dutzend angebeteter „Epheben" identifizieren. Einem der ersten, dem 14 Jahre jüngeren Napier Alington, den er in New York kennengelernt hatte, widmete er die *Lieder eines verliebten Muezzin*. Andere haben in seinem Werkkatalog keine Spuren hinterlassen, doch waren es auch Jünglinge aus Sphären, die deutlich unter jener lagen, in der sich Lord Alington bewegte.

Meist waren sie 17 bis 18 Jahre alt, viele von ihnen leisteten, als sie Szymanowski kennenlernten, ihren Militärdienst ab. Und so konnte Iwaszkiewicz, wenn er seinen Vetter im „Astoria" suchte, vom Garderobier hören: „Seine Magnifizenz und der Herr Feldwebel sind vor Kurzem ausgegangen." (Iwaszkiewicz 2010a, 273) Für einige von ihnen war die Beziehung zu dem Komponisten von kurzer Dauer. Andere sahen solche Kontakte als Möglichkeit für den Lebensunterhalt an. Wenn man den in den Briefen hinterlassenen Informationsfetzen Glauben schenkt, so waren diese Beziehungen für Szymanowski ein recht kostspieliges Vergnügen, aber auch ein Grund für emotionale Probleme, wenn er Gegenstand von Eifersucht und Unsicherheit wurde. Nur ausnahmsweise entstanden daraus dauerhafte Bekanntschaften. So verhielt es sich mit Julian Strawa, den Szymanowski viele Jahre lang als seinen Sekretär vorstellte; sein von Maja Berezowska gemaltes Porträt hängt heute in der Villa „Atma". Strawa half ihm, seine Aufenthalte in Warschau zu organisieren, wenn er aus Zakopane zum Konservatorium fuhr. Im Oktober 1930 gab er ihm diesbezüglich folgende Instruktionen: „Ich ziehe es vor, im Bristol zu wohnen und nicht im Europejski, da sie dort die Besucher allzu sehr kontrollieren." (K 6, 426)

Iwaszkiewicz erinnerte sich, dass ihm Szymanowski 1934 gestanden habe: „Eines, was das Leben wertvoll macht, ist die Liebe ... und davon hatte ich, Gott sei Dank, viel!" (Iwaszkiewicz 1982, 109) In den 1920er und 1930er Jahren muss seine erotische Aktivität so groß gewesen sein, dass sie in den diskreten Erwähnungen seiner Freunde den Eindruck überdurchschnittlicher Intensität macht. Er verkehrte gerne in der Gesellschaft junger Männer und verbarg den erotischen Hintergrund dieser Bekanntschaften nicht. Im Herbst 1931 erschien in den Wiadomości Literackie ein Artikel, der lobte, dass es im neuen Strafgesetzbuch keinen Paragraphen gab, der homosexuelle Beziehungen unter Strafe stellte. Genau „an diesem Tag, an dem diese Nummer der Wiadomości Literackie erschien, zeigte sich Karol Sz. demonstrativ mit fünf männlichen Girls auf der Veranda des ‚M. Oko'", meldete Juliusz Zborowski aus Zakopane an Adolf Chybiński. (K 6, 639) Szymanowski verbarg seine Homosexualität nicht, doch im engsten Umfeld und auch in den Künstlerkreisen rief das keine Sensation hervor. In seinen letzten Lebensmonaten gestand er allerdings ein, dass ein Teil seiner Bekannten ihn „für einen Schuft und Wüstling" halte – und dieser Meinung schrieb er zu, warum man ihm nur zögernd oder widerwillig finanzielle Unterstützung zuteilwerden lasse. Seine Spendierfreudigkeit gegenüber jungen Freunden war allgemein bekannt.

Man wusste, dass er sich leicht verliebte. Im Sommer 1932 besprach er mit Serge Lifar die geplante Aufführung von *Harnasie*, und im September fragte er Zofia Kochańska nach dem Tänzer, wobei er zu verstehen gab, dass diese Bekanntschaft für ihn nicht nur einen künstlerischen Aspekt habe. Der bekannteste Partner Szymanowskis war Witold Conti, der als Filmschauspieler die Rolle von Liebhabern übernahm. 1930 hatte er in einem der ersten polnischen Tonfilme, *Janko muzykant* (Janko der Musikant), debütiert, bei dem Ryszard Ordyński Regie führte, der mit Szymanowski befreundet war; zuvor hatte er in Paris Gesang und Geige studiert, weshalb er für diese Rolle bestens geeignet war. Das letzte Objekt von Szymanowskis Begierde war der 30 Jahre jüngere Aleksander Szymielewicz. Nach einer ziemlich stürmischen Romanze begann ihn der Komponist wie eine Art Adoptivsohn zu behandeln, oder vielmehr wie einen „verlorenen" Sohnemann. In seinen Briefen aus dem Sanatorium fragte er ständig nach Olek [Kurzform von Aleksander], und auch seine Freunde und alle Schwestern erinnerten sich an ihn und behandelten ihn wie ein Familienmitglied. Unter seiner Kuratel nahm Szymielewicz ein Medizinstudium auf. Er galt jedoch lange als Liebhaber, der von Szymanowski ausgehalten wurde, und er hatte mit seinem leichtsinnigen Verhalten negativen Einfluss auf die Meinungen über den Komponisten. Erst 2014 erinnerte man sich seiner wieder, als auf dem Umschlag eines

Buches über homosexuelle Künstler eine Aktfotografie von ihm zu sehen war, die 1932 vom bekanntesten Warschauer Fotografen Benedykt Jerzy Dorys angefertigt worden war.

Als in Paris die Proben zu *Harnasie* stattfanden, besuchte der Komponist, wie sich ein Freund erinnerte, regelmäßig ein Café auf den Champs-Elysées.

> Das „Select" war ein bekannter Treffpunkt der Päderasten. Ich dachte, dass Szymanowski dort saß, um miteinander plappernde und kichernde Schuljungen zu sehen. Vielleicht war das auch so. Aber einmal stand Szymanowski plötzlich vom Tisch auf, ohne seinen Portwein ausgetrunken zu haben, schaute sich um und sagte scherzhaft, doch mit traurigem Gesicht: „Die Jungens langweilen mich schon, aber es gibt dieses dritte Geschlecht einfach nicht!"[3]

Frauen

Obwohl sich Szymanowski so eindeutig auf die Seite der „Religion der Liebe" zu den Epheben gestellt hatte, umgab er sich bis an sein Lebensende mit Frauen und nutzte die Anziehungskraft, die er auf sie ausübte. Diese muss gewaltig gewesen sein, da es zu Situationen wie einmal in Zakopane kam, was Mieczysław Rytard beschrieben hat:

> Wir gingen eines Tages am Nachmittag die Gaszyńska besuchen, die Eigentümerin der Villa „Czerwony Dwór" in der Straße Kasprusie. Es waren mehrere Personen anwesend: Szymanowski, Witkacy, Słonimski, Zamoyski und ich mit Frau. Eine Weile nach unserem Eintreffen umgarnte ihn die Gaszyńska, die ganz augenscheinlich über die Anwesenheit Szymanowskis in ihrem Salon begeistert und erfreut war –

---

3 Z. Czermański: Kolorowi ludzie. Londyn 1966, S. 78–80.

und schließlich ließ sie uns alleine zurück und zog Karol in andere Zimmer mit.
In Erwartung ihrer Rückkehr vergnügten wir uns alleine. (…) Die Viertelstunden vergingen, doch die Hausherrin, die sich mit dem in Gefangenschaft geratenen Karol irgendwo eingeigelt hatte, kehrte nicht wieder. Die Gäste begannen sich zu empören (…). Schließlich schlug jemand etwas vor: Als Strafe wollen wir ihren Salon umräumen! Wir machten uns alle eifrig ans Werk, und nach einigen Minuten hatte das große Zimmer voller massiver Möbel sein Aussehen völlig verändert. Wir hatten die ganze Einrichtung umgestellt, einschließlich der Bilder und Spiegelkonsolen. Ich erinnere mich nicht mehr, wer, um ihr eine noch größere Lehre zu erteilen, vorgeschlagen hatte, die Sofakissen im Kamin zu verbrennen. Eines von ihnen wurde geopfert. Zugestandenermaßen war die Verwunderung der Dame des Hauses, als sie diese Veränderung ihrer Dekoration erblickte, geradezu wahnsinnig.
Nach der Rückkehr von diesem verrückten Besuch spaßten wir, dass es einen Grund gehabt haben müsse, dass die Gaszyńska sich ihren Gästen gegenüber so unpassend verhielt, vielleicht habe sie Karol ihre Liebe gestehen wollen.
„Ach, meine Goldstücke", klagte der schließlich aus dem Verließ entlassene Gefangene, „Ihr habt keine Ahnung, wie peinigend diese Bewunderung durch Frauen ist…". (Rytard, 57 f.)

Frauen, die sich in ihn verliebten, erzählte Szymanowski erst, wenn eine deutliche Reaktion auf ihre Avancen erforderlich war, von seinem „Geheimnis" und der sich daraus ergebenden „Einsamkeit". In den Augen der exaltiertesten Verehrerinnen verlieh ihm dies einen zusätzlichen Reiz, bei anderen rief es Beschützerinstinkte hervor. Aber alle, die ihn mit unverhohlener Bewunderung umgaben, bestätigten ihn in seiner eigenen Außergewöhnlichkeit.
Die Briefe, die er mit Frauen wechselte, sind in der Regel emotional und unterscheiden sich deutlich von den konkreteren

Korrespondenzen mit Männern. Manchmal wundert das kaum, denn von Frauen erhielt er Briefe voller exaltierter Bekenntnisse. Juanita de Gandarillas, die er 1921 in London kennengelernt hatte, beteuerte dem „geliebtesten Karol", dass sie ihn „liebe", „von ganzem Herzen bewundere" und „ausschließlich an ihn denke". (K 2, 187) Mit ähnlicher Glut eröffnete ihm Teresa Zanowa, die Frau eines Freundes, ihre Gefühle.

Wenn Dorothy Jordan, von der Szymanowski 1922 halb im Scherz und halb im Ernst sagte, sie sei seine Verlobte, ebenfalls seinem Charme zum Opfer gefallen war, so ertrug sie die Nachricht gelassen, dass der gutaussehende Künstler sich mit keiner Frau verbinden wolle. Angesichts dieser offensichtlich untypischen Situation schlug Szymanowski einen Ton an, der ihrer von nun an von jedem erotischen Schatten freien Freundschaft einen emotionaleren Charakter verleihen sollte. Vor allem galt es, die Bekanntschaft aufrecht zu erhalten, da sie buchstäblich unschätzbar war (Jordan war reich und unterstützte gerne die Künste und die Künstler). Szymanowski heiratete nie, obwohl dies in seiner Zeit viele Homosexuelle taten, doch auch mit ihm brachte man einige Frauen in Verbindung.

Anna Iwaszkiewicz wollte ihn mit ihrer Freundin Irena Malinowska verkuppeln, mit der er angeblich 1925 flirtete. Nach 1930 munkelte man von einer Ehe mit Zofia Nałkowska, der *grande dame* der polnischen Literatur. Es gab sogar Gerüchte von einer baldigen Heirat und die Familie hatte die Hoffnung, dass diese Beziehung von Dauer sein würde, doch auch diesmal wurde daraus nichts. Noch einmal tauchte das Thema Verheiratung auf, als der 54-jährige Szymanowski sich in einem schrecklichen gesundheitlichen und finanziellen Zustand befand. Eine mögliche Kandidatin war eine wohlhabende Witwe aus dem Lodzer Fabrikantenmilieu, Lala Hertz, die so wie er an Tuberkulose litt. „Der offene Flügel wartet auf Sie", lud sie ihn in ihr Appartement in 25 Faubourg St. Honoré in Paris ein, „Ruhe, Stille, unterbrochen nur durch Vogelgezwitscher und die allerdings recht diskreten Töne des Flügels von Herrn Strawinsky, der gleich über mir wohnt. Wie ich Ihnen damals schon gesagt habe, würde Sie, mein teurer

Herr, hier niemand stören, denn auch ich bin selten zu Hause ..."
(K 12, 239) Doch Szymanowskis Gesundheitszustand verschlechterte sich so rasch, dass es nicht mehr dazu kam, Gast, ja sogar Gemahl von Lala Hertz und Nachbar Strawinskys zu werden.

Idol der Jugend

Nach Szymanowskis Tod schrieb Witold Lutosławski einen Artikel unter dem bezeichnenden Titel *Tchnienie wielkości* (Ein Hauch von Größe). Er huldigte hier dem Verstorbenen, merkte jedoch an, dass seine Musik für seine Altersgenossen kein nachahmenswertes Vorbild sei. Und tatsächlich, die interessantesten Komponisten dieser Generation – Roman Palester, Andrzej Panufnik und Lutosławski selbst – ließen sich nicht direkt von Szymanowski beeinflussen. Mit größerer Begeisterung nahm ihn eine Gruppe junger Leute wahr, zu denen unter anderem der 27 Jahre Jerzy Waldorff gehörte, ein gelernter Jurist und Musikkritiker aus Leidenschaft. Auch er schrieb einen Artikel zur Würdigung des Verstorbenen, den er *Wychowawca pokolenia* (Der Erzieher einer Generation) übertitelte, und der mit folgenden Worten endete: „Der Verstorbene war der geistige Führer der polnischen Musik."[4]

In die Rolle eines „Führers" der jungen Generation schlüpfte Szymanowski bald nach seinem vierzigsten Geburtstag. Im Frühjahr 1924 beschlossen die Studenten des Konservatoriums, ein Konzert mit ihren Werken zu veranstalten, und fanden in ihm einen wohlwollenden Begleiter ihrer Pläne. „Szymanowski war im Umgang unkompliziert, zugänglich und ungemein sympathisch", erinnerte sich ein Teilnehmer an diesem Projekt.

> Gutaussehend und elegant, trug er alle Merkmale eines Menschen von hoher Kultur, eines intelligenten und interessanten Mannes. Uns Junge behandelte er mit einnehmender Freundlichkeit. Er ermunterte zur Arbeit, dazu, sowohl

---

[4] Jerzy Waldorff: Wychowawca pokolenia. In: Prosto z mostu 1937, Nr. 17, 6.

> bei der musikalischen Arbeit als auch bei der Organisation des Musiklebens eigene Wege zu beschreiten. Er warnte vor Schablonen und sog. musikalischen „Reaktionären", unter denen ihm besonders Niewiadomski und Rytel „auf die Nieren gingen". In Gesprächen mit uns meinte er, man müsse die polnische Musik von der Hinterwäldlerei befreien, sie aus dem Stillstand und Epigonentum herausführen, sie durch Konzepte und technische Fähigkeiten modern machen. (Zalewski, 46 f.)

Ihm schmeichelte ihre Bewunderung, denn da er übermäßig empfindlich auf die kritischen Bemerkungen der älteren Generation reagierte, schätzte er Beweise der Anerkennung von Seiten der Jungen. Den Jungen imponierte, dass er die ältere Generation kritisierte, ja sogar nach Strich und Faden verurteilte, sie aber darin bestärkte, die Zukunft und die einzige Hoffnung der polnischen Musik zu sein. Er war voller Wohlwollen ihnen gegenüber, und gelegentlich half er ihnen in lebenspraktischen oder auch finanziellen Dingen. Als am Konservatorium die Konflikte anwuchsen, hielten sie dies für einen persönlichen Angriff auf den verehrten Meister. „Wir Jungen betrachteten dies vor allem als Feld eines schwelenden Brandes zwischen Alt und Neu", erinnerte sich Maria Dziewulska, eine der damaligen Studentinnen. „Und in dieser Landschaft sahen wir Szymanowski, der wie ein großer einsamer Baum auf einem fast leeren Feld alle Schläge auf sich zieht, die auf das niedergehen, was in der Musik etwas Neues ist, eine Entdeckung, die Avantgarde, das neue Schöne ... Für uns war er Symbol unserer künstlerischen Träume, Bestrebungen, Vorlieben." (Dziadek, 401, Anm. 137)

Die Erinnerungen, welche die von Szymanowski verzückten Jungen Jahre später veröffentlichten, sind voller enthusiastischer, sogar emphatischer Allgemeinplätze, aus denen schwer zu ergründen ist, wie er ihre Vision von der künftigen Musik entfesselte. Etwas zurückhaltender nahm Zygmunt Mycielski diese Beziehungen wahr, der zum 20. Todestag des Komponisten schrieb:

Idol der Jugend

> Die Atmosphäre, mit welcher der Schöpfer der *Mythen* sich umgab, zog eine ganze schöpferische Generation in einen Einflussbereich, der nicht so sehr darauf beruhte, technische Fertigkeiten weiterzugeben oder etwas, was man „Kanon des kompositorischen Vorgehens" nennen könnte, sondern vielmehr ließ sich diese Generation von einer bestimmten Sphäre des Empfindens von Musik anziehen, in eine Welt, die Szymanowski für die Welt der Kunst hielt. (…) Ich habe den Eindruck, als sei dies die Fortsetzung der „jungpolnischen Aura" gewesen, aus der Szymanowski herausgewachsen war, und dass sie auf der großen Intensität, dem Gewicht sowie der Verantwortlichkeit beruhte, welche der Künstler seinem Werk beimaß. (RM 1957, H. 2, 3)

In seinem 1930 erschienenen Essay *Wychowawcza rola kultury muzycznej w społeczeństwie* (Die erzieherische Rolle der Musikkultur in der Gesellschaft) schrieb Szymanowski über die Verantwortlichkeit des schöpferischen Künstlers gegenüber einem weit verstandenen „Auditorium" und ergänzte: „Verantwortlichkeit ist ein sehr großes Wort, doch darauf stützt sich eigentlich das ganze Gewicht der Sache, von der ich spreche. Nur mit ihr kann die Musik in den Bereich eines Systems von Kräften eintreten, welche das Schicksal des Menschen auf Erden regulieren." (Pisma, Bd. 1, 278) Diesen Ton griff die nächste Generation auf, und die Biographin des Komponisten Teresa Chylińska charakterisierte seine Position viele Jahre später so: „Was hat Szymanowski den Jungen aufgezeigt? Vor allem die Perspektive einer endlich erlangten künstlerischen Freiheit, die keinen Beschränkungen außer der künstlerischen Verantwortlichkeit unterlag. Also: Freiheit und Verantwortlichkeit. Doch noch blieb das Verständnis des künstlerischen Handelns selbst: für Szymanowski war sie durch maximale und uneigennützige Anstrengung bedingt." (Chylińska 1992, 197)

Das Gefühl der Verantwortlichkeit und der Wille, sich anzustrengen, gingen einher mit einem Gefühl für die Wichtigkeit der übernommenen Aufgaben und – mehr oder weniger bewusst – die Überzeugung von der eigenen Außergewöhnlichkeit. Wenn sie Szymanowski hörten, so fühlten sich die jungen Komponisten wichtig, zu großen Aufgaben berufen. Man braucht sich nicht zu wundern, dass sie angesichts dessen viele Jahre lang ihrem „Führer" ein Denkmal setzten, das von keinen Rissen verunstaltet werden durfte, und dass sie auch für eine Aufschrift auf dem Sarkophag in der Krypta der Verdienten auf dem Skałka-Hügel sorgten: „Wychowawca młodzieży" – „Der Erzieher der Jugend".

Die neurotische Persönlichkeit des Künstlers

> *... als Mensch lebte er mit übertriebenen Gefühlen.*
> (Jarosław Iwaszkiewicz über Szymanowski)

> *... ich fühle mich nicht schlecht,*
> *nur ständig diese widerliche Müdigkeit und Unlust.*
> (Szymanowski an Spiess)

> *Szymanowski konnte sich nicht mit einer bestimmten Realität abfinden, er sehnte sich nach Huldigungen und jeder, der eine eigene, unterschiedliche Meinung hatte und in seinen Werken nicht die höchsten Werte erkannte, wurde zu seinem Feind.*
> (Roman Jasiński)

„Alle Ursachen meiner ‚Armut' sind sehr konkret und real (angefangen bei meiner Gesundheit), der Effekt aber für meine Moral ist immer derselbe: Starke Depression und infolgedessen ein Fehlen von Energie und Entschlossenheit. Das erklärt in recht erheblichem Maße alles, was an meinen Taten und Absichten unlogisch ist..." (K 12, 20 f.), schrieb Szymanowski ein halbes Jahr vor seinem Tod über sich, in einem bei ihm seltenen Augenblick der Distanz seiner eigenen Person gegenüber. Zuvor hatte er Misserfolg in der Regel auf die Fügungen des Schicksals oder eine Verschwörung von Feinden zurückgeführt. Erfolg war hingegen stets das Ergebnis seines eigenen Handelns und persönlicher Verdienste.

Neurasthenie galt als ein familiär bedingtes Leiden, Zofia schrieb sogar von den „Szymanowski-Nerven". Die älteste und die jüngste Schwester beklagten sich immer wieder darüber, wobei die Atmosphäre der Jahrhundertwende das ihre dazu beitrug, als das Bild vom hyperempfindlichen Künstler gepflegt wurde, was zu den stereotypen Vorstellungen von der Malerin, der Dichterin und dem Musiker passte. Szymanowski lebte in einem Wechselbad der Gefühle, zwischen Depression und Euphorie. Er war wankelmütig und emotional empfindlich, er konnte schlecht mit Stress umgehen und war sehr empfänglich für Angst. Von der Unfähigkeit, Verpflichtungen einzugehen und Verträge einzuhalten, war bereits die Rede gewesen, auch von seiner Nachgiebigkeit, die nicht nur aus Bequemlichkeit, sondern auch aus Willenlosigkeit herrührte. Einige Jahre lang wurde er von dem hervorragenden Warschauer Psychiater Maurycy Urstein betreut, der versuchte, ihn von einem Zustand zu heilen, den man heute gewiss als bipolare Störung diagnostizieren würde. Er verbot ihm das Trinken und das Rauchen, verabreichte Hormonextrakte – alles mit einem meist nur kurzfristigen Effekt.

In Szymanowskis Briefen ist vielfach zu lesen, dass er nichts tut und diesen Zustand für etwas Natürliches hält. Immer wieder beklagte er sich über Ermüdung und Unlust, über die ihn plagende schlechte Stimmung, sogar über die Gesundheit, obwohl man ihm kaum einen konkreten Grund dafür nachweisen konnte. Manchmal schob er die Schuld für seinen Zustand auf die Überarbeitung, manchmal darauf, dass ihn sein geselliges Leben ausgelaugt hätte.

„Für eine so übergeschnappte Natur wie die meine weitet sich jede kleinste Unannehmlichkeit und Unbequemlichkeit, jede Einschränkung im Leben zu riesigen Ausmaßen aus und lähmt mich auf ganzer Linie", dachte der 29-Jährige über sich, und diese Merkmale legte er bis zu seinem Lebensende nicht ab. „In einer solchen Bredouille, in der sich zuweilen Arthur befunden hat, würde ich 100 Mal durchdrehen." (K 1, 292) Rubinstein, der sein Elternhaus als Zehnjähriger verlassen hatte, war von da an auf sich allein gestellt. Szymanowski hatte hingegen lange keine Notwendigkeit, sich gegen die Widrigkeiten des Lebens abzuhärten. 20 Jahre lang war er in der Treibhausatmosphäre von Tymoszówka aufgewachsen, dann kam er unter die fürsorglichen Fittiche eines Mäzens und ihm ergebener Freunde. Erst um das vierzigste Lebensjahr verschlechterten sich seine Lebensbedingungen abrupt. Er verlor

Die neurotische Persönlichkeit des Künstlers

nun die finanzielle, aber auch psychische Unterstützung durch das heimatliche Tymoszówka. Vor dem Ablauf eines weiteren Jahrzehnts hatte er leichtfertig eine Aufgabe übernommen, die seine Kräfte überstieg, als er den Posten des Direktors und später des Rektors des Warschauer Konservatoriums übernahm. Er sah sich nun vielen Problemen gegenüber – tatsächlichen, manchmal eingebildeten, die ihm aber stets sehr nahegingen. Sein Zustand verschlechterte sich auf Dauer.

Es gab Momente, in denen ihm die neue Aufgabe Flügel verlieh. Rasch kehrte jedoch das Gefühl der Hilflosigkeit gegenüber der eigenen Schwäche zurück. Er litt an Depressionen, doch die Briefe legen den Verdacht nahe, dass er dieses Wort zuweilen als bequeme und in seinem Fall glaubwürdige Ausrede verwendete. Hilflosigkeit hielt er für das natürliche Attribut des Künstlers, so dass die Grenzen zwischen bewusster Ausnutzung seiner Freunde aus schlichter Gewohnheit und Faulheit sowie krankheitsbedingter Passivität fließend waren.

Probleme lauerten auf allen Seiten, und Szymanowski reagierte auf die kleinste Herausforderung oder Störung sehr heftig. Man kann sich vorstellen, wie er einen Vorfall erlebte, der ihm im Januar 1921 in London widerfuhr. Am folgenden Tag schrieb er an Hertzka: „Gestern Abend ich hatte einen schrecklichen ‚accident' in Automob[il]; ich könnte sehr leicht getötet werden. Es ist gerade ein Wunder, daß ich von der ganzen Geschichte mit einigen nicht wichtigen Verletzungen herausgekommen bin! Bis jetzt aber ich bin etwas nervös, und kann nicht recht meine Gedanken zusammenkriegen!" (K 3a, 172)

Angst vor Misserfolgen, unschönen Überraschungen oder irgendetwas anderem, was ihn aus dem Gleichgewicht bringen konnte, machte aus Szymanowski einen sehr abergläubischen Menschen. Seine Familie und die Freunde verzeichneten viele Beispiele seines Glaubens an diverse Aberglauben, was weder ihm noch seinem Umfeld das Leben erleichterte. Seine Nichte erzählt folgende Episode aus Zakopane:

Die neurotische Persönlichkeit des Künstlers

> Einmal kamen wir spät von den Doktor Sokołowskis zurück. Aus Biały bis zur Kasprusie ist es ein ganz schönes Stück Weg. „Oh, Onkelchen, da ist ein Fiaker", freute ich mich. „Halt ihn nicht an, um Gottes Willen. Siehst du nicht, dass das ein graues Pferd ist?" [Graue Pferde bedeuteten Unglück, D.G.] Wir schleppten uns müde weiter und erst nahe des Hauses trafen wir auf einen „schwarzen Fiaker". (Dąbrowska, 107)

Er trug verschiedene Amulette und Talismane, einige davon kann man in der Villa „Atma" besichtigen. Darunter war ein silbernes Döschen mit einem Stück Schnur von einem Gehenkten, mit einem afrikanischen Amulett, einer verbogenen Medaille und einer Buddha-Figur – alles „Glücksbringer"; während seiner Beerdigung legte ihm die Familie dieses Döschen in die Tasche seiner Frackweste. Einige, wie der Musikwissenschaftler Hieronim Feicht, machten sich über seinen Aberglauben lustig: „Er gestattete es zum Beispiel nie, mit einem Streichholz drei Zigaretten anzuzünden. Ich wollte diese lächerliche Eigenschaft Szymanowski etwas kaschieren und bemerkte: Zu Recht, Herr Rektor, denn bevor man die dritte Zigarette anzündet, kann man sich die Fingerchen verbrannt haben!" (Feicht, 153) Andere machten sich auf seine Kosten lustig, manchmal sogar auf makabre Weise. Man bemühte sich, ihn hören zu lassen, dass Eugeniusz Morawski – Szymanowskis Nachfolger als Rektor des Konservatoriums, den Szymanowski hasste und den er hinter einer Verschwörung gegen ihn wähnte – auf dem Schreibtisch einen Miniatursarg stehen habe. Dort lege er angeblich Zettel mit den Namen von Leuten hinein, denen er den Tod wünschte – und, wie man sagte, befand sich dort auch ein Zettel mit dem Namen Szymanowskis.

Szymanowskis Probleme wurden durch seine Unzuverlässigkeit, seine Unpünktlichkeit und das Chaos, das er um sich herum hervorrief, noch verstärkt. Seine Frustration entstand aus der Konfrontation übersteigerter Bedürfnisse mit einem irrealen Bild von der Welt und sich selbst. Er lernte nicht aus eigenen Fehlern. Er wollte oder konnte sein Verhalten nicht an die Umstände anpassen. Viele Entscheidungen traf er auf irrationale Weise, so etwa, als er sich damit einverstanden erklärte, den Posten des Rektors zu übernehmen, wobei er sich von Eitelkeit und nicht von Vernunft leiten ließ, die ihm eigentlich geboten hätte, Schlüsse aus seinen vorherigen schrecklichen Erfahrungen im Amt des Direktors zu ziehen. Er konnte nicht nein sagen. Aus unbequemen Situationen zog er sich heraus, und wenn er für sich keinen Ausweg sah, gab er sich geschlagen. So ging er auch in finanziellen Dingen vor, was sein Umfeld ausnutzte, vor allem die jungen Leute, für die eine Verbindung mit dem älteren und wohlhabenden Mann eine Einkommensquelle war.

Der Narziss und die Mimose

Szymanowskis Neurotizismus wurde durch seinen ausgeprägten Narzissmus verstärkt. Ein hervorragender Nährboden für die Entwicklung dieser Eigenschaft war die von ihrer eigenen Außergewöhnlichkeit überzeugte Familie, die in ihrem Sohn und Bruder die Zukunft mindestens der polnischen Musik sah und ihn mit besonderer Ehrfurcht umgab. Folglich entsetzte ihn kaum etwas mehr als eine zurückhaltende, dabei aber kritische Beurteilung seines Verhaltens, seines Aussehens und seines Schaffens. Auf den geringsten Tadel reagierte er wie die sprichwörtliche Mimose.

Die Worte des Hirts, der in *König Roger* singt „Mein Gott ist jugendschön gleich mir", geben das Verhältnis Szymanowskis zu sich selbst perfekt wieder und zeigen, wie er gesehen werden wollte. Von den Zeitgenossen oft als Dandy beschrieben, würde man ihn heute gewiss zu den metrosexuellen Singles zählen. An Parfums sparte er auch in den finanziell schwierigsten Zeiten nicht (in der Villa „Atma" kann man ein Flacon der Marke „Guerlain" bewundern). Er verwendete Pflegecrèmes, und wenn er abends das Haus verließ, puderte er sich. Der geringste Makel seines Aussehens war für ihn ein riesiges Problem. Einen Tag nach dem erwähnten Beinahe-Unfall in London sagte er eine vereinbarte Verabredung ab und erklärte: „Ich sehe mit der geschwollenen Lippe so komisch aus, dass ich mich niemandem zeigen möchte". (K 2, 182) Eine ähnliche Situation erlebte Eugenia Umińska 1934:

> In Berlin wurde neben der Rundfunkaufnahme für Karol auch ein Empfang organisiert. An diesem Tag rief er mich morgens an und bat, sofort zu ihm auf's Zimmer zu kommen. Wir wohnten in einem netten, kleinen Hotel am Kurfürstendamm. Ich laufe zu ihm und treffe ihn sitzend im Sessel vor dem Fenster an. Er sitzt bemitleidenswert, gequält, mit fast weinerlichem Aussehen in seinem dunklen Morgenmantel aus Seide und blickt beinahe vorwurfsvoll mal in den Spiegel, mal auf mich. „Was ist geschehen?", frage ich. „Schau doch, wie ich aussehe!" „Ich sehe nichts!" „Wie, du siehst nichts? Meine ganze Visage ist schief, schrecklich, ich sehe aus wie eine Karikatur, die von einem Mückenschwarm oder etwas Schlimmerem gestochen worden ist." „Aber Karol, man sieht wirklich kaum etwas, vielleicht bist du leicht geschwollen. Sag mal, vielleicht tut dir der Zahn weh?" „Nein, er tut mir nicht weh, aber so kann ich doch nicht unter die Leute gehen." Ich tröstete ihn, wie ich konnte, und sagte, dass diese kleine Schwellung bis zum Abend verschwinden wird, und tatsächlich war nach einigen Stunden keine Spur mehr zu sehen. Beim abendlichen Empfang schaute mich Karol fragend an und berührte von Zeit zu Zeit seine Wange, um zu prüfen, ob sie nicht vielleicht dicker war. (Umińska, 101)

Szymanowski erfreute sich des Ansehens eines vornehmen, hervorragend gekleideten Mannes, und dies von morgens bis in die Nacht. Seine Sorge um die Nachtwäsche ist aus den mehrwöchigen Abenteuern mit seinem Pyjama bekannt, von denen er in seinen Briefen während des ersten Aufenthalts in Davos berichtete. Mit dem Kauf hatte er Freunde betraut, denen er diese Anweisungen erteilte: Der Pyjama soll elegant, am besten aus Seide sein, dabei aber auch warm. Die Verbindung dieser drei Erwartungen war nur möglich, wenn man ihn eigens schneidern ließ, und so schickten sie ihm aus Paris eine Stoffprobe nach Davos, und erst nach einigen Wochen konnte der immer ungeduldigere Patient einen Pyjama anziehen, der seinen Vorstellungen entsprach.

Besorgt um das künftige Bild von sich, dachte er beim Briefeschreiben daran, dass sie einmal gedruckt werden könnten. Dies hatte deutliche Auswirkungen auf seinen Briefwechsel mit Leonia Gradstein: „Ich nehme nicht an, dass Sie meine Briefe vernichten – und ich bin mir darüber im Klaren, dass sie eine Art Dokumentation für die Zukunft sind. Aus diesem Grund warte ich mit vielen nicht unbedingt nötigen Dingen bis zu einem mündlichen Gespräch. Verba volant, scripta manent. Daran denke ich immer, wenn ich Briefe schreibe." (K 12, 88)

Aus dem gleichen Grund hatte er panische Angst vor der Witwe von Jan Kasprowicz, was er einmal dem Schriftsteller Michał Choromański verriet:

„Weißt du, es ist schrecklich", sagte er mir einmal. „Marusia hat mich zum Mittagessen eingeladen. Ich habe eine Höllenangst. Wahrscheinlich werde ich unter einem Vorwand nicht hinfahren." „Aber warum?" „Nun, ich weiß nicht, wie ich mit ihr reden soll! Ich muss mich von vornherein darauf vorbereiten, welche Themen mit ihr angesprochen werden können und wie ich mich zu verhalten habe. Das ist furchtbar. Schließlich schreibt sie dieses Tagebuch und sicher schreibt sie meine Worte und Gesten auf. Das ist eine ganz und gar schreckliche Frau, du hast keine Ahnung, welche Angst ich vor ihr habe! Wenn ich mit ihr rede, muss ich mich ständig beobachten, denn alles, was ich sage, wird der Nachwelt überliefert. Am schlimmsten ist, dass es eine Frau ist, denn ich habe kein Vertrauen in die Feder von Frauen. Denk doch, wie schrecklich das ist: Wenn ich sie treffe, bin ich in ihren Händen! Das ist fürchterlich, es ist fürchterlich, mit jemandem Umgang zu pflegen, der dich und jeden deiner Schritte beschreiben kann." (Choromański, 174 f.)

Für alle Fälle beschloss er in den 1930er Jahren, selbst der Nachwelt zu übermitteln, was er über sich für wesentlich und richtig hielt. Als er die Arbeit an seinen Memoiren aufnahm, warnte er gleich davor, dass ihn nicht die Tatsachen interessieren würden, denn seine Aufgabe werde es sein, die Ungerechtigkeiten zu erklären, derer sich die Musikkritiker und Widersacher im Konservatorium gegen ihn erdreistet hätten, sowie zu beschreiben, welch außergewöhnliches und arbeitsames Leben er geführt habe. Er schrieb lediglich eine Einleitung, in der er sich als Person darstellte, die sich „in der Situation eines mittelmäßigen Schriftstellers, dem ein Thema aufgezwungen wurde [befinde], das seine Möglichkeiten übertrifft. Ich stehe einigermaßen ratlos vor dem gewaltigen Reichtum meines inneren und äußeren Lebens...". (Szymanowski 1982, 203)

Er liebte es, Gesprächspartnern oder Briefempfängern zu imponieren, selbst wenn er es dabei mit der Wahrheit nicht genau nahm. Bei einem Interview, das er 1921 in New York gab, sagte er: „Während meines gegenwärtigen Aufenthalts hier habe ich keine Absicht, Konzerte zu geben, aber ich komme wieder. Amerika interessiert mich, und obwohl ich ein sehr verlockendes Angebot einer europäischen Universität habe, weiß ich noch nicht, ob ich sie annehmen werde oder nicht." (Pisma, Bd. 1, 361) Von einem solchen Angebot ist keine Spur zu finden. Im Sommer 1926 informierte er Helena Casella darüber, dass er in der Warschauer Oper sehr hart an den Proben zu *König Roger* arbeite, „denn bitte vergessen Sie nicht, dass ich trotz des besten Willens der ganzen Besetzung unbedingt selbst alles überwachen muss – die Musik, die Regie, die Sänger, Chöre, das Ballett. Das ist sehr ermüdend." Die Proben endeten um ein oder zwei Uhr, danach kehrte nach Hause zurück, um „ein Buch über die zeitgenössische Musik zu schreiben – ein schwieriges, verantwortungsvolles Buch". (K 3, 463 f.) Über die Inszenierung von *König Roger* wachte eine Gruppe erfahrener Theaterleute, und aus dem Buch über die zeitgenössische Musik wurde nichts.

Ein phantastisches Bild seiner Aktivitäten im Konservatorium und ihrer blitzartigen und außerordentlichen Effekte – die Einfluss auf das gesamte polnische Musikleben hätten – malte er in seinen Briefen an Bekannte im Ausland aus. „Alles fügt sich gut – ich habe auf meinen Auffassungen bestanden – und das spüre ich im Verhältnis zu mir als vergrößerte Hochachtung, sogar als eine gewisse Furcht, dass ich zu viel vermag, dass ich, wenn ich nur wollte, vor nichts zurückschrecke. Das ist auf seine Weise sehr angenehm, ein wenig Macht in der Hand zu spüren" (K 6, 392), schrieb er Zofia Kochańska nach New York. Dabei war er nach Meinung der ihm wohlgesonnensten Mitarbeiter in Warschau „ängstlich" und verhielt sich so fügsam, als sei er verschreckt.

Sein Ehrgeiz ließ keine Kritik zu, und Gleichgültigkeit sah er als Beleidigung an. Wie ein wahrer Künstler wollte er provozieren, doch er erwartete, dass man auf sein Kommando in allgemeine Begeisterung verfalle. Als er die *1. Symphonie* komponierte, kündigte er an: „Das wird ein kontrapunktisch-harmonisch-orchestrales Monstrum, und ich freue mich schon bei dem Gedanken, wie die Berliner Kritiker bei unserem Konzert während der Aufführung dieser Symphonie mit Flüchen auf den blau angelaufenen Lippen den Saal verlassen werden". (K 1, 105) Die Berliner Kritiker hatten keine Gelegenheit, den Saal zu verlassen, da das Werk nicht aufgeführt wurde, und als die Warschauer mehr oder weniger seiner Vorhersage gemäß reagierten, war das für den 25-Jährigen, der bislang von allen gelobt worden war, eine schreckliche Erfahrung, auf die er eine heftige Reaktion zeigte.

Es kam vor, dass Szymanowskis Freunde auf seine Meinung über ihre Arbeit warteten. Michał Choromański lud ihn einmal zu einer Theateraufführung ein und „verabredete sich mit dem Komponisten im Restaurant Herbst zum Abendessen, um dessen Meinung über sein Werk zu hören, was alles unerträglich gewesen sei", erinnerte sich die Sekretärin des Komponisten.

> Die ganze Zeit lang dachte Szymanowski daran, dass Choromański irgendwo wartet und natürlich erwartet, dass das Urteil über das Stück positiv, ja sogar begeistert sein wird. Aber hier, wie aus Bosheit, das Stück gefällt nicht, auch die Ausführenden nicht allzu sehr. Ja! Das war für den Musiker ein eher unangenehmer Abend und sogar das Abendessen bei Herbst verbesserte die Stimmung nicht, da Choromański den ganzen Abend lang vorsichtig versuchte, Szymanowskis Vorwürfe zurückzuweisen. (Gradstein/Waldorff, 128)

Szymanowski, der seine Freunde regelmäßig in solche Situationen brachte, wehrte sich nicht sanft gegen mögliche Vorwürfe, sondern war gleich beleidigt. Es war schon davon die Rede, wie er auf Jachimeckis Zurückhaltung gegenüber den 1920 kennengelernten Werken reagierte, und auch von den Gründen, warum er sich von Chybiński verletzt fühlte. Ein ähnliches Schicksal traf Jan Smeterlin, als er ihn nach London einlud und sich unvorsichtigerweise kritisch über die Instrumentation der 4. *Symphonie* äußerte: Der Gast sprach einige Tage lang kein Wort mit ihm.

Erfolge, Lob und alle Beweise der Anerkennung brauchte er für sein Selbstwertgefühl, so als würde er nur darin eine Bestätigung seiner Bedeutung finden. Seinen Traum von einer Ehrendoktorwürde erfüllte ihm Zdzisław Jachimecki 1930. Auf die Nachricht von der Verleihung reagierte er auf eine für ihn typische Weise und schrieb ihm: „Ich stelle mir vor, was meine Freunde nun aus Anlass dieser ‚Doktorwürde' schreiben werden!! Ich habe mich bemüht, alles streng geheim zu lassen, selbst meiner Familie und Ficio [Fitelberg] habe ich nichts gesagt. Gestern aber war es schon überall bekannt und ich erhalte sogar Glückwunschtelegramme. Jetzt erwarte ich Angriffe – aber was soll's!! Das wird mir meine Freude nicht verübeln!" (K 6, 445) Wenn er Freunde über ihm verliehene Ehren benachrichtigte, fügte er in der Regel hinzu, dass dies seine Freunde sicherlich aufbringen werde, was ihn besonders freue. So reagierte er, als er den Orden „Polonia Restituta" erhielt, und auch, als man ihn zum Mitglied der Academie Latine de l'Humanisme in Paris wählte.

Auf ausbleibenden Erfolg oder Schweigen über einen erzielten Erfolg reagierte er heftig und witterte meist Verschwörungen. Kritiken über seine Musik las er sorgfältig. Als er jung war, hatte er sie in ein kleines Album geklebt, das heute in der Villa „Atma" aufbewahrt wird. Später beauftragte er einen Zeitungsausschnittsdienst mit der Lieferung. Besondere Aufmerksamkeit schenkte er negativen Stimmen. Nach der Premiere von *Stabat Mater*, als ihm seine Familie die Besprechungen ins Sanatorium schickte – und die besten auswählte –, antwortete er: „Mich interessieren eigentlich die feindlichen Kritiken mehr, von Rytel, Niew.[iadomski] etc. – schickt mir diese!" (K 5, 48 f.)

Er spielte virtuos mit den Emotionen seines Umfelds, spielte gerne und leicht das vom Schicksal geschlagene und von allen Menschen angegriffene Opfer. Er rief Mitleid hervor und nutzte den Altruismus seiner Mitmenschen, vor allem der ihn bewundernden Frauen. Wenn er etwas vernachlässigt oder eine andere Sünde begangen hatte, fand er stets eine Ausflucht. Schuldgefühl war ihm fremd. Eine typische Reaktion auf eigene Versäumnisse zeigt ein Brief, den er im Sommer 1925 an die Universal Edition schickte. Er hatte den Klavierauszug zu *König Roger* in seiner Warschauer Wohnung gelassen und war dann nach Frankreich gefahren. Der Verleger schickte ihm daraufhin alarmierte Briefe, in denen er schrieb, dass das Fehlen des korrigierten Klavierauszugs die geplante Premiere der Oper verzögern würde. Szymanowski erläuterte, dass der Auszug gewiss auf der Post verloren gegangen sei, doch nach der Rückkehr fand er das Korrekturexemplar bei sich daheim. Er schickte es nach Wien und fügte folgende Erläuterung hinzu:

Lieber Herr Direktor.
Also ich habe doch gefunden die verlorenen Korrekturen von Roger und habe sie sofort an die UE abgeschickt. Das war die unglaublichste Geschichte, die wirklich nur mir passieren konnte, und – ich versichere Sie – ohne die geringste Schuld von meiner Seite! Ich werde sie Ihnen nicht beschreiben – es lohnt sich gar nicht, ich möchte Sie nur herzlich bitten eben diese Angelegenheit auf das Conto meiner verschiedenen Vernachlässigungen und desgl. nicht zu stellen. Bevor ich verschiedenes geschäftliches Ihnen mitteile, ich möchte Ihnen sagen ganz „intimement" und als einem wahren Freunde, daß mein Leben jetzt – aus verschiedenen Gründen – ist so unbeschreiblich schwer und kompliziert, daß man müßte eine doppellte „resistance" haben, um es geduldig ertragen können. Diese „resistance" habe ich gar nicht viel – leider, damit erklärt sich alles, was so oft (ich fühle es!) „vous impatiente contre

> moi". Ich verstehe es natürlich – aber muß Sie doch freundlich bitten um etwas Geduld mit mir – wenn Sie es wohl verstehen wollen, daß dieser ewiger Kampf, den ich auf allen Seiten führen muß, ohne genügende innere Kräfte, stellt mich so oft in dem Stande nicht nur arbeiten zu können, aber auch in das gewöhnlich „geschäftliche" eine gewisse Ordnung und Methode beizubringen. Solche Depressionen dauern oft wochenlang – wo ich mich nicht „gesund" betrachten kann – und bringen natürlich schreckliche Verwirrung in mein Leben. Das traurigste ist, daß sogar die beste Lösung des materiellen Problems könnte nicht diese volle Ordnung in mein Leben mitbringen, obwohl natürlich es ist einer der wichtigsten Faktoren in meinen Verhängnissen, und eine völlige Ruhe von dieser Seite möchte sehr Vieles verändern. Ich werde nicht in die Details eindringen – und ende hier den privaten Teil meines Briefes in voller Sicherheit, daß Sie wenn nicht als „Herr Direktor" so jedenfalls als „Freund" dies alles wohl verstehen werden. (K 3a, 216 f.)

Während er in seiner Jugend den Anlass für die ihn heimsuchenden depressiven Zustände in seinem Charakter sah und dies als Ergebnis einer angeborenen Prädisposition betrachtete, schob er in späteren Jahren die Verantwortung für seinen Lebenswandel, der seinen Organismus zerstörte, und für seinen sich verschlechternden Zustand auf seine Umwelt und erwartete von ihr entschlossene Hilfe. Die Tuberkulose stellte sich als perfektes Erpressungswerkzeug heraus, was er beflissen nutzte, als er im Frühjahr 1929 an einen befreundeten Beamten im Ministerium schrieb, der für das Konservatorium zuständig war.

> Die Katze ist aus dem Sack: Natürlich eine traditionelle polnische Tuberkulose mit relativ beunruhigender Entwicklung (besonders die rechte Lunge), mindestens schon seit 3 oder 4 Monaten. Wie Du siehst, ist mir meine Direktorenwürde ziemlich teuer zu stehen gekommen! Wenn ich Dir das offen sage, dann darum, weil Du zu der an mir verübten Gewalttat persönlich nicht beigetragen hast und weil ich aus der Zeit

unserer Zusammenarbeit nur die Erinnerung an die höchst sorgsame Betreuung und Hilfe bewahrt habe, für die ich Dir nur Dankbarkeit und reinste Freundschaft schulde. Du könntest sagen, dass nicht das Direktorenamt schuld sei, sondern vielleicht andere Dinge?! Aber nein!! Andere Dinge sind als unweigerliche Folge der Verzweiflung gekommen, die Du Dir denken konntest, doch Du kanntest sie nicht in ihren ganzen Ausmaßen. (Ich will nicht weiter darüber schreiben.) (...) Übrigens sage ich Dir gleich offen: es geht mir um Eure materielle Hilfe. Nach Beratungen etc. mit den hiesigen Spezialisten ist klargeworden, dass mein Zustand der Art ist, dass von halben Sachen und langen Erörterungen keine Rede sein kann. (K 5, 210)

Der Appell wirkte, das Ministerium deckte die Kosten der Kur.

1933 vertraute er sich einer Freundin an: „Ich bin an der Grenze meiner Kräfte. (...) Wie gewöhnlich suche ich Fehler in mir, die Ursache meines Unglücks sein könnten, doch erkenne ich sie nicht deutlich genug!" (K 8, 291) Von engeren und weiteren Bekannten erwartete er die Lösung seiner Probleme, sie halfen ihm, doch nach seinem Empfinden stets zu wenig. Im Herbst 1936 saß er Jadwiga Umińska zum Porträt. „Er war voller Traurigkeit und Klage", erinnerte sie sich an ihr Gespräch. „Ich kannte die Leute gut, die für ihn etwas tun wollten, aber vielleicht taten sie es ungeschickt? (...) Ich war damals sehr erschüttert." (K 12, 30) Wie alle, die dem magnetischen Charme Szymanowskis erlagen, glaubte auch sie, dass die ausschließliche Schuld an seinem Unglück die Welt trage.

The Rake's Progress

Neben den Krankheiten und dem Allgemeinbefinden war eine Hauptquelle für seine Unruhe und Probleme der fortwährende Geldmangel. Wenn man sein Leben aus dieser Perspektive betrachtet, so kommt es einem vor wie ein Libretto, das fast spiegelbildlich Strawinskys *The Rake's Progress* darstellt, nur ohne Liebesgeschichte.

Die ersten drei Jahrzehnte lang erlaubten es die Einkünfte aus Tymoszówka ihm und der ganzen Familie, ein ungezwungenes Leben zu führen und alles zu finanzieren, was in ihren Kreisen als natürlich galt. Als nach dem Tod des Vaters sein älterer Bruder die Verwaltung des Gutes übernahm, verschlechterte sich die Situation, da Feliks kein Händchen für Geschäfte hatte; wäre die Revolution nicht gekommen, hätte man es – wie Iwaszkiewicz vermutet hat – ohnehin versteigern müssen. Die lockere Hand der Szymanowskis in finanziellen Dingen zeigte sich schon an der ersten eigenständigen Reise, die sie im Februar 1908 ohne Aufsicht durch die erwachsene Familie unternahmen, lediglich in Begleitung ihrer Vettern. Sie mussten früher heimkehren, da sie alles Geld schnell durchgebracht hatten. Im Leben des 26-jährigen, vielversprechenden und mit seinem persönlichen Charme verführenden Künstlers kam ihm nun erstmals jemand zu Hilfe – Stefan Spiess.

Die von nun an nicht enden wollenden Geldprobleme mobilisierten Szymanowski von Zeit zu Zeit dazu, etwas zu tun. Aus dieser Motivation heraus entstand die Operette *Die Männerlotterie*, die er jedoch in keinem Theater unterbringen konnte, um damit ein Vermögen zu verdienen. Es gelang ihm lediglich, einige Werke an einen Krakauer Verleger zu verkaufen. 1910, als er seine Schulden bei Fitelberg nicht zurückzahlen konnte, legte er sich eine Erklärung zurecht, die seiner Meinung nach den Gläubiger überzeugen sollte, ihm den Zahlungsrückstand zu gestatten, da dies für alle, also auch für ihn, von Vorteil sei:

> Ich muss Dir unbedingt 400 Rubel und Walewski 260 zurückgeben. Ich könnte das so bewerkstelligen: Tymoszówka überhaupt nicht verlassen – den Rest der Forderung von Feliks nehmen, ein paar kleine Sachen Piwarski und Idzikowski verkaufen, 600 Rubel würde ich so erzielen. Doch diese Methode hat keinen Sinn für mich, da ich weiß, dass ein längerer Aufenthalt auf dem Land für mich unmöglich wäre, ich fühle mich schon jetzt so übermüdet durch die intensive

The Rake's Progress

> Arbeit und die Einsamkeit, dass sie in ein paar Wochen ausgeschlossen sein wird, was ich völlig klar und nüchtern feststelle und ohne irgendwelche Sentimentalitäten Dir gegenüber an den Tag zu legen. Dieser mehrmonatige Aufenthalt auf dem Land in Aufregung und ohne die Möglichkeit zu arbeiten würde einen gewaltigen, auch direkt materiellen Verlust in der Zukunft bedeuten.

In seinem Brief breitete Szymanowski dann komplizierte Pläne aus, wie er an Geld kommen könne, ohne die Hauptthese des Briefs aus den Augen zu verlieren: „ich muss Dir unbedingt zurückgeben", doch eine solche Rückgabe der Schulden würde „einen gewaltigen, auch direkt materiellen Verlust in der Zukunft" verursachen. (K 1, 251 f.)

Als 30-Jähriger erlangte er eine feste Einnahmequelle, da Lubomirski sich verpflichtete, ihm eine jährliche Pension auszuzahlen, als Gegenwert für den Erwerb der Rechte an seinen Werken, die bei der UE erscheinen sollten. Jedes Vierteljahr erhielt er von nun an 3750 Kronen. Die erste Auszahlung erfolgte im Dezember 1912. Szymanowski und Fitelberg konnten nun bestens in Wien leben, was Jachimecki erlebte: „Diesen Leuten hätten noch nicht einmal 30.000 Kronen im Monat genügt. (...) Sie tragen die Nase stets hoch erhoben und wollen bescheidene Millionen, ohne die sie weder Schaffenskraft noch Lebensmut haben." (K 1, 370) Ihr Lebenselan war so groß, dass Szymanowski sich manchmal nicht an die Summen erinnerte, die er schuldete, geschweige denn an die Zahlungstermine. Im September sollte er Lubomirski 2000 Kronen zurückzahlen, die er geborgt hatte, um den Librettisten von *Hagith* zu bezahlen, aber natürlich hatte er sie nicht. Und so unterbreitete er ihm einen „schüchternen Vorschlag", den Zahlungstermin zu verschieben. Bei dieser Gelegenheit versuchte er, dem Gläubiger die moralische Verantwortung für sein künftiges Unglück zuzuschieben, falls dieser auf termingerechter Zahlung in ganzer Höhe beharren würde und erklärte ihm, dass es seinem eigenen Interesse zuwiderlaufe, wollte er von ihm verlangen, sein Wort zu halten.

Der Ausbruch des Krieges, der Szymanowski die Möglichkeit zu Reisen nahm, bremste zeitweilig seine Verschwendungssucht. In Russland lebte er von den Einkünften, die Tymoszówka erzielte, sowie von den Auszahlungen Lubomirskis. Das Jahr 1916 war für ihn finanziell gesehen noch relativ ruhig, obwohl er sich nach wie vor über das Fehlen von Bargeld beklagte und zu verstehen gab, wie wenig Lust er hatte, sich ans Geldverdienen zu machen.

Bald darauf ließ die bolschewistische Revolution die Geldquelle der Szymanowskis in Tymoszówka versiegen. Lubomirski zog sich als Mäzen zurück. Szymanowski verfügte nur über eine beschränkte Summe, die er aus der Ukraine mitgebracht hatte, und fand sich bald in einer schwierigen Lage – ohne ein festes und ausreichendes Einkommen. In einer noch schwierigeren Situation befanden sich viele Freunde und Bekannte. Einige baten ihn um Hilfe, und er bemühte sich, ihnen nicht abschlägig zu antworten, denn da er selbst ständig Schulden hatte, konnte er sich die Lage anderer vorstellen. Bis zu seinem Lebensende steckte er nun – mit kleinen Unterbrechungen – in finanziellen Nöten (so wie vor ihm Mozart). Aufgrund der Korrespondenz kann man sie nachverfolgen, auch wie schnell und wofür er sein Geld ausgab, von dem er gelegentlich viel, ja sogar sehr viel besaß.

Im März 1927 übernahm er erstmals in seinem Leben eine feste Anstellung. Als Direktor des Konservatoriums erhielt er jeden Monat ein Gehalt in Höhe von 670 Złoty, eine für diese Zeit alles andere als belanglose Summe, und gegen Ende des Jahres bot ihm schon Dorothy Jordan ihre finanzielle Hilfe an. 1929 befand er sich in der finanziell besten Lage der gesamten Nachkriegszeit. Das Ministerium gab ihm ein Stipendium, damit er *Harnasie* schreiben konnte. Er erhielt den gut dotierten Staatspreis. Die beiden amerikanischen Mäzeninnen überwiesen ihm 8.000 Dollar, also etwa 71.000 damalige Złoty. Doch in seinen Briefen beklagte er sich weiterhin über Geldsorgen.

Im Frühjahr 1931 informierte Szymanowski Zofia Kochańska, dass er Wardens Einladung für die Ferien nicht annehmen könne, da er kein Geld für die Fahrkarte habe. Ein halbes Jahr später berichtete er ihr von seiner ungewissen Zukunft und ließ beiläufig fallen, dass „alles vom Geld abhängt. Denn auch in dieser Hinsicht hat sich alles verkompliziert. Bei dieser jungen Musik in Warschau herrscht solches Elend, dass ich eine Menge Geld ausgeteilt habe (bzw. einigen geliehen habe, doch sehe ich, dass die Chancen, es zurückzubekommen, minimal sind). Das war ein schrecklicher Augenblick, denn direkt vor den Feiertagen hatte ich plötzlich keinen Heller mehr – und hier, denk doch mal – das ganze Haus von Mama in der Raszyńska-Straße etc. – Ich war in solcher Verzweiflung, dass ich nicht weiß, welche Gedanken mir durch den Kopf gegangen sind. Zum Glück hat mich Irena gerettet, die mir am 1. Januar 2000 $ gegeben hat, doch hat das die Lage nur zum Teil gerettet...". (K 7, 68 f.) Leider ist weder in den umfangreichen Dokumenten noch aus den zahlreichen Erinnerungen herauszufinden, wem gegenüber Szymanowski so freigebig gewesen sein mag. Wir wissen also nicht, wem er einen Kopisten bezahlte und warum er dies hätte tun sollen (diese Arbeit hätte jeder junge Komponist selbst ausführen können) und auch nicht, wem er die Studiengebühren ausgelegt hat. Bekannt sind nur Ausgaben für diverse Freunde, die mit dem Konservatorium nichts zu tun hatten.

Anfang 1932 trennte sich Szymanowski vom Konservatorium. Von nun an informierte er sein Umfeld, dass er sich am Rande des finanziellen Abgrunds befände, obwohl er nach wie vor auf die Spendierfreudigkeit der amerikanischen Mäzeninnen bauen konnte. Als er im Mai von Zakopane nach Warschau fuhr und der Casella über seine „beklagenswerte finanzielle Lage" berichtete, nannte er die Adresse des besten Warschauer Hotels. Im Herbst jammerte er: „Es stimmt, dass ich nicht allzu sparsam bin. – Doch – zum Teufel – darum hat man mir Geld gegeben, damit ich mein Leben leichter, angenehmer gestalten kann. Ich habe noch welches für Leute gefunden, die weniger hatten als ich. Was ist das für eine große Sünde? Ich war wirklich kein Egoist. (...) woher soll ich etwas für den Unterhalt meiner armen Familie nehmen!" (K 8, 290 f.)

In den letzten Lebensjahren waren Konzerte die Rettung für seine Finanzen – bei seinem damaligen Gesundheitszustand eine wahrlich anstrengende Tätigkeit. 1934 endete die finanzielle Hilfe Jordans, bald darauf auch die von Warden. Er lieh, wo auch immer er konnte, nutzte die Freigebigkeit von Personen, deren Identität meist nicht bekannt ist, und erhielt auch staatliche Unterstützung. Die geringen Einnahmen aus den UE-Tantiemen verringerten sich deutlich, als die Machtübernahme der Antimodernen in Deutschland für die von der UE vertretenen Komponisten zu einem spürbaren Rückgang bei den bisherigen Aufführungszahlen führte. Unter Szymanowskis Freunden versuchte man, für ihn Mittel aufzutreiben, also eine ständige finanzielle Unterstützung. Doch die Informationen über den Lebenswandel des Künstlers und die damit verbundenen Kosten blockierten alle Möglichkeiten, vor allem wenn es darum ging, die Höhe dieser Unterstützung festzulegen. Der Komponist baute darauf, dass die Regierung ihn und seine Familie finanziell absichern würde, doch diese war zurückhaltend, was Szymanowski seinerseits als Folge des nicht besonders guten Rufes wertete, dessen er sich in seinem Umfeld erfreute; Bemerkungen über seinen Lebenswandel fanden ihren Weg sogar in die Presse. Spiess berichtet:

> Ich erinnere mich daran, wie er mir einmal mit einer gewissen Dosis Bitterkeit in der Stimme sagte: „Interessant, dass man von mir sagt, ich sei zwar ein bedeutender Komponist, aber ich trinke, kenne den Wert des Geldes nicht usw. usf. Dabei könnten sie doch andersherum sagen, ich trinke zwar, kenne den Wert des Geldes nicht usw., aber dennoch sei ich ein bedeutender Künstler." (Spiess/Bacewicz, 83)

Zu jener Zeit erschienen die sentimentalen Lebenserinnerungen von Zofia Szymanowska. Ihr Bruder kommentierte die Veröffentlichung:

> Für mich persönlich, egoistisch gesehen, ist dieses Buch genau rechtzeitig erschienen, da es uns von einer anderen, rein menschlichen Seite, von der Seite des privaten, familiären Lebens entblößt, denn wozu groß um den heißen Brei herumreden: Letztens hat diese ganze Bagage sich den Mund fusselig geredet über mich. Manchmal kommt es mir in den

Sinn (und das bestätigt sich ein wenig in der Praxis), dass sogar meine „Freunde" (zumindest einige von ihnen), die mir prinzipiell zu Hilfe kommen wollen, dies lediglich für den ihrer Überzeugung nach „großen" Künstler tun, während sie den Menschen (in mir) für einen großen Lump und Wüstling halten. (K 11, 26)

Der Patient

Szymanowskis Leben war maßgeblich geprägt durch seine Krankheiten, sowohl durch tatsächliche Leiden als auch durch solche, die er sich einbildete oder die durch seine Sucht verursacht waren. Ein Unfall beeinflusste seine Kindheit. Später war er Opfer verschiedener Abhängigkeiten, die ihm dabei helfen sollten, sich von Ängsten und Frustrationen freizumachen, sie schwächten ihn und machten ihn in bestimmten Zeiträumen unfähig zu einer normalen Lebensführung. Die Tuberkulose nahm ihm schließlich relativ zeitig das Leben.

Er war vier oder fünf Jahre alt, als er beim Spielen stürzte und sich das linke Knie brach. Die Eltern suchten Hilfe bei dem bekannten Wiener Chirurgen Theodor Billroth (der aufgrund seiner Freundschaft zu Brahms auch Teil der Musikgeschichte geworden ist), doch er konnte nicht helfen. Erst nach einer in Poltawa von Nikolai Sklefasowski durchgeführten Operation konnte der Junge wieder laufen. Anstatt fortan mit seinen Altersgenossen herumzutollen, beschäftigte er sich die nächsten etwa sieben Jahre lang mit Musik sowie Lektüre aus der großen, vielsprachigen Bibliothek der Familie. Seine körperliche Unversehrtheit gewann er nie mehr zurück, doch das Gebrechen muss ihn nicht ernstlich gestört haben, da er in seiner Jugend Tennis spielte. Anfang der 1920er Jahre hinkte er, aber das war nur schwer zu bemerken; romantisch veranlagte Verehrerinnen sahen hierin eine Ähnlichkeit zu Lord Byron. Der Zustand des Beins verschlechterte sich erst nach einem Sturz im Jahre 1924. Von nun an ermüdeten ihn längere Spaziergänge und immer häufiger gebrauchte er einen Stock – was in dieser Zeit häufig noch als Attribut eines eleganten Mannes galt.

Im Frühherbst 1918 erkrankte Szymanowski an der „Spanischen Grippe", die jedoch zum Glück einen milden Verlauf hatte. Als Erwachsener suchten ihn zweimal Kinderkrankheiten heim: im Frühjahr 1917 Scharlach und im Herbst 1922 Masern. „Szymanowski war insgesamt gesund", meinte August Iwański. „Er klagte nur ständig über verschiedene Nervenleiden und nervöse Herzbeschwerden, die er durch eine von Zeit zu Zeit wiederholte Sauerstofftherapie und mit Spritzen behandelte." (Iwański, 49) Sein Umfeld kannte ihn als „den eingebildeten Kranken" – und zwar schon immer. „Karols Hypochondrie ist etwas, was man sich schwer vorstellen kann", vermerkte Anna Iwaszkiewicz, „zwar steht es um meine Nerven zeitweilig auch schlecht, aber seine Nervosität, sein Gestöhne und das ständige Fühlen am Puls regen mich so auf, dass ich es mit ihm nicht aushalten kann." (K 4, 295) „Eines Tages bildete sich auf seiner Lippe ein kleines Pustelchen", teilt Michał Choromański mit.

> Er war überzeugt, dass jetzt von den Zigaretten der Krebs beginnen würde. Zwei Tage lang war er geknickt, schließlich hielt er es nicht mehr aus und fuhr zum Direktor des Klimakrankenhauses in Zakopane, dem Chirurgen Nowotny. Klar, dass er Angst hatte, alleine zu fahren, und so bat er mich, ihn zu begleiten. Unterwegs im Fiaker schwieg er und war kaum bei sich. Im Krankenhaus erbleichte er und fasste mich buchstäblich an der Hand, dass ich ihn nicht verlassen dürfe, wenn er das Behandlungszimmer betritt. (Choromański, 174 f.)

Szymanowski hatte früh entdeckt, dass ihm der Alkohol dabei half, vor unangenehmen Zuständen zu flüchten und seine Frustrationen zu vergessen. Viele Künstler neigten zu übermäßigem Alkoholkonsum, an erster Stelle Beethoven, und in der ersten Hälfte des 20. Jahrhunderts war Sibelius ein Opfer maßlosen Alkohol- und Nikotingenusses. Unter den Komponisten von

Der Patient

Szymanowskis Generation war Strawinsky für seine Zuneigung zum Whiskey bekannt, der sogar scherzte, er sollte Igor Strawhiskey heißen. Sibelius lebte aber 92 Jahre, Strawinsky 89 – und Szymanowski nur 54 Jahre, wovon er das letzte Lebensjahrzehnt bei meist schlechter Gesundheit war. Rauchen war modisch, was man auf den Fotografien der Zeit erkennen kann. Szymanowski sah dies als Mittel, um seine Stimmung zu verbessern, so dass er sich von seiner frühen Jugend an nicht mehr von den Zigaretten trennte. Beide Abhängigkeiten setzten ihm jedoch schon in seiner Wiener Zeit zu, und die folgenschweren Konsequenzen des Missbrauchs spürte er in seinem fünften Lebensjahrzehnt ganz deutlich, als sein Organismus ihm langsam die Gefolgschaft aufkündigte.

Im Winter 1924 klagte er über Herzprobleme, vermutlich über Herzrhythmusstörungen. Er suchte verschiedene Ärzte auf, die rasch eine Vergiftung durch Nikotin und Alkohol feststellten und ihm Enthaltsamkeit von beiden auferlegten. Von seinem heldenhaften Verhalten während der Entgiftung seines Körpers unterrichtete er Freunde und Verwandte, weshalb auch bekannt ist, dass er den Konsum von 50 Zigaretten täglich auf 15 herunterschraubte, während es ihm leichter fiel, sich beim Trinken zurückzuhalten. Im Herbst 1926 schrieb er an Joseph Marx: „Ich kann bis jetzt an nichts arbeiten, mit meinen Nerven geht's gar nicht gut". (K 6, 236) Zur selben Zeit schrieb ihm Zofia Kochańska ohne Umschweife, was sie für die Ursache seiner „moralischen Probleme" hielt, über die er sich unablässig bei ihr beklagte. „Dr. Urstein (…) hat mir gesagt, dass Du der gesündeste Mensch bist, nur dürfe ‚diese Bestie nicht saufen und müsse in sinnlicher Hinsicht normal sein, dann gäbe es diese Neurasthenien nicht!' – das sind seine Worte. Also, mein Goldstück, sorge Dich ein wenig um Dich selbst – und leg Dich zu normaleren Zeiten schlafen." (K 3, 384)

Die Chronik seines Kampfes gegen Alkohol und Tabak ist umfangreich dokumentiert. Im Juli 1927, nach einigen Monaten Arbeit im Konservatorium, fühlte er sich so schlecht, dass er beschloss, eine Kur in einem darauf spezialisierten Sanatorium in Miłowody anzutreten. Er fand dort jedoch kein freies Zimmer, weshalb er zu

Die neurotische Persönlichkeit des Künstlers

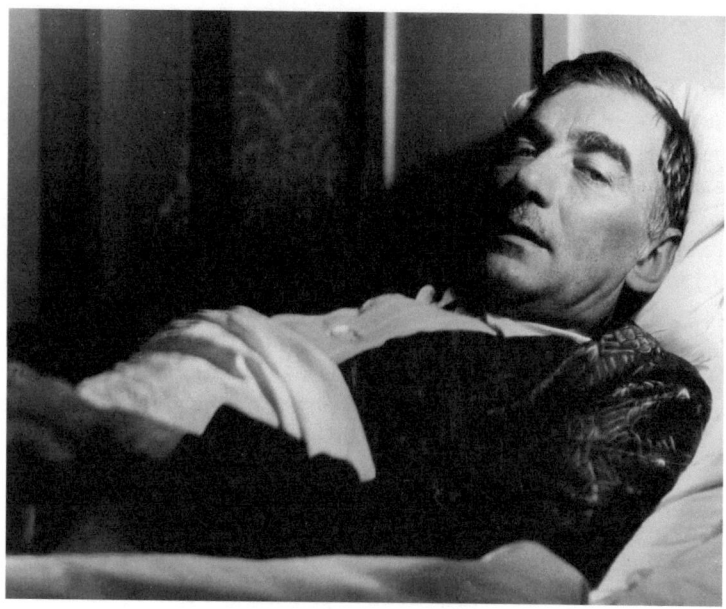

Abb. 12: Szymanowski im Sanatorium in Davos,
Ende der 1920er Jahre.

einem Bekannten aufs Land fuhr, „zusammen mit dem geliebten Doktorchen [Urstein], mit dem ich schon seit 10 Tagen hier bin, denn im gegenwärtigen Zustand meiner Nerven kann ich moralisch kaum ohne ihn bleiben. Er führt vorerst noch nicht einmal eine Kur durch, sondern schreit nur auf mich ein, erlaubt es mir nicht zu trinken und zu rauchen, beschimpft mich als Kanaille (‚und wieder säuft er, die Kanaille'), und genau das tut mir gut. Leider dauert diese Idylle nicht mehr lange, denn er muss abreisen, weshalb ich nicht weiß, was ich mit mir weiter anfangen werde". (K 4, 138) Mit dem Wiederbeginn des Unterrichts kehrte er zu seinen Abhängigkeiten zurück.

Szymanowski rauchte, vor allem aber trank er, da er sich von Ängsten und Depressionen befreien wollte, doch die Verbesserung seiner Stimmung machte immer rascher einer noch größeren

Der Patient

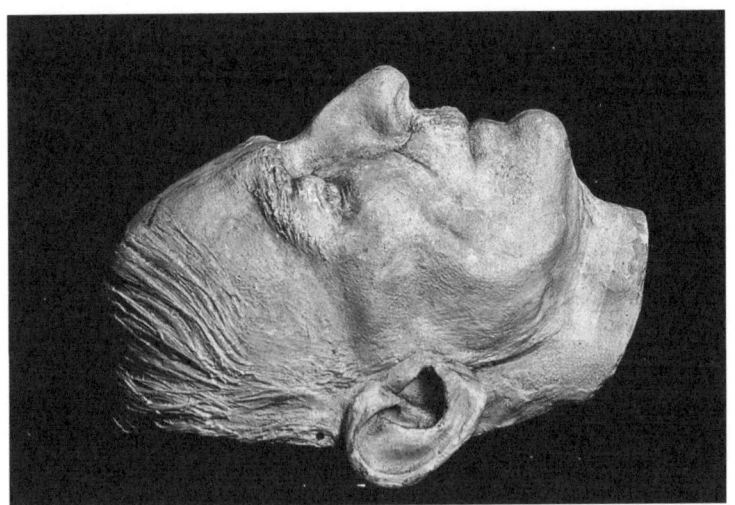

Abb. 13: Totenmaske von Karol Szymanowski.

Gereiztheit Platz und sein Allgemeinbefinden verschlechterte sich immer mehr im Zustand der Nüchternheit. Dieser Zustand hatte Auswirkungen auf sein Verhältnis zu seinem Umfeld und bald muss es so schlecht geworden sein, dass er während des Semesters, kurz vor der Erstaufführung des *Stabat Mater*, Urlaub nahm und eine Entziehungskur antrat, die sich euphemistisch „Heilung der Nerven" nannte. Die Wahl fiel auf das snobistische Sanatorium in Edlach bei Reichenau. Nach zwei Monaten kehrte er nach Warschau zurück, doch im Sommer wiederholte er die Kur in Edlach – und bei dieser Gelegenheit wurde seine Lungentuberkulose entdeckt. Er fuhr nach Davos, ins Sanatorium Guardaval, das als eines der besten, aber auch teuersten in Europa galt, doch aus Warschau erhielt er die Nachricht, dass das Ministerium seinen Kuraufenthalt bezahlen werde, denn er sei „ein Kranker, für dessen Sorge sich die polnische Kulturgemeinschaft mit der Regierung Polens eint". (K 5, 217) Neuhaus riet ihm damals, den *Zauberberg* zu lesen. Freunde, die ihn im Sanatorium besuchten, „halfen" ihm hingegen etwas anders, wozu sich viele Jahre später Vera Strawinsky bekannte: „Bei meinem letzten Besuch beging ich ein Verbrechen. Der Kranke bat mich so sehr, ihm eine Flasche streng verbotenen Cognacs zu bringen. Ich konnte den großen Bitten nicht widerstehen und brachte ihm den Cognac, den er sorgfältig unter dem Kopfkissen versteckte."[1] Sie war nicht die einzige, die seinen Überredungskünsten erlag ...

Nach der Rückkehr aus Davos hielt sich Szymanowski eine Zeitlang im Zaum und erkannte eine Verbesserung seines Gesundheitszustands. Bald darauf aber setzte ihm die Leber zu, außerdem litt er an den Folgen des unmäßigen Rauchens – er bekam einen hartnäckigen Husten und bald darauf eine nicht mehr verschwindende Heiserkeit. Er berechnete, dass er, würde er nur noch zehn Zigaretten täglich rauchen, seine Gesundheit wiedererlangen würde. Geld für Arznei besaß er nicht, mit Tabak und Zigaretten versorgten ihn seine Familie und seine Freunde. Im Herbst 1935 erkrankte er an einer weiteren Grippe und brauchte lange, um wieder gesund zu werden. Er fühlte sich geschwächt, hatte Fieber und klagte über Halsschmerzen. Die Ärzte erklärten ihm, dass dies auf den Zustand seiner Nerven zurückzuführen sei, was plausibel klingt, denn mit größter Unlust trat er damals als Pianist in seiner 4. *Symphonie* auf. Tatsächlich stellten sie bei ihm jedoch Kehlkopftuberkulose fest, worüber sie die nächsten Angehörigen informierten.

Patienten sagte man damals nicht die Wahrheit über ihren Gesundheitszustand, doch für Szymanowski wäre eine solche Offenheit geradezu mörderisch gewesen. Das Verheimlichen seines sehr ernsthaften Gesundheitszustands beschwor jedoch die Gefahr herauf, dass er das Problem wie immer bagatellisieren und nach wie vor rauchen werde, unter dem Vorwand, sein Lampenfieber vor den Konzerten zu verringern, und dass er zu viel Wein trinken werde, weil er ihm angeblich starke. Die Ärzte entschlossen sich zur zweiten Variante, und der Musiker verhielt sich so, wie es seine Angehörigen vorhergesehen hatten. Das Sanatorium in Grasse

---

1 J. Wacińska: Dziennik pobytu [Wiery i Igora Strawińskich w Polsce], RM 1965, Nr. 13, S. 11.

suchte er nach einem gehörig durchzechten Weihnachtsfest bei Freunden in Paris auf; er fühlte sich schlecht.

In Grasse hielt sich Szymanowski bis Mitte März 1936 auf. Weitere vier Monate blieb er in Paris, wo die Premiere von *Harnasie* vorbereitet wurde. Der Hals quälte ihn so sehr, dass er eine Zeitlang aufhörte zu rauchen und sich damit begnügte, den Zigarettenrauch der Personen in seiner Umgebung einzuatmen. Bald darauf aber rauchte und trank er wieder. Mitte Dezember fuhr er erneut nach Grasse, wo sich sein Gesundheitszustand so sehr verschlechterte, dass man ihn Mitte März in ein spezialisiertes Sanatorium in Lausanne brachte. Hier starb er am 28. März 1937 – im Alter von knapp vierundfünfzigeinhalb Jahren.

Szymanowskis Charisma blieb bis in seine letzten Lebenstage erhalten. Seine Schwester Stanisława schrieb aus Grasse zwei Wochen vor dem Tod ihres Bruders: „Dr. Trochim hat mir mit solcher Begeisterung von Karol erzählt, er hat gesagt, dass er in seinem ganzen Leben keinen vergleichbaren Menschen getroffen habe, ein so einnehmendes Wesen usw., ‚ich bin ein Mann und bin nicht so sentimental, aber Herr Szymanowski hat völlig Besitz von mir ergriffen'." (K 12, 274) Sie leistete ihm in den letzten Tagen in Lausanne Gesellschaft und hielt fest: „Nach einigen Tagen hatte er das ganze Krankenhaus mit seinem wunderbaren Lächeln für sich eingenommen, und mit seinen Augen, die saphirfarben sternengleich leuchteten. Man überbot sich darin, ihm einen Gefallen zu tun – alles drehte sich um das Zimmer ‚de Monsieur Simanowski'." (K 12, 291)

Nach seinem Tod wirkte sein Magnetismus weiter. Freunde und Verehrer, darunter schriftstellerisch so begabte wie Jarosław Iwaszkiewicz, kreierten ein suggestiv idealisiertes Bild von Szymanowski. Aus seiner offiziellen Biographie wurde die Homosexualität verbannt. Sein überbordender Narzissmus und Egoismus wurden als natürliche Überempfindlichkeit des Künstlers dargestellt. Die einzige Krankheit, an der er in diesen Berichten litt, war seine Tuberkulose, die zu allem Übel von inkompetenten Ärzten schlecht behandelt worden sei. Die Geldprobleme seien aus seiner Empfänglichkeit für die Bedürfnisse seiner

Angehörigen und durch den Geiz der polnischen Behörden entstanden. Sein vielfach verletzter Ehrgeiz sei eine Folge bissiger Kritiker und Feinde gewesen. Erst seit Kurzem ist davon die Rede, wie sehr sich dieses Bild vom Inhalt der Briefe und vieler anderer Dokumente unterscheidet. In der Bewunderung für *König Roger*, *Stabat Mater*, die *Mythen* und *Harnasie* kann man Mitleid mit einem Künstler empfinden, der mit dem Leben nicht wirklich zurechtkam. Doch der von ihm geschaffene Mythos, dass sein Umfeld die vollständige Schuld für sein Schicksal trage, kann nicht aufrechterhalten werden. Sein Vorgehen bestätigt lediglich, wie treffend Heinrich Heines Beobachtung ist: „Die Feder des Genius ist immer größer als er selber".[2]

---

2   Heinrich Heine: Einleitung. In: Miguel Cervantes de Saavedra: Der sinnreiche Junker Don Quixote von La Mancha. Bd. 1. Stuttgart 1837, S. 49.

Chronik von Leben und Werk

Leben	Werk
Am 3.10.1882 wird in Tymoszówka Karol Maciej Szymanowski geboren.	
Seit 1889 lernt er Klavier, zunächst beim Vater und dann vermutlich bei Gustav Neuhaus.	
Unter Eindruck des *Lohengrin*, den er 1895 in Wien sieht, beginnt er 1896 zu komponieren.	9 Préludes für Klavier op. 1 (1899–1900)
1901 macht er in Jelisawetgrad das Abitur.	6 Lieder (K. Tetmajer) op. 2 (1900–1902)
Seit 1901 nimmt er in Warschau Kompositionsunterricht bei Zygmunt Noskowski. Nach zwei Jahren gibt er das Studium auf.	Variationen für Klavier op. 3 b-Moll (1903)
	1. Klaviersonate op. 8 c-Moll (1903)
	Sonate d-Moll für Violine und Klavier op. 9 (1903)
In Warschau lernt er Paweł Kochański kennen, in Zakopane Arthur Rubinstein (1904).	Etüden für Klavier op. 4 (1903–1904)
	Drei Lieder auf Gedichte von Jan Kasprowicz op. 5 (1903–1904)

Chronik von Leben und Werk

Leben	Werk
(Fortsetzung)	Salome (J. Kasprowicz) op. 6 (1904; verschollen)
	Der Schwan (W. Berent) op. 7 (1904)
	Variationen über ein polnisches Volksthema für Klavier op. 10 h-Moll (1904–1905)
	4 Lieder (T. Miciński) op. 11 (1904–1905)
	Konzertouvertüre op. 12 E-Dur (1904–1905; 1912–1913)
1905 wird er Teil der Verlagsgesellschaft Junger Polnischer Komponisten.	Fantasie für Klavier op. 14 C-Dur (1905)
Der Vater Stanisław Szymanowski stirbt (29.10.1905).	5 Lieder (R. Dehmel, Des Knaben Wunderhorn, F. Bodenstedt, O. J. Bierbaum) op. 13 (1905–1907)
Im Januar 1906 lernt er Grzegorz Fitelberg kennen.	1. Symphonie op. 15 f-Moll (1906)
1906–1908 – Konzerte des „Jungen Polen" in Warschau und Berlin.	Trio für Klavier, Violine und Cello op. 16 (1907; zurückgezogen)
Bekanntschaft mit Stefan Spiess, mit dem er 1908 eine erste Italienreise unternimmt (weitere 1911 und 1914).	12 Lieder (R. Dehmel, A. Mombert, G. Falke, M. Greif) op. 17 (1907)
1910 Bekanntschaft mit Emil Młynarski.	Penthesilea für Gesang und Orch. (S. Wyspiański) op. 18 (1907–1908)
	6 Lieder (T. Miciński) op. 20 (1906–1910)
	Loteria na mężów (Die Männerlotterie), Operette (1908–1909)

Chronik von Leben und Werk

Leben	Werk
(Fortsetzung)	
	Bunte Lieder (C. Bulcke, A. Paquet, E. Faktor, A. Ritter, R. Huch) op. 22 (1910)
	Romanze für Violine und Klavier op. 23 D-Dur (1910)
	2. Symphonie op. 19 B-Dur (1909–1910; 1927–1932 und 1934)
	2. Klaviersonate op. 21 A-Dur (1910–1911)
Im Winter 1911/12 Konzerte in Berlin und Leipzig. Seit 1912 Aufführungen in Wien. 1912 Wohnsitz in Wien. Vertrag mit der Universal Edition (UE). Władysław Lubomirski zahlt ihm ein dauerhaftes Gehalt (das er bis 1917 erhält). Enge Kontakte zu Zdzisław Jachimecki.	Des Hafis Liebeslieder (H. Bethge nach Hafis) op. 24 (1911) Hagith, Oper in einem Akt (Libretto von F. Dörmann) op. 25 (1912–1913)
1914 Reise nach Sizilien und Nordafrika. Auf dem Rückweg hält er sich in Paris und London auf.	
Die Kriegsjahre verbringt er mit der Familie in Tymoszówka und Kiew. Er bahnt Kontakte in Petrograd und Moskau an (1916, 1917). Schöpferisch intensivste Zeit. Seit 1915 tritt er als Pianist auf.	Des Hafis Liebeslieder für Gesang und Orch. op. 26 (1914) 3. Symphonie „Lied der Nacht" (Rumi) op. 27 (1914, 1916) Notturno und Tarantella für Violine und Klavier op. 28 (1915)

Chronik von Leben und Werk

Leben	Werk
(Fortsetzung) Enge Kontakte zu Jarosław Iwaszkiewicz. Der Roman *Ephebos* entsteht (1918).	Métopes. 3 Poèmes für Klavier op. 29 (1915) Mythes für Violine und Klavier op. 30 (1915) 6 Lieder der Märchenprinzessin (Z. Szymanowska) op. 31 (1915) 3 Lieder (D. Dawydow) op. 32 (1915) 12 Etüden für Klavier op. 33 (1916) Masques. 3 Morceaux für Klavier op. 34 (1915–1916) 1. Konzert für Violine und Orchester op. 35 (1916) 3. Klaviersonate op. 36 (1917) 1. Streichquartett op. 37 C-Dur (1917) Demeter für Gesang, Chor und Orch. (Z. Szymanowska) op. 37bis (1917) Agawe für Gesang, Chor und Orch. (Z. Szymanowska nach Euripides) op. 38 (1917; unvoll.) 3 Caprices de Paganini für Violine und Klavier op. 40 (1918) 4 Gesänge (Rabindranath Tagore) op. 41 (1918) Lieder eines verliebten Muezzins (J. Iwaszkiewicz) op. 42 (1918)

Chronik von Leben und Werk

Leben	Werk
Nach der Revolution verlassen die Szymanowskis Tymoszówka. Im Dezember 1919 kommt er nach Warschau. In Lemberg beginnt eine enge Bekanntschaft mit Adolf Chybiński.	Mandragora op. 43 (1920) Während des polnisch-bolschewistischen Kriegs schreibt er Märsche und Soldatenlieder (1920) Słopiewnie (J. Tuwim) op. 46bis (1921)
Mit den Kochańskis und Rubinstein Reisen in die USA, wo er sich hauptsächlich in New York aufhält (Jan. bis Apr. 1921, Sept. 1921 bis März 1922). Zwischen seinen Reisen lebt er in Warschau und Bromberg (Sommer 1921 und 1922). Seit 1922 Zakopane-Aufenthalte, wo er die Volkskultur des Karpatenvorlands kennenlernt. Mit einem Konzert im Mai 1922 wird sein Werk in Paris eingeführt. Uraufführung von *Hagith* (Warschau 1922). *Hagith* in Darmstadt (1923).	3 Berceuses (J. Iwaszkiewicz) op. 48 (1922) Kinderlieder (K. Iłłakowicz) op. 49 (1922–1923) 2 Baskische Lieder op. 44 (1926)
1924–29 mietet er eine Wohnung in Warschau an der Straße Nowy Świat. Häufige Aufenthalte in Zakopane.	König Roger, Oper in drei Akten (Libretto von J. Iwaszkiewicz) op. 46 (1920–1924) 20 Mazurken für Klavier op. 50 (1924–1925) Fürst Potemkin für Chor und kleines Orch. op. 51 (1925)

Chronik von Leben und Werk

Leben	Werk
(Fortsetzung) Auftritte als Pianist, meistens mit seiner Schwester Stanisława. Reisen in Europa, meistens nach Frankreich (Konzerte in Paris, Ferien mit den Kochańskis im Sommer 1925 und 1926). Immer größere gesundheitliche Probleme aufgrund von Nikotin- und Alkoholvergiftung. Uraufführung von *König Roger* (Warschau 1926).	La Berceuse d'Aitacho Enia für Violine und Klavier op. 52 (1925) Stabat Mater für Solisten, Chor und Orch. op. 53 (1925–1926) 7 James Joyce-Lieder op. 54 (1926)
Von März 1927 bis Juli 1929 Direktor des Konservatoriums in Warschau. *König Roger* in Duisburg (1928). Seit 1928 regelmäßige Unterstützung durch Dorothy Jordan, seit 1929 auch durch Irena Warden. Kuraufenthalte in Edlach (1928/29 und Sommer 1929). Diagnose der Tuberkulose, Kur in Davos (Sept. 1929 bis Mai 1930).	Harnasie, Ballett in zwei Tableaux op. 55 (1926–1931) 2. Streichquartett op. 56 (1927)
Von Sept. 1930 bis März 1932 Rektor des Konservatoriums in Warschau.	Veni Creator für Sopran, Chor und Orch. op. 57 (1930) Sechs Lieder aus Kurpie für Chor a cappella

Chronik von Leben und Werk

Leben	Werk
(Fortsetzung) Im Okt. 1930 mietet er die Villa „Atma" in Zakopane; in Warschau hält er sich von nun an nur noch gelegentlich auf. Urlaub mit den Kochańskis in den Alpen (1931) und in Zakopane (1932). *König Roger* in Prag (1932).	Zwölf Lieder aus Kurpie op. 58 (1930–32) Litanei an die Jungfrau Maria (J. Liebert) op. 59 (1930, 1933) 4. Symphonie (Symphonie Concertante) op. 60 (1932) 2. Konzert für Violine und Orchester op. 61 (1932–1933)
Zwischen 1933 und 1935 tritt er in Polen und vielen Städten Europas als Pianist in seiner *4. Symphonie* auf, u.a. in Berlin (April 1935). 1934 Tod von Paweł Kochański. Die finanzielle Unterstützung durch Jordan und Warden endet. Im Herbst 1934 Konzerte in England. Uraufführung von *Harnasie* in Prag (1935).	2 Mazurken für Klavier op. 62 (1933, 1934)
Im Nov. 1935 verlässt er die Villa „Atma" Diagnose der Kehlkopftuberkulose – Kur in Grasse (Dez. 1935 bis März 1936). *Harnasie* in Paris (1936). Letzter Aufenthalt in Warschau. Von Dez. 1936 bis März 1937 im Sanatorium in Grasse.	

Chronik von Leben und Werk

Leben	Werk
(Fortsetzung) Am 28.3.1937 Tod in einem Sanatorium in Lausanne.	

Bildnachweis

Abb. 1, 4, 5, 7, 8, 10 | Towarzystwo Muzyczne im. Karola Szymanowskiego;
Abb. 2, 3, 9, 11, 12, 13 | Ruch Muzyczny;
Abb. 6 | Sammlung Kolja Lessing.

Literaturverzeichnis

Originaltexte Karol Szymanowskis

Karol Szymanowski: Korespondencja. Pełna edycja zachowanych listów od i do kompozytora. Bd. 1–4. Hg. v. Teresa Chylińska. Kraków 1982–2002.
Die jeweils in mehrere Teile gegliederten Bände werden wie folgt zitiert:
K 1 = Bd. 1
K 2 = Bd. 2*
K 3 = Bd. 2**
K 3a = Bd. 2*** (fremdsprachige Originaltexte)
K 4 = Bd. 3*
K 5 = Bd. 3**
K 6 = Bd. 3***
K 7 = Bd. 4 (1932)
K 8 = Bd. 4 (1933)
K 9 = Bd. 4 (1934)
K 10 = Bd. 4 (1935)
K 11 = Bd. 4 (1936*)
K 12 = Bd. 4 (1936/37)

Pisma. Bd. 1: Pisma muzyczne. Hg. v. Kornel Michałowski. Mit einer Einführung v. Stefan Kisielewski. Kraków 1984.
Pisma. Bd. 2: Pisma literackie. Hg. v. Teresa Chylińska. Mit einem Vorwort v. Jan Błoński. Kraków 1989.

Szymanowski 1978 – Między kompozytorem a wydawcą. Korespondencja Karola Szymanowskiego z Universal Edition. Hg. v. Teresa Chylińska. Kraków 1978.

Szymanowski 1981 – Karol Szymanowski: Briefwechsel mit der Universal Edition 1912–1937. Hg. v. Teresa Chylińska. Wien 1981.

Szymanowski 1982 – Karol Szymanowski: Einführung zum Tagebuch. In: Ilona Reinhold (Hg.): Begegnung mit Szymanowski. Aus dem Polnischen v. Ilona Reinhold. Leipzig 1982, S. 197–203.

Szymanowski 1993 – Karol Szymanowski: Das Gastmahl. Ein Kapitel aus dem verlorenen Roman „Ephebos". Aus dem Polnischen übersetzt und mit einem Nachwort v. Wolfgang Jöhling. Berlin 1993.

Szymanowski 1999 – Szymanowski on Music: Selected Writings of Karol Szymanowski. Edited and Translated by Alistair Wightman. London 1999.

Gedruckte Quellen und Sekundärliteratur

150 lat – 150 lat Państwowej Wyższej Szkoły Muzycznej w Warszawie. Hg. v. Stefan Śledziński. Kraków 1960.

Błażkow – Igor Błażkow: Elizawetgradzkie lata. In: RUCH MUZYCZNY 1962, Nr. 23, S. 1–6.

Bristiger – Michał Bristiger (Hg.): Karol Szymanowski in seiner Zeit. München 1984.

Burkath – Władysław Burkath: Moje wspomnienie o Szymanowskim. In: Jerzy Maria Smoter (Hg.): Karol Szymanowski we wspomnieniach. Kraków 1974, S. 72–76.

Cesetti 2009 – Durval Cesetti: The Narrative of Composer's Biography: Some Aspects of Szymanowski Reception. In: THE MUSICAL TIMES 150 (2009), Nr. 1908 (Autumn), S. 42–50.

Choromański – Michał Choromański: Memuary. Poznań 1976.

Chybiński – Adolf Chybiński: ***. In: Jerzy Maria Smoter (Hg.): Karol Szymanowski we wspomnieniach. Kraków 1974, S. 126–133.

Chylińska 1992 – Teresa Chylińska: Czy Roman Palester był emigrantem? In: Fik, Marta (Hg.): Między Polską a światem. Kultura emigracyjna po 1939 roku. Warszawa 1992, S. 197–208.

Chylińska 2008 – Teresa Chylińska: Karol Szymanowski i jego epoka. 3 Bde. Kraków 2008.

Chylińska 2014 – Teresa Chylińska: Stanisława Szymanowska. Kraków 2014.

Dąbrowska – Krystyna Dąbrowska: Karol z Atmy. Warszawa 1977 (2., erw. Auflage).

Downes 1996 – Stephen Downes: Szymanowski and Narcissism. In: JOURNAL OF THE ROYAL MUSICAL ASSOCIATION 121 (1996), Nr. 1, S. 58–81.

Downes 2003 – Stephen Downes: Szymanowski, Eroticism and the Voices of Mythology. Aldershot 2003.

Downes 2015 – Stephen C. Downes: The Szymanowski Companion. Hg. v. Paul Cadrin. Farnham (u. a.) 2015.

Dziadek – Magdalena Dziadek: Od szkoły muzycznej do uniwersytetu. Dzieje wyższej uczelni muzycznej w Warszawie 1810–2010. Bd. 1: 1810–1944. Warszawa 2011.

Feicht – Hieronim Feicht: Wspomnienie o Karolu Szymanowskim. In: Jerzy Maria Smoter (Hg.): Karol Szymanowski we wspomnieniach. Kraków 1974, S. 148–155.

Gradstein – Leonia Gradstein: Nieznany epizod z życia Karola Szymanowskiego. In: RUCH MUZYCZNY 1948, Nr. 4, S. 8.

Gradstein/Waldorff – Leonia Gradstein, Jerzy Waldorff: Gorzka sława. Warszawa 1960.

Gromadzki – Bronisław Gromadzki: Wspomnienia o młodości Karola Szymanowskiego. In: Jerzy Maria Smoter (Hg.): Karol Szymanowski we wspomnieniach. Kraków 1974, S. 32–39.

Helman 2002 – Zofia Helman: The songs of Karol Szymanowski and his contemporaries. Los Angeles 2002.

Helman 2008 – Zofia Helman: Karol Szymanowski: Works – Reception – Contexts. Warsaw 2008.

Iwański – August Iwański: Tymoszówka. In: Jerzy Maria Smoter (Hg.): Karol Szymanowski we wspomnieniach. Kraków 1974, S. 41–51.

Iwaszkiewicz 1982 – Jarosław Iwaszkiewicz: Begegnungen mit Szymanowski. In: Ilona Reinhold (Hg.): Begegnung mit Szymanowski. Aus dem Polnischen v. Ilona Reinhold. Leipzig 1982, S. 95–196.

Iwaszkiewicz 2007 – Jarosław Iwaszkiewicz: Dzienniki 1911–1955. Bearb. v. Agnieszka Papieska, Robert Papieski. Warszawa 2007.

Iwaszkiewicz 2010a – Jarosław Iwaszkiewicz: Książka moich wspomnień. Poznań 2010.

Iwaszkiewicz 2010b – Jarosław Iwaszkiewicz: Dziedzictwo Chopina i szkice muzyczne. Hg. v. Państwowy Instytut Wydawniczy. Warszawa 2010.

Iwaszkiewiczowa 1974a – Anna Iwaszkiewiczowa: Notatki. In: Jerzy Maria Smoter (Hg.): Karol Szymanowski we wspomnieniach. Kraków 1974, S. 223–233.

Iwaszkiewiczowa 1974b – Anna Iwaszkiewiczowa: Ze wspomnień o Karolu. In: Jerzy Maria Smoter (Hg.): Karol Szymanowski we wspomnieniach. Kraków 1974, S. 235–245.

Jachimecki – Zdzisław Jachimecki: Wyprawa koncertowa do Austrii i Niemiec jesienią i zimą r. 1911–1912. In: Kurier Literacko-Naukowy, Beilage zum Ilustrowany Kurier Codzienny 1937, Nr. 44, S. I.

Jarocki – Robert Jarocki: Z albumu Romana Jasińskiego. Warszawa 1987.

Jasiński – Roman Jasiński: Zmierzch starego świata. Wspomnienia 1900–1945. Kraków 2006.

Kalenyčenko – A. P. Kalenyčenko (Hg.): Šymanovs'kyj i Ukrajina. Materialy naukovoji konferenciji. Kirovhrad 1998.

Kasprowiczowa – Maria Kasprowiczowa: Jesień. In: Wiadomości Literackie 1938, Nr. 1, S. 6.

Keym 2004 – Stefan Keym: Zur Bedeutung des Nationalen bei der deutschen Rezeption polnischer Musik von 1900 bis 1914 am Beispiel von Szymanowski und Paderewski. In: Helmut Loos u. a. (Hg.): Nationale Musik im 20. Jahrhundert. Leipzig 2004, S. 235–264.

Keym 2010 – Stefan Keym: Symphonie-Kulturtransfer. Untersuchungen zum Studienaufenthalt polnischer Komponisten in

Deutschland und zu ihrer Auseinandersetzung mit der symphonischen Tradition 1867–1918. Hildesheim 2010 (= Studien und Materialien zur Musikwissenschaft, Bd. 56).

Krzywicka – Irena Krzywicka: Wyznania gorszycielki. Warszawa 2002.

Leichtentritt – Hugo Leichtentritt: Kompositionen von Karl Szymanowski. In: Signale für die musikalische Welt, 24.8. 1910, S. 1314f.

Łobaczewska – Stefania Łobaczewska: Karol Szymanowski. Życie i twórczość (1882–1937). Kraków 1950.

Makosz – Jadwiga Makosz: Die Oper Król Roger von Karol Szymanowski. Frankfurt am Main (u. a.) 2010.

Malczewski – Rafał Malczewski: Pępek świata. Wspomnienia z Zakopanego. Łomianki 2011.

Markiewicz – Leon Markiewicz: Grzegorz Fitelberg 1879–1953: Życie i dzieło. Katowice 1995.

Marx 1933 – Joseph Marx: Karol Szymanowski. Eine Würdigung des Fünfzigjährigen. In: Anbruch 15 (1933), H. 9/10, S. 133–134.

Marx 1974 – Joseph Marx: Spotkania z Karolem Szymanowskim. In: Jerzy Maria Smoter (Hg.): Karol Szymanowski we wspomnieniach. Kraków 1974, S. 116–121.

NZM – *Neue Zeitschrift für Musik*

Ordyński – Ryszard Ordyński: Moment troski. In: Wiadomości Literackie 1938, H. 1, S. 6.

Prokofjew – Sergej Prokofjew: Dnevnik 1907–1933, Bd. 1 (1907–1918). Pariž 2003.

Różycki – Ludomir Różycki: Wspomnienie o Szymanowskim. In: Muzyka 1937, Nr. 4–5, S. 152–153.

RM – Ruch Muzyczny

Rubinstein – Arthur Rubinstein: Erinnerungen. Die frühen Jahre. Aus dem Englischen von Günther Danehl. Frankfurt am Main 1973.

Rytard – Jerzy Mieczysław Rytard: Wspomnienia o Karolu Szymanowskim. Kraków 1947.

Samson – Jim Samson: Szymanowski. An Interior Landscape. In: PROCEEDINGS OF THE ROYAL MUSICAL ASSOCIATION 106 (1980), S. 69–76.
Schiller – Leon Schiller: Droga przez teatr. 1924–1939. Hg. v. Jerzy Timoszewicz. Warszawa 1983.
Smoter – Jerzy Maria Smoter (Hg.): Karol Szymanowski we wspomnieniach. Kraków 1974.
Specht – Richard Specht: Konzerte. In: DER MERKER 1912, H. 2, S. 78.
Spiess/Bacewicz – Stefan Spiess, Wanda Bacewicz: Ze wspomnień melomana. Kraków 1963.
Stuckenschmidt 1920 – Hans Heinz Stuckenschmidt: Neue Musik. Slawen. In: DER ARARAT 1920, H. 9/10, S. 112–114.
Stuckenschmidt 1938 – Hans Heinz Stuckenschmidt: Karol Szymanowski. In: MUSIC & LETTERS 19 (1938), Nr. 1, S. 36–47.
Szymanowska 1938 – Stanisława Szymanowska: Wspomnienie. In: WIADOMOŚCI LITERACKIE 1938 Nr.1, S. 5.
Świderska – Alina Świderska: Ze wspomnień o Szymanowskim. In: Jerzy Maria Smoter (Hg.): Karol Szymanowski we wspomnieniach. Kraków 1974, S. 77–83.
Umińska – Eugenia Umińska: [Erinnerungen, aufgezeichnet von Krystyna Bielawska]. In: Program festiwalu Szymanowski jego Europa, 21–26 kwietnia 1977, S. 101–103.
Wightman – Alistair Wightman: Karol Szymanowski. His Life and Work. Aldershot (u. a.) 1999.
Witkiewicz 1919 – Stanisław Ignacy Witkiewicz: Demonizm Zakopanego. In: ECHO TATRZAŃSKIE, 19.11.1919 (Nr. 19), S. 3–4.
Witkiewicz 1979 – Stanisław Ignacy Witkiewicz: Narkotyki. Niemyte dusze. Hg. v. Anna Micińska. Warszawa 1979.
Zalewski – Teodor Zalewski: Pół wieku wśród muzyków 1920–1970. Kraków 1977.

Personenregister

Adler, Hugo 187
Albéniz, Isaac 122
al-Idrisi 115
Alington, Napier 234
Ansermet, Ernest 186

Bacewicz, Grażyna 36
Bach, Johann Sebastian 10, 58, 71, 157, 176
Balakirew, Mili 75, 77, 178
Bandrowska-Turska, Ewa 86, 89, 186
Barcewicz, Stanisław 32
Bartók, Béla 74, 97, 132, 175, 186, 187, 207, 214
Bartoszewicz, Alina („Alusia") 4, 149
Bartoszewicz, Stefan 10, 15–18
Bax, Arnold 40
Bednarczyk, Feliks 102
Beethoven, Ludwig van 10, 35, 36, 71, 176, 262
Benedetti, René 186
Berezowska, Maja 234
Berg, Alban 187
Bethge, Hans 133, 146
Białynicki, Teodor 101
Bierbaum, Otto Julius 64, 145
Billroth, Theodor 261

Bizet, Georges 82, 122
Blumenfeld, Feliks 7, 8, 13, 42, 61, 62, 79, 80, 199
Blumenfeld, Franz 7
Blumenfeld, Michał 7
Błażejewicz, Tadeusz 94
Błoński, Jan 210
Bodenstedt, Friedrich von 145
Boulez, Pierre 190
Brahms, Johannes 61, 261
Britten, Benjamin 187, 233
Bulcke, Carl 64, 145
Bülow, Hans von 88
Burkhardt, Jacob 75
Busoni, Feruccio 65, 177
Byron, George Gordon (Lord) 230, 261

Caruso, Enrico 230
Casella, Alfredo 132
Casella, Helena 24, 29, 173, 180, 250, 259
Castelnuovo-Tedesco, Mario 186
Cazalet, Victor 77
Cellini, Benvenuto 75
Chaplin, Charlie (Charles) 230
Chopin, Fryderyk 10, 43, 44, 55, 56, 58, 71, 78, 83, 84, 159, 164, 167, 168, 176, 181, 184, 185, 217

Choromański, Michał 223, 249, 251, 262
Chybiński, Adolf 54, 57–59, 71, 97–99, 139, 218, 235, 252
Chylińska, Teresa 37, 52, 213, 241
Coates, Albert 77, 134
Cocteau, Jean 82
Conrad, Joseph 16
Conti, Witold 235
Cuvillier, Charles 158, 178, 231, 232

Damrosch, Walter 202
Dawydow, Dimitri 79, 151
Dawydowa, Marianna 162
Dawydowa, Natalia 79, 151
Dean Paul, Lady (Régine Wieniawski) 52
Debussy, Claude 48, 67, 69, 80, 82, 120, 121, 158, 159, 177, 187, 190
Dehmel, Richard 145
Denikin, Anton Iwanowitsch 12
Djaghilev, Serge 9, 178, 233
Dörmann, Felix 66, 105
Dorys, Benedykt Jerzy 236
Downes, Stephen 217
Draper, Muriel 76, 133
Draper, Paul 47, 76, 133, 146, 178
Drzewiecki, Zbigniew 30, 89, 96, 165
Dubiansky, Alexander 80, 157, 162
Dubiska, Irena 89, 166
Dziewulska, Maria 240

Eckermann, Johann Peter 8
Effenberg-Śliwiński, Jan (Hans) 67, 77, 151
Eisenberger, Seweryn 173
Ekier, Jan 89
Enescu, George 127
Euripides 107

Faktor, Emil 64, 145
Falke, Gustav 64, 145
Falla, Manuel de 122
Feicht, Hieronim 246
Finscher, Ludwig 138
Fitelberg, Grzegorz („Ficio") 1, 28, 29, 31–37, 39, 46, 50, 63–69, 71, 83, 90–92, 94, 134, 135, 137–139, 142, 166, 168, 170, 172, 173, 181, 186, 200, 204, 209, 214, 252, 256, 257
Fitelberg, Jerzy 36
Flesch, Carl 125, 127
Franck, César 121
Furtwängler, Wilhelm 87, 88, 172

Gandarillas, Juanita de 238
Gide, André 231
Gieseking, Walter 186
Giles, Emil 14
Glasunow, Alexander 44
Glière, Reinhold 157
Gloeden, Wilhelm von 74, 231
Godowska, Dagmar 230
Godowsky, Leopold 22, 63, 64, 230

Goethe, Johann Wolfgang von 8, 12, 75
Goldfeld, Wiktor 127
Gombrich, Ernst 191
Gounod, Charles 176
Gradstein, Leonia 18, 28, 36, 37, 87, 88, 168, 172, 197, 203, 249
Greif, Martin 64, 145
Grieg, Edvard 10
Grinberg, Maria 14
Gromadzki, Bronisław 9
Grzybowska, Krystyna („Kicia") 14, 20, 24, 101
Grzybowski, Mieczysław 14

Habsburg, Karl Stefan von (Erzherzog) 21
Hafis aus Schiras 146
Hammer, Joseph von 133
Harder, Knud 145
Hardt, Ernst 161, 163
Hauff, Wilhelm 7
Hauptmann, Gerhart 62
Heifetz, Jascha 230
Heine, Heinrich 268
Hertz, Lala 238
Hertzka, Emil 67, 69, 70, 85, 105, 164, 206–208, 245
Hichens, Robert 231
Hiller, Ferdinand 7
Hindemith, Paul 87
Homer 160, 161
Horowitz, Vladimir 14, 42
Huberman, Bronisław 71, 121, 129, 188
Huch, Ricarda 64, 145

Ibert, Jacques 202
Iłłakowicz, Kazimiera 148
Imandt, Robert 123
Iwański, August 11, 15, 16, 93, 122, 123, 180, 192, 194, 262
Iwaszkiewicz, Anna 23, 93, 103, 119, 143, 195, 222, 238, 262
Iwaszkiewicz, Jarosław 8, 11, 12, 15, 21, 23, 45, 60, 61, 74, 75, 85, 89, 91, 92, 97, 98, 104, 107, 108, 116, 147, 150, 151, 155, 166, 179, 191, 192, 195, 197, 212, 222, 223, 228, 232, 243, 256, 267

Jachimecki, Zdzisław 54, 55, 57–59, 68, 91, 117, 156, 160, 169, 217, 225, 252, 257
Jachino, Carlo 132
Jampolski, Wladimir 121
Jankowski, Józef 140
Jaroszyński, Józef 41, 53, 122, 157
Jasiński, Roman 156, 243
Jordan(-Robinson), Dorothy 49, 53, 127, 205, 238, 258, 259
Joyce, James 151, 202, 211
Judina, Maria 14

Kamiensky, Alexander 173
Karłowicz, Mieczysław 218
Kasprowicz, Jan 144, 249
Kasprowicz, Maria 249
Keym, Stefan 66
Kiel, Ferdinand 199
Kiepura, Jan 224

Kochańska, Zofia 29, 52–54, 79, 86, 92, 94, 111, 126, 131, 165, 170, 196, 205, 206, 258, 263
Kochański, Paweł 40–45, 47, 48, 52, 54, 76, 77, 79–81, 91, 100, 121–131, 157, 165, 178, 205
Kochno, Boris 213, 233
Kociuba, Gabriel 18
Kolisch, Rudolf 187
Kondracki, Michał 192
Korngold, Erich Wolfgang 186
Koussevitzky, Serge 44, 63, 80, 186
Kreisler, Fritz 69, 157
Kruszyński, Michał 9, 26
Krystall, Bronisław 139, 202, 203
Krzywicka, Irena 226
Kulenkampf, Georg 186
Kwiecień, Mariusz 113

Lalo, Édouard 36
Lechoń, Jan 83, 228, 229
Leichentritt, Hugo 65
Leonardo da Vinci 114
Leska, Halina 142
Lessing, Kolja 128, 187
Lichtwark, Alfred 104
Liebert, Jerzy 143
Lifar, Serge 84, 117, 235
Liodon, Germaine 166
Lipski, Józef 87
Lisle, Charles Leconte de 159
Liszt, Franz 6
Löwe, Ferdinand 34
Lubomirski, Stefan 61
Lubomirski, Władysław 31, 34, 50, 61–63, 66, 68, 70, 90, 105, 185, 204, 205, 257, 258
Luke, Harry 133
Lutosławski, Witold 170, 239

Łobaczewska, Stefania 187

Mahler, Gustav 61, 67, 105, 135, 146, 147, 177, 206, 208
Malczewski, Jacek 101
Malczewski, Rafał 101, 226
Malewitsch, Kasimir 79
Malinowska, Irena 238
Malko, Nikolaj 173
Markowicz, Marcin 127
Marmont, Thea von 64
Marx, Joseph 28, 70, 75, 147, 182, 184, 227, 262
Mascagni, Pietro 72
Massenet, Jules 71
Meck, Nadeschda von 205
Mengelberg, Wilhelm 186
Menuhin, Yehudi 123, 185
Mereschkowski, Dimitri 114
Meyerhold, Wsewolod 106
Miciński, Tadeusz 75, 106, 108, 128, 133, 135, 137
Mierczyński, Stanisław 98, 99
Milhaud, Darius 34
Milstein, Nathan 42
Mirzə Şəfi Vazeh (Mirza-Schaffy) 145
Młynarski, Emil 37–40, 71, 92, 94, 100, 111, 201
Moiseiwitsch, Benno 52

Mombert, Alfred 64, 145
Moniuszko, Stanisław 22, 181, 199, 217
Monteux, Pierre 83, 139, 172
Morawski, Eugeniusz 246
Mortkowicz-Olczakowa, Hanna 226
Mossakowski, Eugeniusz 142
Mościcki, Ignacy 143
Mozart, Wolfgang Amadeus 69, 162
Munclinger, Josef 86
Muratow, Pawel 75
Mussorgsky, Modest 7, 148
Mycielski, Zygmunt 240

Nałkowska, Zofia 210, 223, 238
Napoleon Bonaparte 12, 222
Nedbal, Oskar 69
Neuhaus, Gustav 7, 8, 13, 78, 199
Neuhaus, Heinrich („Harry") 4, 7, 8, 10, 12–14, 21–23, 61–63, 72, 79, 81, 100, 138, 153, 156, 157, 162, 166, 185, 233, 264
Neuhaus, Natalia („Tala") 4, 7, 8, 10, 13, 21, 22, 61, 62, 64, 153, 154, 185
Neuhaus, Olga 7, 9
Niemann, Walter 65
Nietzsche, Friedrich 8, 62, 75, 82, 106, 114, 135, 144, 191
Niewiadomski, Stanisław 70, 240, 253
Nijinsky, Vaclav (Wacław Niżyński) 178

Nikisch, Arthur 38, 65
Noskowski, Zygmunt 31, 32, 90, 154, 155, 176, 199, 200
Nowotny, Gustaw 262
Nowowiejski, Feliks 218

Obrochta, Familie 98
Obrochta, Bartłomiej („Bartuś") 99, 119
Obuchow, Nikolai 80
Oistrach, David 121
Ordyński, Ryszard 227, 235
Ormandy, Eugene 174
Ovid 123, 124
Ozimiński, Józef 129

Paderewski, Ignacy Jan 94, 185, 212, 224
Paganini, Niccolò 120, 125, 127
Palester, Roman 239
Palestrina, Giovanni Pierluigi da 58, 140
Panufnik, Andrzej 239
Paquet, Alfons 64, 145
Pater, Walter 75, 191
Pears, Peter 233
Penderecki, Krzysztof 146
Petri, Egon 158
Petyrek, Felix 86, 156
Piasecki, Stanisław 223
Piłsudski, Józef 38, 222
Platon 73
Polignac, Winaretta (Winaretta Singer) 139, 140, 201, 202
Poliński, Aleksander 90, 214
Poniatowski, Józef Michał 220

289

Prokofjew, Sergej 34, 42, 80, 81, 157, 186, 188
Proust, Marcel 12, 231
Prunières, Henry 83, 228
Puccini, Giacomo 71, 177
Puni, Iwan 79
Puschkin, Alexander 79

Rachmaninoff, Sergej 63
Rattle, Simon 112, 189
Ravel, Maurice 34, 35, 77, 82, 128, 159, 162, 177, 184, 187, 188, 214
Reger, Max 65, 177, 206
Reinhardt, Max 85
Richter, Swjatoslaw 14, 23, 156, 183
Rilke, Rainer Maria 226
Rimski-Korsakow, Nikolai 8, 75–77, 162, 178, 179
Ritter, Anna 64, 145
Ritter, Julia 49
Rodziński, Artur 173
Roger II. von Sizilien 73, 107, 115
Roj, Helena 98, 116
Rosanow, Wassili 79
Ross, Alex 232
Rościszewska, Alina („Lola") 162
Rouché, Jacques 88
Różycki, Ludomir 31, 57, 62, 63, 66, 154, 218
Rubinstein, Arthur 1, 21, 28, 32, 43, 45–48, 50, 51, 65, 67, 68, 76, 91, 121, 133, 138, 146, 153–156, 158, 162, 168, 171, 185, 219, 230, 232, 244
Rumi (Dschalāl ad-Dīn Muhammad ar-Rūmī) 133, 135
Rutkowski, Bronisław 94
Rytard, Jerzy Mieczysław 97, 98, 116, 207, 236
Rytel, Piotr 95, 240, 253

Samson, Jim 189
Sargent, Malcolm 77, 172
Sayn-Wittgenstein, Caroline zu 6
Schaljapin, Fiodor 9
Schiller, Friedrich von 12
Schiller, Leon 202
Schloezer, Boris de 83
Schönberg, Arnold 64, 65, 67, 69, 71, 187, 199, 207, 209
Schopenhauer, Arthur 8, 209
Schostakowitsch, Dimitri 80, 182
Schreker, Franz 67, 69, 70, 147, 177, 190, 207, 209
Schumann, Robert 10
Scriabin, Alexander 34, 49, 78, 135, 175, 190, 199
Sibelius, Jean 188, 262, 263
Siloti, Alexander 37, 41, 81, 134, 179
Skierkowski, Władysław 59, 150
Sklefasowski, Nikolai 261
Słodowska-Curie, Marie 224
Słonimski, Antoni 236
Smeterlin, Jan 77, 173, 187, 201, 219

Souvtchinski, Pierre 80
Spanthus, August 65
Specht, Richard 68
Spiess, Jadwiga 65
Spiess, Stefan 30, 46, 49–51, 62, 66, 68, 72–74, 122, 131, 133, 135, 137, 159, 178, 230–232, 243, 260
Stassow, Wladimir 7
Stein, Erwin 129
Stokowski, Leopold 43, 129, 135, 186
Straram, Walther 83
Strauss, Richard 3, 28, 50, 61, 66, 67, 105, 136–138, 146, 155, 162, 177, 199, 206
Strawa, Julian 25, 234
Strawinsky, Igor 40, 47, 69, 77, 78, 84, 85, 116, 175, 177, 178, 184, 186, 187, 199, 214, 230, 238, 239, 256, 263
Strawinsky, Vera 233, 264
Stuckenschmidt, Hans Heinz 4, 112, 120, 175, 199
Sudeikin, Serge 233
Sudeikin, Vera – s. Strawinsky, Vera
Swedlund, Helga 117
Székely, Zoltan 187
Szeluto, Apolinary 31, 62
Szigeti, Jozsef 185, 186
Szymanowska, Anna (Mutter) 1–4, 15, 20
Szymanowska, Anna („Nula", Schwester) 4, 9, 11, 14, 15, 17–20, 162
Szymanowska, Stanisława 1, 5, 10, 13, 14, 17, 19–22, 68, 71, 111, 134, 142, 146, 151, 152, 166, 267
Szymanowska, Zofia 5, 9, 11, 14–18, 20, 21, 24, 100, 147, 260
Szymanowski, Feliks 4, 7, 10, 13–15, 17, 18, 20–22, 50, 153, 256
Szymanowski, Stanisław 2, 3, 8, 60, 62, 78, 90, 215
Szymielewicz, Aleksander 25, 235

Tagore, Rabindranath 150, 179
Tairow, Alexander 106
Tansman, Aleksander (Alexandre) 218
Tartini, Giuseppe 157
Taube, von (Familie) 4, 11, 13
Taube, Artur 20
Thibaud, Jacques 190
Toeplitz, Henryk 192
Totenberg, Roman 77, 127
Totwen, Stanisław 172
Tschaikowsky, Pjotr 69, 79, 254
Turska, Ewa – s. Bandrowska-Turska, Ewa
Tuwim, Julian 148

Udalzowa, Nadeschda 79
Umińska, Eugenia 87, 167, 247, 255
Uniłowski, Zbigniew 26
Urstein, Maurycy 29, 44, 244, 263, 264

Valmalète, Marcel de 171
Verlaine, Paul 144

Wagner, Richard 3, 8, 9, 49, 61, 62, 66, 82, 105, 162, 176, 177
Waldorff, Jerzy 89, 239
Wallenstein, Alfred 174
Warden, Irena 49, 53, 205, 206, 258, 259
Warlikowski, Krzysztof 113
Walska, Ganna 202
Warner, Harry Waldo 132
Webern, Anton von 187
Weininger, Otto 213
Weissberg, Julia 80
Wiechowicz, Stanisław 150
Wieniawski, Henryk 44, 122, 157
Wilde, Oscar 191
Witkiewicz, Stanisław 99

Witkiewicz, Stanisław Ignacy („Witkacy") 72, 97, 100, 101, 183, 229, 236
Wolfsohn, Juliusz 70
Wright, Cobrina 151, 202, 203
Wyspiański, Stanisław 75, 143

Zacharow, Boris 80
Zan, Familie 192
Zanowa, Teresa 238
Zanussi, Krzysztof 113
Zawirski, Marek 199
Zborowski, Juliusz 98, 235
Zbyszewski, Feliks 7
Zbyszewski, Hieronim 7
Zemlinsky, Alexander von 190
Zieliński, Tadeusz 75, 183

Żeromski, Stefan 138